영원에서 영원으로 1

지은이 이재철
초판발행 2009년 9월 28일
초판 2쇄 2010년 8월 23일

펴낸이 배용하
책임편집 한상미
등록 제364-2008-000013호
펴낸곳 **도서출판 대장간**
www.daejanggan.org
대전광역시 동구 삼성동 대동천좌안8길 49
전화 (042) 673-7424 전송 (042) 623-1424

ISBN 978-89-7071-163-8
978-89-7071-166-9 (세트)

값 10,000원

GOD'S ETERNAL PLAN

영원에서 영원으로 1
하나님의 영원한 계획

이 재 철 지음

차례

나는 책을 좀 많이 읽는 편이라서 당연히 책들을 고르게 된다. 그러다 보니 자연스럽게 책을 고르는 법을 나름대로 터득하게 되어서, 이제는 비교적 빠른 시간 안에 그 책이 정말 깊은 무언가를 담은 책인지, 어떤 책이 다른 많은 책의 내용과 그리 크게 다르지 않은 소위 '뻔하디 뻔한' 책인지 파악할 수 있게 되었다. 요령은 간단하다. 제목, 저자, 추천의 글, 목차를 본 후 몇 페이지만 넘기면서 읽어보는 것인데, 그 정도만 가지고도 '이러 이런 내용이겠지.' 하고 판단할 수 있고, 이 판단은 나에게 있어 대부분 맞았던 것 같다.

하지만, 이 책은 결코 뻔하디 뻔한 책이 아니다. 따라서 이 책의 내용을 보기 전에 먼저 이 책에서 다루지 않는 내용이 뭔지 밝히도록 하는 것이 좋을 것 같다. 그래야, 나처럼 겉장만 보고 '이 책은 이러 이런 내용이겠지.' 라고 판단하는 경우가 줄어들 테니까 말이다.

이 책에서 다루지 않는 내용 :
- 기독교의 개인 영성, 제자 훈련, 인격 훈련 등등의 내용
- 성경에 대한 내용, 성경 풀이, 성경 주석 등등
- 기독교의 방법론들 또는 혁신론, 쇄신론, 교회 성장 등등

이런 것들을 다루는 책들 자체가 잘 못 됐다는 것이 아니다. 물론 그 책들이 필요한 사람들, 그 책들에 의해 도움을 받을 사람들이 있을 것

이다. 다만, 그런 책들이 진리에 목말라 여기저기 찾아다녔던 나에게 별로 도움을 주지 못했었던 터라 지금 나에게 있어 그런 책을 쓸 이유가 없음을 밝히려고 하는 것이다. 또 내게는 그런 책을 다룰 능력도 없다.

그럼 이 책은 무엇에 관한 책인가? 이 책에서 다룰 내용은 처음부터 끝까지 본질적이고 궁극적인 질문들과 그것들에 대한 답변들이다. 내가 늘 갈급해서 찾았었던 것, 그리고 드디어 발견하게 된 본질적이고 영원한 진리, 바로 그것에 대한 책이다.

따라서 이 책을 읽으면 유익할 사람들은 진리에 목마른 사람들일 것이다. 굳이 기독교인이 아니라도 상관없다. 이 책은 근본적이고도 영원한 진리가 무엇인지에 대해 궁금해하고 알고 싶은 사람들, 즉 이전의 나와 같은 사람들에게 매우 많은 도움이 될 것이다.

반면에, 이 책이 별로 유익이 되지 않을 사람들도 있을 수 있다. 아마 자신이 아는 것이 전부라고 생각하고 거기에 안주하는 사람들일 것이다. 만일 여러분이 '지금 내가 아는 것이 전부이다.' 라고 생각하고 '내가 혹시 잘못 알고 있거나 모르는 것이 있을 수도 있으니 알아봐야겠다.' 라는 생각을 하지 않는다면 이 책이 도움되지 않을 수도 있을 것이다. 그렇다 할지라도, 끝까지 읽어보고 여러분이 평소에 전부인 줄 알고 있던 것이 부분적일 수도 있음을 확인했으면 좋겠다.

참고로, 이 책에 있는 내용은 어느 한 개인의 지식이나 경험이 아니라 주 안에서 교제하는 형제 자매들과 함께 교회 생활을 하면서 하나하나씩 알아가고 경험한 것을 정리한 것이다. 그러니 이 책에서 '나' 라고 불리는 필자는 무엇을 정리하고 체계화하는데 어느 정도의 경험이 있어서 교회 형제 자매들의 경험을 단지 정리만 했을 뿐이라는 것을 밝히고자 한다.

대한민국 사람이라면 누구나 다 알 만한 김상용 시인의 시 「남으로 창을 내겠소」 중 마지막에 나오는 표현이 '왜 사냐면 웃지요' 이다.

나에게는 어릴 적부터 "왜 사는가?"가 아주 중요한 질문이었다. 그래서 그런지 이 시가 생각날 때마다 '왜 사냐면 웃지요' 라는 표현이 시의 화자가 왜 사는지, 자기 삶의 목적에 대해 이미 다 알고 그 삶의 목적대로 살아온 자신의 삶을 뒤돌아보면서 흐뭇해서 웃는 것인지, 아니면 삶의 목적은 잘 모르겠는데 누가 묻는 말에 답변하기가 애매하니까 그냥 웃어서 넘겨버린 것인지가 궁금했다.

이 책을 읽는 여러분은 이런 고민을 한 적이 없는가? 여러분은 아래 질문에 답할 수 있겠는가?

- 여러분은 왜 사는가?
- 여러분은 왜 존재하는가?

이 책을 읽는 분들이 만일 자신 삶의 목적에 대해 이미 잘 알고 있고, 또 현재 그 목적대로 살고 있고, 그래서 "왜 사나?"라는 질문을 받는다면 그 질문에 대해 답변하기가 매우 흐뭇해서 웃을 수 있는 분들이라면 괜찮을지 모르겠다. 하지만, 이 질문에 대한 답을 모르고 모른다고 하기도 애매하니까 웃어넘겨 버리는 분들이라면 한 번쯤은 진지하게 생각해 볼 질문이다. 그렇게 중요한 질문을 어떻게 웃어 넘겨버릴 수 있겠는가?

　나는 어릴 적부터 궁금한 것들이 많았다. 어릴 적에 산으로 들로 나가서 자연을 관찰할 기회가 많았는데 내 눈에 보이는 자연은 너무나도 신비로운 것이었다. 크고 높은 하늘도 신비였지만 작은 부분을 아무리 들여다봐도 매우 신비롭고 재미있었다. 더 자라면서 자연의 원리나 해부학, 생리학 등 생명체에 대해 배우면서도 또한 너무너무 신비로웠다. 그러니 어린 마음에도 이 세상 어딘가에 이 모든 것을 기획하고 고안한 존재가 분명히 있을 것이라는 마음이 들었다. 그러면서 내 마음에 꼬리를 물고 일어난 결정적인 질문은 이것이었다.

　'창조주는 과연 계실까?'

　'그분은 어떤 분일까?'

　'그런 분이 계신다면 그분은 뭐하고 계실까?'

　'나는 왜 태어난 것일까?'

　'사람이 죽으면 어떻게 될까? 그게 끝일까? 아니면 다른 세계가 있는 것일까?'

　'자연 세계는 이토록 조화롭고 아름답게 돌아가는데 인간들의 삶에 벌어지는 부조화와 불행들은 도대체 왜 생기는 걸까?'

　'사람에게는 평생을 다 알아도 모를 정도로 무궁무진한 내면의 세계가 있는데 이것은 언제 만들어지는 것일까? 생물 수업 시간에는 사람의 발생이 수정란에서부터 시작된다고 했는데 그 조그만 수정란 안에 과연 무궁무진한 내면세계 또는 정신세계가 다 들어갈 수 있을까? 아니라면 그 정신세계라는 것은 언제부터 생기는 것일까? 그건 어디서 오는 것일까?'

　그래서 나는 이런 질문들을 해결하고 싶어서 동네 예배당을 찾았다. 그 당시 내가 아는 한 '유일한 창조주' 에 대해서 가르치는 곳은 기독교밖에 없었다. 그곳에 가면 뭔가 궁금함이 풀리리라 생각했다. 하지만, 몇 번 다니고는 그만두었다. 어린 마음에도 딱딱한 의자에 앉아서 지루한 설교를 듣는 것과 또한 설교 후에 어른들끼리 모여서 하는 뒷담화는 내가 자연에서 보고 예상한 신비롭고 재미있는 창조주와는 너무 다른 것 같아서였다.

대학생이 되어서는 성경을 아주 잘 가르쳐주기도 하고 또 한편으로는 선교에 집중하는, 소위 '선교단체'라는 곳을 찾았다. 그곳에서는 선교가 진리였다. 모든 것이 '구원받고 다른 사람들을 구원하라'라는 주제로 이루어져 있었다. 처음에는 내가 올바로 진리를 찾은 게 맞겠구나 하는 생각이 들어서 매우 기뻤다. 하지만, 시간이 지나면 지날수록 내가 진지하게 진리를 알아가고 진리로 자유롭게 되고 있다기보다는 마치 영업 사원 비슷한 삶을 살고 있다는 느낌이 들게 되었다. 이제 와서 돌아보면 그 안에서 배운 것은 직장생활을 하면서 배우는 것과 크게 다르지 않았다. 둘 다 제도화된 조직organization 안에서의 생활이었다. 이것 역시 뭔가 아닌 것 같았다.

그다음에는 여러 유명 저자들이 쓴 기독교 서적들을 읽기 시작했다. 이게 어느 정도는 도움이 되었지만, 그 많은 책에서도 내가 본질적으로 궁금해하는 질문들에 대한 답변은 얻지 못했다.

그다음에는 셀 교회 형식의 교회를 찾았다. 여기 교인들은 서로 깊은 사랑의 관계를 중시한다고 하면서, 생일은 물론이고 집안 대소사까지 다 챙겨주는 곳이었다. 하지만, 시간이 지나면 지날수록 분명해지는 것은 이곳에서도 사람들이 기본적으로 매우 위선적이고 이기적이라는 것과 사람들 사이에 사랑이라고 말은 하지만 진정한 사랑은 찾기 어렵다는 것이었다.

그다음에 나는 그 당시 많은 기독교 학자들에 의해 연구되고 있었던 소위 '가정 교회'를 하기 시작했다. 그 당시 나는 가정 교회가 매우 성경적이라고 생각하고 있었고, 비대하고 제도화된 교회들을 떠나서 가정집들에서 모이기 시작했다. 그런데 나는 여기서 외적인 형식보다도 우리의 죄가 훨씬 더 문제라는 것을 알게 되었다.

그다음에는 어디냐고? 그것은 이 책을 읽어나가면서 여러분이 직접 확인할 수 있을 것이다. 궁극적으로, 우리의 인생을 이끌어가는 것은 질문이다. 궁금함도, 호기심도, 질문도 없는 인생은 허깨비처럼 살다가는 사라지는 인생일 뿐이다. 나는 이 책을 읽는 분들이 궁극적인 본질과 진리에 대해 진지한 관심과 궁금함과 호기심이 많은 분이길 기대한다.

몇 년 전부터인가 릭 워렌이 쓴 『목적이 이끄는 삶』이 유행했다. 아마도 기독교 서적 중에 이렇게 비 기독교인들에게까지도 인기가 있는 책은 드물 것 같다. 하지만, 그 책을 읽고 나서 나는 '목적이 이끄는 삶을 살아야 한다'는 것은 알겠지만 '그 목적이 구체적으로 무엇인가?'에 대해서는 명쾌하게 알기가 어려웠다. 하지만, 이 세상에도, 여러분 자신에게도, 분명한 목적이 존재한다는 것은 당연하다. 나는 그 목적을 명쾌하게 알기까지 꽤 많은 우여곡절을 겪어야 했다. 그리고 지금도 점점 더 알아가고 있다. 어떻게 보면 그것은 비밀 중의 비밀이다. 이 책에서는 그 비밀들을 하나하나 풀어나갈 것이다.

이 책에서는 다음을 알아볼 것이다.

- 하나님의 원래 계획은 무엇이었는가?
- 현재의 이 세상은 지금 어떤 상태인가?
- 이제 여러분은 어떻게 해야 할 것인가?

이제부터 하나님의 영원한 목적, 즉 원래의 궁극적인 계획이 무엇이었으며, 그 계획이 어떻게 해서 잠시 우회하게 되었는지, 또한 그 우회한 부분이 어떻게 완성이 되게 되었는지를 함께 알아볼 것이다. 한 권의 책에 담기에는 분량이 좀 많아서 두 권으로 나누어 실었는데, 제1권은 하나님의 원래 계획으로 시작해서 완성된 계획까지의 내용이고, 그리고 제2권은 그 하나님의 계획이 실제 삶에 어떻게 구체화하는지에 대한 내용이다. 1권과 2권이 각각 3부 7개씩의 장chapter으로 되어 있어서 전체는 총 6부의 14개 장으로 구성되어 있다.

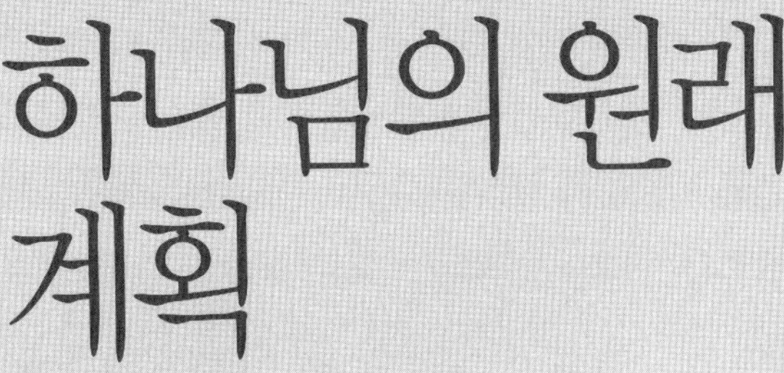하나님의 원래 계획

예수께서 대답하여 이르시되 사람을 지으신 이가 본래 그들을 남자와 여자로 지으시고 말씀하시기를 그러므로 사람이 그 부모를 떠나서 아내에게 합하여 그 둘이 한 몸이 될지니라 하신 것을 읽지 못하였느냐 그런즉 이제 둘이 아니요 한 몸이니 그러므로 하나님이 짝지어 주신 것을 사람이 나누지 못할지니라 하시니 여짜오되 그러면 어찌하여 모세는 이혼 증서를 주어서 버리라 명하였나이까 예수께서 이르시되 모세가 너희 마음의 완악함 때문에 아내 버림을 허락하였거니와 본래는 그렇지 아니하니라 (마19:4-8)

위의 말씀에서 예수님께서는 결혼에 대하여 어긋난 부분에 대해서 '본래는 그렇지 않았다' 고 하신다. 예수님께서 '본래' 라고 하신 것은 아담과 하와의 창조 당시에 대한 말씀이다. 즉, 아담과 하와를 창조하실 그 시점에서의 처음 모습은 현재의 모습과는 달랐다는 것이다. 이게 결혼만 그런 것일까? 오늘날 우리는 현재 우리 눈에 보이는 이 세계 안에 갇혀서 이 세계가 원래 이랬었다고 생각한다. 하지만, 하나님의 원래 계획에서 의도하셨던 세상은 오늘날 여러분이 보는 세상과는 전혀 다른 것이었음이 너무나도 분명하다. 원래 하나님이 의도하셨던 세계는 어떤 것일까? 이것은 어떻게 당신과 연관이 될까? 이것을 알아보기 위해 창조 처음, 아니, 그 이전인 창조 이전으로 돌아가서 하나하나 단서를 찾아가보도록 하자.

일. 창조 이전의 세계

영화들을 보면, 대부분 영화는 시간의 흐름을 따라 진행이 되지만, 일부 영화들은 초반부에 현재의 복잡한 상황들을 보여주어서 보는 사람으로 하여금 왜 이런 상황이 될 수밖에 없었는지를 궁금하게 만들다가 결국 영화의 후반부에서 현재 상황이 왜 그렇게 되었는지를 풀어주기 위해서 과거에 있었던 일들을 보여주는 경우가 있는데, 이렇게 퍼즐 조각이 모두 맞춰지는 그 순간에야 그동안의 모든 궁금하고 복잡한 것들이 명쾌하게 풀린다.

이건 우리에게 있어서도 마찬가지이다. 현재의 세계와 그 안에서 사는 우리들의 정체성과 본질을 이해하려면 원래 세계가 어땠고, 원래 세계에서 어떤 의도와 목적으로 창조라는 것이 이루어졌는지, 그리고 현재의 세계가 어떻게 해서 원래의 세계에서 어긋나게 되어 현재 상황에 이르게 되었는지를 알 필요가 있다. 그래야, 현재 상황과 우리의 정체성과 본질에 대한 의문들도 명쾌하게 풀릴 수 있다. 그러니, 우리가 현재 속한 창조된 세계에 주목하기 전에 창조 이전의 세계는 어떤 세계이며, 거기에는 누가 있었는지 알아보는 것이 당연하다. 우리는 보이는 세계가 전부라고 생각하는데, 사실은 보이는 세계는 보이지 않는 세계로부터 만들어진 것이다.^{히11:3} 사람들이 잘 주목하지는 않지만, 성경에는 ‘창세 전’, ‘영원 전’, ‘만대 전’ ‘영세 전’ 또는 ‘만세 전’ 이라는 표현이 은근히 많이 나온다. 그것도 아주 중요한 부분들에서 언급되어 있다. 이것이야말로 성경에서 말하고자 하는 바의 핵심이라고 봐도 무방하다.

그러면 과연 창조 이전의 세계는 어떤 세계일까? 그 세계는 성경에서 ‘하나님의 나라’ 또는 ‘하늘나라’ 라고도 하고, ‘보이지 않는 세계’ 고후4:18; 골1:16; 히11:1 라고도 하고, ‘위의 세계’ 요8:23 라고도 표현이 되고, ‘본향’ 히11:13~16 이라고도 한다.

‘하나님의 나라’ 또는 ‘하늘나라’ 는 이해가 쉬울 것이다. 글자 그대로 하나님께서 계시고 통치하시는 곳이라는 뜻이다. ‘보이지 않는 세계’ 라는 뜻은 그 세계가 우리가 아는 차원처럼 보이고 만져지는 세계가 아니라는 뜻이다. 예수님께서도 하나님의 나라는 볼 수 있게 임하는 것도 아니며, ‘여기 있다’ 또는 ‘저기 있다’ 고 할 수 있는 것도 아니라고 하셨다.눅17:20~21 이 말인즉, 하나님이 나라를 물질세계로 이해하는 것은 곤란하다는 뜻이다. 그러므로, ‘위의 세계’ 라는 것은 물리적으로 방향이 위쪽이라는 뜻이 아니다. 창조 이전의 세계는 물리적인 세계가 아니므로 그 세계에서는 ‘방향’ 이라는 것도 의미가 없다. 어떤 사람은 예수님께서 승천하셨다고 하니까 위쪽으로 올라가신 줄로 아는데, 우리가 아는 물리적 세계 안에서 창조 이전의 세계를 이해하려는 것 자체가 무리이다. 우리가 사는 세계에서 위로 가봐야 이 지구의 대기권을 벗어나면 그 후에는 우주 공간이 있을 뿐이다. 이건 우리가 사는 세계보다 더 높은 차원의 세계, 즉, 창조 이전의 세계로 돌아가신 것을 말씀하신 것이지, 단순히 방향이 ‘위’ 라는 뜻이 아니다. ‘본향’ 이라는 것은 우리 존재의 근원이 보이지 않는 세계에서부터 시작했기 때문이다. 성경에서 본향을 찾는다. 또는 영원을 사모하는 마음전3:11이 있다는 말은 우리의 모든 존재의 근원인 창조 이전 세계의 존재 즉, 창조주인 하나님을 찾는다는 뜻이다.

우리는 성경에서 예수님께서도 1세기 사람들에게 설명하실 때에 그들의 이해에 맞추어서 매우 제한적으로 이야기하실 수밖에 없었다는 것을 이해해야 한다. 예를 들어, 예수님께서 "땅끝까지 이르러 내 증인이 되리라"행1:8라고 하신 것이나 '위에서 났다', '위로 올라간다' 는 식으로 설명하실 수밖에 없었던 것은 세계에 대한 그들의 이해력이 낮았기 때문이다. 그 당시 사람들은 대부분 이 땅이 네모처럼 생겼고, 이 땅을 점점 가다 보면 이 땅의 끝이 나온다고 믿었다. 그러니, 그들에게 '전 세계whole globe' 라는 개념을 설명하려면 '땅끝' 이라는 표현을 써야 했고, '이 세상과는 차원이 높은 다른 세상' 을 설명하려면 '위' 라고 설명할 수밖에 없었다. '물질도 아니고 보이지도 않는 세계' 라고 설명하면 그 당시 사람들에게는 도저히 이해할 수 없는 개념이었음이 분명하기 때문이다. 나중에 사도 바울이 스페인(그 당시의 많은 사람은 스페인이 땅끝이라고 생각했었다.)에 그토록 강한 애착을 하고 있었던 것도 무리는 아니다. 롬15:23,28

따라서 예수님께서 이 세상에 계셨을 때에는 여러 면으로 답답하셨을 것 같다. "내가 아직도 너희에게 이를 것이 많으나 지금은 너희가 감당하지 못하리라"요16:12라고 말씀하신 것도 이해가 간다. 오늘날의 사람들은 어떤 면으로는 창조 이전의 세계에 대해 이해를 잘할 수 있는 부분도 있다. 현대를 사는 우리는 '보이지는 않지만, 분명히 존재하는 것들' 에 대해 익숙하다. 예를 들면, 전파는 인간의 오감五感 중 그 어느 것으로도 감지되지 않지만, TV나 라디오가 작동하는 것을 보면 전파가 존재한다는 것은 오늘날 누구나 알고 있다.

그러면 이제부터 그 창조 이전의 세계에는 누가 있었으며, 무엇을 하고 있었는지 알아보자.

1) 하나님

먼저, 하나님에 대해 알아보자. 여러분이 이제까지 알던 하나님은 어떤 분인가? 여러분은 정말 하나님을 알고 싶은가? 그렇다면, 일단은 하나님에 대해 지금까지 들어왔던 모든 것을 제로 베이스빈 상태로 만들 필요가 있다.

물론 사람이 하나님을 다 알기란 불가능할 것이다. 하지만, 성경에 계시된 부분 중에서 하나님에 대해 두 가지만 짚고 넘어가겠다. 내가 설명하고자 하는 부분은 일반적으로 사람들이 수도 없이 설교하고 가르치는 내용, 즉 "하나님은 전지전능하신 분이시다"라느니, "하나님은 사랑이 많으신 분이시다" 등등의 전형적이고 빤한 것이 아니라 하나님의 본질에 대한 것이다.

첫 번째로 하나님에 대해 알아볼 것은 하나님 존재의 근원에 대한 것이다. 하나님은 모세에게 자신을 계시하실 때, "나는 스스로 있는 자다"출3:14 라고 하셨다. 이 말은 영어로 봐야 더 선명하다.

"I AM WHO I AM"

굳이 우리말로 번역하자면, "나는 나다"이다. 그 누구도 이만큼 존재감이 확실할 수는 없을 것이다. 만일 여러분에게 "당신은 누구인가?", "당신은 어떻게 해서 태어나게 되었으며, 당신 존재의 뿌리, 당신 존재의 근원은 어디인가?"라고 묻는다면, 당신은 그냥 "부모님에게서 태어났습니다."라고 말할 수밖에 없다. 그러면 "그 부모님 존재의 근원은 어디인가?"라고 묻고 재차 "그렇다면, 그 부모님의 부모님 존재의 근원은 어디인가?" 이런 식으로 질문해 들어간다면 답변하기가 매우 어렵고 막연해진다. 즉, 여러분은 여러분이 어디서 태어났고, 왜 태어났는지, 여러분 존재의 근원이 어디인지에 대해 스스로 알 수 없다는 이야기이다. 하지만, 이건 피조물에 해당하는 이야기이고 창조주이신 하나님은 그렇지 않다. 하나님이야말로 자신 존재의 근원에 대해 아무 설명도 필요 없으신 분이시다. "나는 나다"라고 하면 된다.

이에 반해서, 창조주가 아닌 피조물은 "나는 나다"라고 할 수 있는 존재가 아니다. 사실상, 엄밀히 말하면 'I AM WHO I AM' 이니, '스스로 있는 자' 니, '나는 나다' 라는 말은 창조주에게만 해당하는 용어이다. 다른 피조물은 '스스로 있는 존재' 가 아니라 외부의 다른 존재, 즉, 창조자에 의하지 않고는 도저히 존재할 수 없는 존재이기 때문이다. 여러분의 존재의 목적도 여러분 스스로는 도저히 알 수 없다. 피조물은 창조주 안에서만 의미가 있기 때문이다. 예를 들어, 어떤 사람이 컵을 만들었다고 하자. 이 컵은 컵을 만든 사람의 의도에 일치하게 쓰일 때에라야 존재의 의미가 있는 것이다. 이 컵이 스스로 "나는 나다"라고 선언한다면 우스울 뿐이다. '이 컵의 목적은 어떤 것이다' 라고 말할 수는 있지만, '이 컵이 자기 스스로 어떤 목표를 가진다' 라는 말은 아주 이상한 말이다. 컵은 자신의 존재 목적을 자신을 만든 이에게서 찾아야 하지, 스스로가 스스로의 목표를 가질 수는 없기 때문이다. 이건 사람도 마찬가지이다. 엄밀히 말하면 여러분의 진정한 정체성, 여러분의 진정한 존재의 근원은 하나님밖에 알 수 없다. 여러분은 어디서 왔는가? 어디로 가는가? 왜 태어났는가? 여러분의 목적은 무엇인가? 이런 모든 질문들에 대한 답은 'I AM WHO I AM' 이신 분, 즉, "나는 나다"라고 말할 수 있는 분 외에는 답할 수 없는 문제이다.

이전에 어떤 사람이 하나님에 대해서 알아본답시고 처음 성경을 읽다가 구약 성경의 첫 구절인 창세기 1:1을 읽고는 바로 나한테 "성경은 다짜고짜 '하나님이 천지를 창조하셨다'라고 시작되는데, 먼저는 하나님을 증명해야 하는 것이 순서가 아닌가? 하나님은 왜 자신이 어디에서 나셨는지, 자신의 존재 근원에 대해 설명하시지 않는가?"라고 질문을 한 적이 있었는데, 이건 정말 몰라도 한참을 모르는 소리이다. 이건 마치 어떤 아이가 자기 부모에게 "우리가 부모와 자식으로서 관계를 맺기 전에 먼저는 당신들이 어디서 났으며, 당신들이 왜 나의 부모님인지를 증명하는 것이 선결되어야 한다."라고 말하는 것이나 마찬가지이다. 여러분이 보기에는 이 부모가 문제가 있는 부모인가? 아니면 이 아이가 문제가 있는 아이인가?

자신을 증명해야 하는 것은 창조주 하나님이 아니라 사람이다. 어떻게 보면 하나님을 모른다는 것은 자기 자신의 정체성도, 자기 자신의 존재의 근원도, 자신의 존재 목적도 모른다는 것이다. 영화나 소설을 보면 주인공이 기억 상실 때문에 자신의 정체성을 잃어버렸다든지, 아니면 이런아이가 부모를 잃었을 때 그야말로 모든 것을 잊고 끈질기고 줄기차게 자신의 존재와 정체성의 근원을 찾아가는 이야기들이 있다. 자신의 근원, 자신의 존재 목적, 자신의 정체성을 잃어버리면 이렇게 설사 다른 것은 다 뒷전이 될지라도 먼저 그것부터 해결하려고 하는 것이 정상이다. 아이가 부모를 잃었는데도 아무렇지도 않게 생글생글 웃으면서 잘 지낸다면 문제가 있어도 이만저만 문제가 있는 게 아닐까?

이렇게 표현하면 이 책을 읽는 분들이 어떻게 느낄지 모르겠지만, 하나님의 눈으로 볼 때에는 하나님을 찾지 않는 사람들은 신기할 정도로 이상한 사람들이다. 자신을 원래 지으신 분, 자신의 생명의 근원이신 분, 'I AM WHO I AM' 이신 분과 전혀 상관없이 먹고, 자고, 이것, 저것 하면서 인생을 즐기면서 지낼 수 있다는 것 자체가 아주 기적적으로 이상한 삶이다. 그건 목적도 없고 의미도 없는 삶이다. 생명의 근원에서 잘려나갔기 때문이다. 예를 들어, 낙지다리가 잘려나갔다고 치자. 이 낙지다리는 자신의 생명의 근원인 낙지의 몸에 붙어 있을 때는 매우 자연스럽고 편하고 자유롭고 조화롭고 평안하고 질서 있게 움직이지만, 몸에서 잘려나가면 그 순간부터 미친 듯이 발광을 한다. 발광이라도 하는 것이 정상이고 잘려나간 채로 살면서 '원래 인생은 이런 거지 뭐….' 라고 스스로 위로하면서 사는 것이 오히려 더 이상한 것이 아니겠는가?

여러분은 어떤가? 그냥 이런저런 다른 일 하느라고 정말 본질적인 문제인 자신의 근원, 정체성, 존재 목적도 모르고 지내지는 않는가? 이런 것에 대해 끈질기고 줄기차게 찾지도 않고 있지는 않은가? 이건 매우 비상식적이다. 우리가 인생을 살아가면서 정말로 진지하게 알아가야 할 것이 있다면 이런 것들이지 다른 것이 아니다. 잠언을 쓴 사람은 "하나님을 경외하는 것이야말로 지식의 근본이다"잠1:7 라고 썼는데 깊이 공감이 간다. 자신의 근원과 존재 목적, 존재 이유도 모르는 사람이 이 세상의 다양한 지식을 알고 수많은 것을 경험했다고 그게 정말 알아야 할 것을 안 사람일까? 나는 여러분이 이 책을 읽으면서 이런 부분에 대해 깊이 고민하고 생각하고 궁극적인 진리를 찾게 되기를 바란다.

두 번째로 하나님에 대해 알아볼 것은 "하나님은 어떤 존재이신가?" "하나님의 본질은 무엇인가?"에 대한 이해와 관련된 부분이다. 하나님은 어떤 존재인가? 성경은 하나님이 영Spirit이시라고 가르친다. 요4:24 이전에 일반서적 중 어떤 책을 보다가 저자가 '영적spiritual' 이라는 것에 대해 그것이 마치 '위대한 유산을 물려주거나 뭔가 중요한 것을 남기고자 하는 인간의 인격 속성 중 하나' 인 것처럼 쓴 것을 봤는데 성경에서 말하는 '영'이라는 것은 그렇게 시시한 게 아니다. 여기서부터 잘 읽고 이해하게 되기를 바란다. 이제부터 나오는 설명이 앞으로 나오는 이야기의 기초가 되기 때문이다.

영Spirit과 대조되는 말은 육 즉, 물질이다. 영은 물질과는 전혀 다른 차원의 것이다. 즉, 하나님은 물질적인 존재가 아니라는 뜻이다. 그러므로 매우 미안하지만, 과학으로 하나님을 증명하려고 하거나 과학으로 하나님을 알려고 하는 노력은 그 기초부터가 잘못된 것이다. 과학은 물질에서부터 시작하지만, 하나님은 물질세계에 속한 분이 아니기 때문이다. 영은 물질이 아니므로 물질의 차원에 사는 사람으로서는 도저히 감지할 수 없는 세계이다. 당연하다. 물론 성경 여기저기에 하나님이 사람들이 볼 수 있는 형태로 나타나신 기록이 있긴 하지만, 이런 것은 사람들이 하나님에 대한 이해의 정도가 낮을 때 하나님께서 자신을 그들의 이해 수준에 맞추어서 나타내어 보여주셨다고 봐야 더 적절하다. 물론 이것의 절정이 예수님이다.

하나님은 영이시기 때문에 사람들이 도저히 이해할 수 없는 특징들이 있다.

첫째, 하나님은 공간에 전혀 제약을 받지 않으신다. 옛적에 선지자 예레미야는 "여호와의 말씀이니라 사람이 내게 보이지 아니하려고 누가 자신을 은밀한 곳에 숨길 수 있겠느냐 여호와가 말하노라 나는 천지에 충만하지 아니하냐"렘23:24 라고 선포했다. 하나님은 천지에 충만하신 분이다. 하나님은 사람처럼 육체라는 한정된 공간 안에 매여있지 않는 분이다. 예를 들어, 우리 인간은 집에 있으면 회사에 있을 수 없고, 회사에 있으면 집에 있을 수 없다. 또한, 서울에 있으면 미국에 있을 수 없고 미국에 있으면 서울에 있을 수 없다. 공간에 제약을 받기 때문이다. 하지만, 하나님은 서울에 있으면서 동시에 미국에도 있을 수 있다. 하나님은 영이시므로 공간에 제약을 받지 않기 때문이다. 우리 인간이 어떤 조각 작품을 이해하려면 앞면을 보고 있으면 뒷면을 볼 수 없고, 뒷면을 보고 있으면 앞면을 볼 수 없다. 하지만, 하나님은 모든 면을 한 번에 다 보실 수 있다. 하나님은 공간과 장소에 얽매이지 않는 분이시기 때문이다. 나중에 예수님도 부활하신 후에는 집의 문들이 다 닫혀 있는 상황에서 제자들 가운데에 나타나셨다.^{요20:26} 얼핏 생각하면 예수님께서 벽을 통과하셨다는 식으로 생각할 수도 있는데 이건 공간에 제약이 있는 인간의 처지에서 그렇게 보이니까 그렇게 생각하는 것이고, 실제로는 어디에나 계시고 어디에나 나타나실 수 있는 분, 천지에 충만하신 분이 제자들이 볼 수 있도록 제자들 앞에서 자신의 모습을 드러내셨다고 보는 편이 맞다.

둘째, 하나님은 시간에도 전혀 제약을 받지 않으신다. 영은 물질이 아니므로 질량이 제로(0)이다. 물질은 시간과 공간의 제약을 받는다. 하지만, 질량이 없으면 아무런 시간의 제약도 받지 않는다. 우리가 다 이해할 수는 없겠으나, 이것은 최소한 아인슈타인도 상대성 이론으로 증명한 과학적 사실이다. 하나님의 눈에는 하루가 천 년 같고 천 년이 하루 같다.^{벧후3:8} 하나님은 우리의 세계를 보실 때, 시작을 보면서 동시에 끝을 보시고, 과정을 보면서 동시에 결과도 보실 수 있는 분이다.

예를 들어, 우리 인간은 어떤 일이 끝나기 전에는 그 결과를 알 수 없다. 미래로 가서 그 일의 결과로 어떤 일이 벌어지는지도 알 수 없고, 다시 과거로 돌아갈 수도 없다. 하지만, 하나님은 일이 시작될 때 이미 그 결과도 다 아신다. 시간을 초월하시는 분이시기 때문이다. 우리 인간이 어떤 음악 작품을 이해하려면 그 작품이 연주되는 시간 내내 그 작품을 듣고 있어야만 한다. 인간은 시간이라는 제약된 환경 안에서 살고 있기 때문이다. 하지만, 하나님은 이런 시간을 다 들이지 않고도 음악을 다 들으실 수 있다. 하나님께는 시간이라는 제약이 없기 때문이다. 성경에는 뜻밖에 '예정' 엡1:5,9,11; 3:11 또는 '미리 아심' 벧전1:2 이라는 뜻의 단어들이 자주 언급된다. 어떤 사람들은 이런 표현들에 대해 '예정론' 등등을 주장하면서 '그 사람의 선택과는 전혀 상관없이 하나님이 자신의 사람들을 미리 선택하신 것이다.' 라고 주장하기도 하는데, 이건 시간에 전혀 제약을 받지 않으시는 하나님의 이런 속성을 잘 이해하지 못해서 하는 말이다.

셋째, 하나님은 사람이 하는 말을 듣지 않고도 그 사람의 마음속 깊은 동기까지 다 아신다. 행15:8; 요일3:20; 요2:24~25 미래를 아시는 분이니까 당연하다고 말할 수밖에 없을지도 모르지만, 하나님은 사람의 마음속의 중심을 훤히 다 들여다보신다. 하나님 앞에서는 아무것도 숨길 수 없이 다 드러나게 된다.

앞서 살펴본 '창조 이전의 세계' 또는 '하나님의 나라' 는 이런 곳이다. 사실, '창조 이전' 이라는 말은 모순되는 말이다. 창조라는 것을 통해서 시간과 공간이 생성된 것이다. 우리가 아는 우주宇宙라는 말도, 공간과 시간이라는 뜻이다. 그러면, 우주가 창조되기 '이전' 이라는 표현은 엄밀히 따지면 맞지 않는 표현이다. 더 정확히 말하면 '우리가 아는 이 물질세계의 영역을 벗어난, 물질세계보다 차원이 높은 세계' 라고 해야 더 맞다. 하지만, 이렇게 표현하면 너무 길어지므로, 그냥 성경의 표현대로 '창세 전' 이라는 표현을 쓸 수밖에 없다. 앞으로도 이 책에서는 이 표현이 자주 나올 텐데, 앞으로 이런 표현이 나오면 이 표현이 물질세계를 초월해서 하나님이 사시는 세계를 말하는 것임을 이해하기 바란다.

물론 우리는 이 사실이 이해가 잘 가지 않는다. 사람이 이런 것을 다 이해할 수는 없을 것이다. 어차피 시간과 공간에 묶여있는 세계에 사는 우리가 어떻게 더 높은 차원을 이해할 수 있겠는가? 이건 마치 엄마 뱃속이라는 한정된 세계만 아는 태아가 바깥의 세계를 도저히 이해할 수 없는 것과 마찬가지이다. 그러므로 이런 것은 머리가 좋다거나 노력을 많이 한다고 알 수 있는 차원의 것이 아니다. 하나님을 알 수 있는 것은 우리 편의 노력에 달렸다기보다는 하나님 편에서 계시해주셔야 알 수 있다. 예수님은 이런 말씀을 했다.

"…아버지여 이것을 지혜롭고 슬기 있는 자들에게는 숨기시고 어린 아이들에게는 나타내심을 감사하나이다 옳소이다 이렇게 된 것이 아버지의 뜻이니이다 내 아버지께서 모든 것을 내게 주셨으니 아버지 외에는 아들을 아는 자가 없고 아들과 또 아들의 소원대로 계시를 받는 자 외에는 아버지를 아는 자가 없느니라"
마 11:25~27

"아버지 외에는 아들을 아는 자가 없다"라고 하신 것을 주목해 보라. 하나님은 하나님 편에서 계시해 주셔야 알 수 있는 분이지 우리 편의 노력으로 알 수 있는 분이 아니다. 하나님에 대해서는 알아야 할 것이 영원하고 무궁무진하지만, 여기서는 기본적으로 이 두 가지만 알아보고 다른 부분에서 하나님에 대해서 더 알아보도록 하자.

2) 하나님의 아들

다음 구절을 잘 읽어보라.

"하나님이 이르시되 우리의 형상을 따라 우리의 모양대로 우리가 사람을 만들고…" 창 1:26

즉, 창조된 피조물이 있기 전에도 하나님께는 "우리"라고 부르실 만한 존재들이 있었다는 것을 알 수 있다.

그게 무엇일까? 첫째는 요한복음을 보면 답이 나온다.

"태초에 말씀이 계시니라 이 말씀이 하나님과 함께 계셨으니 이 말씀은 곧 하나님이시니라 그가 태초에 하나님과 함께 계셨고 만물이 그로 말미암아 지은 바 되었으니 지은 것이 하나도 그가 없이는 된 것이 없느니라" 요 1:1~3

여기서 '말씀'의 정체는 14절을 보면 드러난다. "말씀이 육신이 되어 우리 가운데 거하시매…"요1:14 즉, 하나님이 육신이 되어 오신 예수 그리스도인 것이다. 예수 그리스도는 피조물이 아니라 창조 전부터 계셨던 하나님의 아들이다. '예수 그리스도'라고 하면 많은 사람이 어릴 적부터 봐왔던 성화에 등장하는 그리스도 즉, 팔레스타인 지역에서 나서 사셨고, 머리는 약간 길고 인자한 표정의 어떤 인물의 모습을 떠올릴 수도 있겠다. 이런 그림 중 심한 것은 양떼들을 돌보고 계신 것으로 그리고 있고, 더 심한 경우는 뒤에 후광halo을 입은 것도 있는데, 여러분이 만일 '그리스도'라는 말을 떠올릴 때 이런 예수 그리스도를 연상한다면 예수 그리스도에 대해서 오해를 해도 한참을 한 것이다.

진정한 의미에서 예수님의 정체성은 창조 이전에 하나님 아버지와 함께 있는 하나님의 아들이다. 이 아들이 육신을 입고 사람으로 태어난 모습이 오히려 특이한 형태, 임시 형태, 임시 버전version이다. 이 하나님의 아들이 어떤 분인지에 대해서는 위의 요한복음의 구절을 포함해서 사도 요한이 매우 잘 보여주고 있다. 다음의 표현들도 주목해보라. 사도 요한이 예수님의 본질에 대한 개념을 심어주려고 얼마나 노력하고 있는지도 생각하면서 잘 읽어보라.

"태초에 말씀이 계시니라 이 말씀이 하나님과 함께 계셨으니 이 말씀은 곧 하나님이시니라 그가 태초에 하나님과 함께 계셨고 만물이 그로 말미암아 지은 바 되었으니 지은 것이 하나도 그가 없이는 된 것이 없느니라" 요 1:1~3

"태초부터 있는 생명의 말씀에 관하여는 우리가 들은 바요 눈으로 본 바요 자세히 보고 우리의 손으로 만진 바라 이 생명이 나타내신 바 된지라 이 영원한 생명을 우리가 보았고 증언하여 너희에게 전하노니 이는 아버지와 함께 계시다가 우리에게 나타내신 바 된 이시니라" 요일 1:1~2

"또 아는 것은 하나님의 아들이 이르러 우리에게 지각을 주사 우리로 참된 자를 알게 하신 것과 또한 우리가 참된 자 곧 그의 아들 예수 그리스도 안에 있는 것이니 그는 참 하나님이시요 영생이시라" 요일 5:20

위의 고백이 예수님과 육체적으로도 매우 가깝게 지냈던 사도 요한이 전한 정확한 예수님의 실체이다. 요한복음에서 사도 요한이 전하고자 한 중요한 주제 중 하나는, '보지 못하고 믿는 자들은 복이 있다'요20:29이다. 왜 보지 못하고 믿는 사람들이 복이 있을까? 그건 뭔가 본 게 있으면 그 본 것으로부터 자유롭기가 쉽지 않기 때문이다. 육신의 예수님을 본 사람은 오히려 그 고정관념에 얽매여서 진짜 예수님이 어떤 분인지 제대로 깨닫기가 어려울 수 있다.

사도행전을 보면 예수님을 드러내는 일에서 주도적인 역할을 한 사람이 처음에는 예수님과 가장 가까이서 3년 이상을 지냈던 예수님의 제자들이었다가, 그다음에는 예수님을 본 적도 없는 스데반, 그다음에는 바나바와 바울, 마지막에는 바울로 점점 바뀌는데 이것도 이런 맥락에서 이해할 수 있다. 육신의 예수님을 본 사람은 그 본 것에서 벗어나서 예수님의 원래 정체성을 깨닫기가 쉽지가 않다. 오히려 사도 바울처럼 아예 육신의 예수님을 보지 못하고 믿은 사람들이 예수님이 어떤 분인지 더 잘 알았던 것 같다. 이런 측면에서 보면 자신을 '예수님의 품에 기대어 있었다.'라고 자주 표현했고, 육신적으로도 예수님과 가장 가깝게 지냈던 사도 요한이 예수님의 정체성에 대해 이렇게 선명하게 깨달았다는 것은 정말 대단하다고밖에 볼 수 없다. 이 책을 읽는 여러분도 예수님에 대한 개념이 바뀌길 바란다. 예수님은 창조 이전에 계셨던 하나님의 아들이다.

잠언 8장에 나오는 표현을 보면 이것이 예수님의 그림자임이 분명하다.

"여호와께서 그 조화의 시작 곧 태초에 일하시기 전에 나를 가지셨으며 만세 전부터, 태초부터, 땅이 생기기 전부터 내가 세움을 받았나니 아직 바다가 생기지 아니하였고 큰 샘들이 있기 전에 내가 이미 났으며 산이 세워지기 전에, 언덕이 생기기 전에 내가 이미 났으니 하나님이 아직 땅도, 들도, 세상 진토의 근원도 짓지 아니하셨을 때에라 그가 하늘을 지으시며 궁창을 해면에 두르실 때에 내가 거기 있었고 그가 위로 구름 하늘을 견고하게 하시며 바다의 샘들을 힘 있게 하시며 바다의 한계를 정하여 물이 명령을 거스르지 못하게 하시며 또 땅의 기초를 정하실 때에 내가 그 곁에 있어서 창조자가 되어 날마다 그의 기뻐하신 바가 되었으며 항상 그 앞에서 즐거워하였으며 사람이 거처할 땅에서 즐거워하며 인자들을 기뻐하였느니라" 잠 8:22~31

그러면 그 세계에서 하나님과 하나님의 아들은 무엇을 하고 계셨을까? 이 질문에 답변을 주고자 요한복음에서 예수님께서 아버지께 기도하신 내용을 보면 그중에 이런 표현이 나온다. 이런 표현들이야말로 우리로 하여금 창조 이전의 세계가 어떤 곳인지 알 수 있게 해주는 보석과 같은 표현이다.

"아버지여 내게 주신 자도 나 있는 곳에 나와 함께 있어 아버지께서 창세 전부터 나를 사랑하시므로 내게 주신 나의 영광을 그들로 보게 하시기를 원하옵나이다" 요 17:24

창세 전 세계에서 아버지와 아들은 서로 사랑하고 서로 영광을 주고받고 사셨다. 어거스틴은 이런 말을 했다. "만일 하나님이 사랑이시라면, 그분 안에는 사랑을 주는 이Lover와 사랑을 받는 이Beloved와, 사랑의 영Spirit of Love이 있음이 분명하다. 왜냐하면, 사랑은 사랑을 주는 이와 사랑을 받는 이가 없으면 이루어지지 않는 것이기 때문이다." 이게 창세 전 세계의 핵심이고 앞으로 계속 살펴볼 하나님의 영원한 목적을 이해하는 데에도 핵심이 된다.

3) 성령과 삼위일체Trinity

창세기 기록을 다시 보면, '하나님의 신이 수면에 운행하신다' 고 나와있다.창1:2 이 하나님의 신Spirit of God을 다른 말로 하면 성령Holy Spirit이다. 신약 성경에는 하나님의 영, 예수님의 영, 진리의 영, 보혜사 등등으로 표현된다. 당연히 이 성령 역시 창세 전 세계에 속한 영Spirit인 존재이다.

요한복음에서 요한은 예수님이 하나님이시라고 선포했다.요1:1,14 히브리서를 쓴 사람은 한 술 더 떠서 하나님께서 예수님을 보고 '하나님이여! O God' 라고 부르셨다고 선포했다.히1:8 예수님 자신도 '아버지와 나는 하나다' 라고 하셨다.^{요10:30} 사도 바울도 여러 표현에서 '그리스도의 영'과 '그리스도'를 구분하지 않았다.^{롬8:9~10} 종합해 보면 그리스도도 하나님이요, 성령도 하나님이다. 요한복음 1:1을 다시 보면 사실 이것은 인간의 일반적인 표현으로는 이해가 가지 않는 것이다.

> "태초에 말씀이 계시니라 이 말씀이 하나님과 함께 계셨으니 이 말씀은 곧 하나님이시니라" 요 1:1

이 말씀이 그리스도를 말하고 있다는 것은 이미 앞서 설명했다. A가 B와 함께 있었다. 그런데 그 A가 어떻게 B가 될 수 있는가? 문법상 맞지 않는 표현이지 않는가? 우리 인간이 도저히 이해할 수 없지만, 하나님은 하나 안의 셋^{3 in 1}인 존재이다. 한 분이지만 사실은 세 인격^{person}인 것이다. 이것을 소위 삼위일체^{Trinity}라고 부른다. 나는 교리에 대해서 논하고 싶지도 않고 논할 능력도 없다. 하지만, 여기서 삼위일체와 연관하여 중요하게 이야기하고 싶은 것이 하나 있다.

삼위일체에 대해서는 예전부터 많은 주장이 있었다. 어떤 사람은 "같은 한 사람이 어떤 측면에서 보면 아버지이고, 어떤 측면에서 보면 아들이고, 어떤 측면에서 보면 남편인 것처럼 하나님도 같은 한 분인데 다른 형태로 나타나신 것이다."라고 주장했다. 어떤 사람은 "물과 얼음과 수증기가 본질은 같지만 다른 양태로 나타나는 것처럼 같은 주체가 세 가지 다른 모습으로 나타난다."라고 설명하기도 했다. 하지만, 이것은 모순이 있다. 왜냐하면, 예수님께서 이 세상에 계실 때에 "…아버지여 만일 아버지의 뜻이거든 이 잔을 내게서 옮기시옵소서 그러나 내 원대로 마시옵고 아버지의 원대로 되기를 원하나이다…"^{눅22:42} 라고 말씀하셨기 때문이다. 이 순간 하나님의 아들의 입장은 이

잔이 내게서 옮겨지는 것이었고(물론 아버지의 뜻대로 하겠다고 위대한 순종을 하셨지만), 아버지의 뜻은 아들이 그 잔을 받는 것이었다. 이렇게 얘기하면 이상하게 들릴지도 모르겠지만, 잠시의 이 순간에는 하나님의 아들이 하나님과 의견이 다르셨던 것이다. 이것을 보면 '하나님이 같은 한 분인데 다른 형태로 나타나신 것이다.' 라는 주장은 설득력을 갖기 어렵다. 같은 인물, 같은 인격person이 어떻게 의견이 다를 수 있는가?

삼위일체라는 것은 인간의 이해로는 도저히 알 수 없는 신비임이 분명하다. 굳이 삼위일체를 이해하려면 여러 가지 이론들에 관심을 두기보다는 오히려 사랑이라는 관계성에서 해답을 찾는 것이 더 적절하다고 생각한다. 인간들 차원에서도 둘이 사랑하면 그 둘은 점점 닮아가고 하나가 되는 경향이 있다. 사랑하지 않을 때는 상대방에게 관심을 둘 필요도 없고, 상대방을 이해하려고 할 필요도 없고, 내가 상대방의 영역 안으로 들어갈 필요도 없고, 상대방이 내 영역 안으로 들어오게 허용할 필요도 없다. 그냥 '너는 너고, 나는 나다' 라는 식으로 살면 된다. 하지만, 진정으로 사랑한다면 점점 내 영역 안에 상대방을 받아들이고, 원래의 나를 주장하지 않게 된다. 상대방도 이렇게 나를 받아들이고 원래의 자신을 주장하지 않게 되면 둘은 점점 하나가 되어가게 된다. 점점 내 안에 나는 없어지고 상대방만 남게 되는 것이다. 이 세상에서도 진실로 사랑하는 부부는 나이가 들수록 점점 하나가 되어간다. 하나님은 사랑이시다.요일4:16 하나님의 사랑은 우리 인간들이 상상하는 사랑의 차원 정도가 아닐 것이다. 우리 차원에서는 이해가 안 가지만, 아버지와 아들은 서로에 대한 사랑이 너무 강렬해서 완전히 하나가 된 것이다. 이런 면에서 볼 때, 누가 처음 사용했는지는 모르겠지만, 우리 말로 '하나님' 이란 말은 정말 잘 지은 말 같다.

신약 성경, 특히 요한복음에서는 '아버지께서 내 안에, 내가 아버지 안에 있는 것 같이' 라는 표현이 가득한데, 이 표현은 이런 맥락에서 이해해야 한다. 이것은 바로 사랑의 극치의 표현이 아닐까? 궁극적인 의미에서 진정한 사랑은 두려움도 없고, 집착도 아니고 강제도 아닌 완전히 자발적인 상태에서 '내 안에 나는 없어지고 점점 상대방만 남아 있게 되는 것' 이 아닐까? 만일 이 사랑의 대상인 상대방도 역시 자신이 없어지고 상대방만 남게 되기를 원한다면 둘은 점점 하나가 되어 나중에는 완전히 하나가 되는 것이다. 도움이 될까 싶어서 아래와 같은 도표를 그려 보았는데 참고하길 바란다.

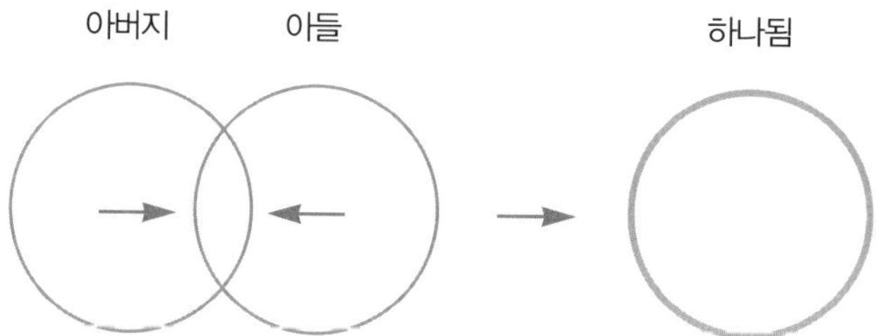

사랑을 하게 되면 '아버지가 아들 안에, 아들이 아버지 안에' 즉, 서로가 서로의 존재 안으로 깊숙이 들어가게 됨.

아니, 하나님은 세 분의 인격^{person}으로 존재하는 분이니까 아래와 같이 표현해야 더 적절하지 않을까?

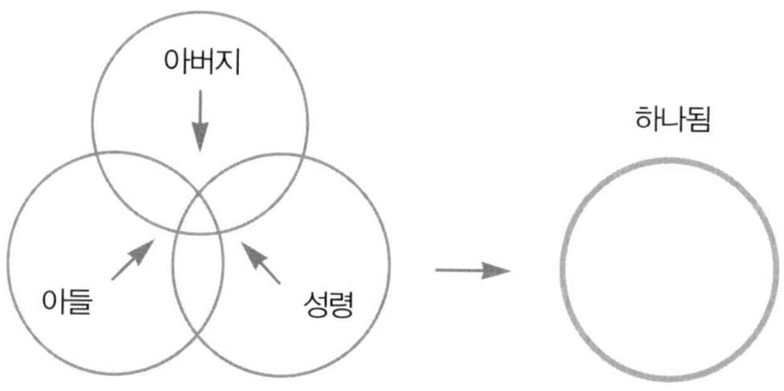

'아버지께서 내 안에, 내가 아버지 안에 있는 것 같이' 라는 표현이 야말로 하나님의 궁극적인 목적을 이해하는 데에 핵심 중의 핵심이라고 해도 무방할 것이다. 이 표현은 여러분이 이 책을 읽는 동안 지속해서 보게 될 표현이다.

4) 천사들과 마귀

창세 전 세계의 존재 중에는, 성경에는 자세히 언급되어 있지는 않지만, 종종 등장하는 천사들이 있다. 이 책을 읽는 분 중에는 천사들이 어린 아이처럼 생기고 날개 달린 존재라고 생각하는 분은 많지 않으리라 생각한다. 일반적으로 많이 알려진 천사들의 모습에는 오해가 많다.

천사들도 역시 기본적으로 영으로 된 존재이다. 천사들 역시 공간에도, 시간에도 제약을 받지 않는다. 그렇지만, 천사들 역시 하나님의 피조물인 것은 마찬가지이다. 하나님은 영원한eternal 분, 즉 시작도 없고 끝도 없는 분, '나는 나다' 라고 하실 수 있는 분이신데 반해, 천사들은 언젠지는 모르겠지만 창조된 존재인 것만큼은 분명한지라 영속적인everlasting, 즉 끝은 없지만, 시작은 분명히 있는 존재이다. 알기 쉽게 그린다면 다음과 같이 될 것이다.

하나님 : ←——→ eternal
시작도 없고, 끝도 없는 분, I AM WHO I AM
천사들 : ——→ everlasting
시작은 있으나 끝은 없는 존재

이런 맥락에서 볼 때, 천사들도 창조주 안에서만 의미가 있는 존재이다. 천사들은 하나님께서 부리는 영이다.[히1:7,14] 하지만, 성경을 잘 보면, 성경에는 '하나님 아버지의 사랑의 대상은 하나님의 아들'이라고 하는 표현들은 있지만 '천사들은 하나님의 사랑의 대상'이라거나 '천사들이 하나님의 가족'이라고 표현된 부분은 눈을 씻고 봐도 없다. 왜냐하면, 성경 어디에도 천사들을 두고 '하나님의 형상을 따라 창조된 존재'라고 부르지는 않기 때문이다. 천사들은 하나님과 하나님의 자녀를 섬기는 존재이다. 반면에 이 책을 읽는 여러분과 같은 사람은 하나님의 가족의 일원이 될 수 있는 존재이다. 나중에 더 설명하겠지만, 처음 사람 아담이 하나님의 원래 의도대로 갔더라면 천사들보다 더 뛰어난 위치에 있게 될 것이었다. 이건 마치 종과 자식의 차이라고나 할까….

그다음으로 살펴볼 것은 마귀이다. 물론 창조의 장면에는 전면으로 등장하지 않지만, 나중에 창세기 3장에는 뱀이 등장한다. 이 존재가 마귀이다. 마귀가 이 당시는 뱀이라는 물리적인 옷을 입고 있었지만, 본질적으로는 영의 세계에 속하는 존재이다. 이게 바로 성경 여기저기에서 용이니, 마귀니, 사탄이니 하는 등의 이름으로 불리는 존재이다. 이 존재가 하와를 유혹해서 아담과 하와를 타락시켰다.

여기서 우리는 뭔가를 하나 유추해볼 수 있다. 창조 때의 기록에는 나타나 있지 않지만, 물리적인 창조 이전에 무슨 심각한 일이 생겼었다는 것을 알 수 있다. 즉, 하나님 차원의 영의 세계에서 분명히 뭔가 일이 있었다. 그 일은 하나님을 거역하는 일부 영적인 존재들이 있었다는 것이다. 그 존재가 바로 사탄이고 마귀인데, 성경이 마귀의 기원에 대해서는 침묵하고 있기 때문에 그것에 대한 관심은 끄고, 성경에 나와 있는 마귀의 존재에 대해, 그리고 마귀의 음흉한 계획에 대해 초점을 맞추는 것이 바람직할 것이다. 고로, 이제부터는 창조 이후의 세계에 대해서 알아보겠다.

01. 창조 이후의 세계

　창조 이후의 세계에 대해서 이야기하기 전에, 먼저 짚어볼 내용이 있다. 그것은 뭐가 진짜냐 What is real? 이다. 이건 영화 '매트릭스'에서 모피어스가 주인공 네오에게 던졌던 질문과 같다. 네오는 자신이 현재 보고, 듣고, 만지고, 느껴왔었던 그 세계가 진짜라고 생각했지만 그건 허상이었고, 실제 세계는 전혀 달랐다. 같은 질문을 이 책을 읽는 분들에게도 던지고 싶다. 뭐가 진짜인가? 우리는 창조 이후의 세계에서 태어나서 자랐기 때문에 우리가 보는 지금 이 세상이 진짜이고 전부인 줄 안다. 혹시 하나님의 나라, 우리가 사는 세상과는 전혀 차원이 다른 하나님 차원, 창세 전 차원의 세계에 대해 얘기를 듣더라도 대부분의 사람은 그건 저 너머의 환상 같은 곳이고 이곳이 진짜라고 생각한다.

　하지만, 진짜 그럴까? 창세 전 세계가 먼저이고, 창조된 세계는 그 창세 전 세계에서 나온 것이다. 예를 들어, 여러분이 너무나도 멋있는 어떤 산을 보고 감탄을 했다. 그리고는 그 산에 대한 인상을 오랫동안 남기고 싶어서 그 산을 그림으로 그렸다. 그 그림의 원판은 무엇인가? 멋있는 산이다. 그 그림이 대단해 보일지 몰라도 그 그림은 여러분에게는 그 그림의 원판인 멋있는 산을 기억하게 하여주는 이미지일 뿐이다. 우리가 무엇을 만들었다 치자. 우리가 무엇을 만들었을 때에는 그 만들어진 것 안에 우리의 의도와 생각들이 고스란히 반영되어 있다. 예술가가 만든 작품은 예술가의 내면에서 의도한 무엇인가가 시간과 공간 안에서 표현되어 나타내어진 것이다. 즉, 작품의 원판은 원래 예술가의 내면에서 예술가가 의도한 '그 무엇'인 것이다. 이와 마찬가지로, 창조라는 것에도 동일하게 하나님의 분명한 목적과 의도가 배어있음이 분명하다. 즉, 창조에서도 원판은 창세 전이고, 지금 창조 이후에 우리가 물질세계에서 보는 모습은 창세 전 세계를 여기저기서 비춰주는 그림자에 불과한 것이다.

"창세로부터 그의 보이지 아니하는 것들 곧 그의 영원하신 능력과 신성이 그가 만드신 만물에 분명히 보여 알려졌나니 그러므로 그들이 핑계하지 못할지니라" 롬 1:20

창조 세계를 만드실 때 하나님께서는 분명히 원판의 세계를 여기저기에 담아 두신 것이 분명하다. 그러니, 창조를 이해해나가면 창세 전 세계가 어떤 세계인지, 하나님은 어떤 분이신지, 하나님의 의도와 목적이 무엇이었는지도 더 이해할 수 있게 된다. 예수님께서는 마태복음 13장에서 씨 뿌리는 비유, 가라지와 알곡의 비유, 겨자씨의 비유, 누룩의 비유, 밭에 감추인 보화의 비유, 극히 값진 진주의 비유, 물고기와 그물의 비유 등을 말씀하셨다. 예수님께서는 그 당시 사람들이 주변에서 흔히 볼 수 있는 것들을 비유로 드셨다. 마태복음 13장 중간에는 아래 말씀이 기록되어 있다.

"이는 선지자로 말씀하신바 내가 입을 열어 비유로 말하고 창세부터 감추인 것들을 드러내리라 함을 이루려 하심이니라." 마 13:35

분명히 예수님께서 하신 이야기의 소재는 우리가 주변에서 흔히 볼 수 있는 창조세계에 속한 것들이었지만, 예수님께서는 이것을 소재로 결국 창세 전 세계의 비밀을 말씀하신 것임을 알 수 있다. 이 창조 세계, 즉 우리가 주변에서 볼 수 있는 세계는 우리로 하여금 창세 전부터 감추어진 것들을 드러내는 비유요, 그림자이다. 그러면, 하나님께서 이 세상의 모든 창조 세계를 만드신 목적이 도대체 무엇이었을까? 앞으로 나오는 각각의 주제에 대한 이야기들을 읽으면서 하나님의 목적이 무엇이었는지를 눈을 크게 뜨고 함께 살펴보기 바란다.

1) 사람 이외의 생명체들

창세기를 보면 의외로 온 우주의 창조에 대해서는 매우 간략하게만 나와 있는 것을 볼 수 있다. 하늘, 땅, 해, 빛, 등의 창조 과정은 매우 간단하게 언급되어 있다가 생물 쪽으로 가면 갈수록 더 설명이 길어지고 자세해진다. 사실 우리가 우주와 자연 세계를 이해하면 할수록 은하수, 온 우주 등등 어마어마하게 큰 것을 봐도 신비롭지만, 반대로 작게 들어가서 생명체를 현미경으로 살펴보더라도 모든 것 하나하나가 너무나도 신비롭다는 것을 알 수 있다.

오늘날 우리가 사는 지구는 온통 생명체들로 뒤덮여있다. 여러분이 한 줌의 흙, 한 컵의 물, 한 모금의 공기라도 잘 연구해본다면 그 안에 수많은 생명체가 충만해 있다는 것을 알게 될 것이다. 창세기를 보면 하나님께서 이들 생명체에게 공통으로 주신 명령은 "생육하고 번성하여 충만하라"이다. 여러분이 세균을 페트리 디시(세균을 배양하는 기구)에 놓고 적절한 조건에 두고서 단 몇 시간 뒤에 관찰해본다면, 세균들이 하나님의 이 명령에 얼마나 충실하게 순응하면서 살고 있는지 알게 될 것이다.

모든 생명체가 그 안에 가진 생명에는 왕성하게 생육하고 번성하려는 의도가 숨어 있다. 여러분이 생물학을 연구해본다면, 아마도 생명체의 모든 활동에는 한 방향으로 된 목적이 있다는 것을 알게 될 것이다. 그것은 자신과 똑같은 생명을 지닌 자손들을 퍼뜨려 생육하고 번성하여 충만해지려는 것이다.

여러분은 생명이라는 현상에 대해 신비하다고 느껴본 적이 있는가? 어떻게 한 개체가 자신과 똑같은 개체를 다시 만들어낼 수 있는가? 어떻게 모든 생명이 조화롭게 질서를 이루고 공존하고 있는가? 인간이 아무리 발전하고 과학과 기술이 아무리 대단해도 인간은 생명을 만들 수 없다. 인간은 나무토막 하나도 만들 수 없다. 하나님이 창조하신 것에서 이것저것 빌려다 가공해서 활용하는 것뿐이지 사람은 생명을 흉내 낼 수 있기는커녕 생명이라는 현상이 무엇인지도 규명하지 못했다. 혹시 인간의 유전자에 어떤 코드^{code}가 있는지, 그 자료^{data}가 어떤지는 알 수 있을지 몰라도, 복잡 다양한 생명 현상의 본질을 이해할 수는 없다. 이건 마치 어떤 사람에 대한 객관적인 모든 자료를 다 가지고 있다고 해서 그 사람을 다 이해할 수 없는 것과 마찬가지이다. 당연하다. 생명이라는 것의 본질을 온전히 이해하려면 이 세상 안에서 이해하려고 할 것이 아니라 원판인 창세 전 세계로 가야 한다.

뭐가 생명인가? 생명의 본질은 무엇인가? 이 책을 읽는 분들이 이 말을 어떻게 받아들일지는 잘 모르겠다. 하지만, 생명은 하나님의 속성이다. 다시 말하면 하나님 자신이 생명이시기 때문에 자신이 창조하신 모든 생명체에 생명을 불어넣으실 수 있었던 것이다! 다음 말씀들을 잘 살펴보라.

"그(예수님) 안에 생명이 있었으니…" 요 1:4

"아버지께서 자기 속에 생명이 있음 같이 아들에게도 생명을 주어 그 속에 있게 하셨고" 요 5:26

"예수께서 이르시되 나는 생명의 떡이니…" 요 6:35

"…인자의 살을 먹지 아니하고 인자의 피를 마시지 아니하면 너희 속에 생명이 없느니라" 요 6:53

"예수께서 이르시되 나는 부활이요 생명이니" 요 11:25

"예수께서 이르시되 내가 곧 길이요 진리요 생명이니" 요 14:6

"…너희로 믿고 그 이름을 힘입어 생명을 얻게 하려 함이니라" 요 20:31

"…이 생명이 그의 아들 안에 있는 그것이니라" 요일 5:11

"우리 생명이신 그리스도…" 골 3:4

하나님은 스스로 생명이셨다. 하나님 아버지는 자신의 생명을 아들에게도 똑같이 나누어 주셨다.^{요5:26} 아버지와 아들은 자신과 똑같은 생명을 가진 생명력 있는 존재들이 생육하고 번성하여 충만해지길 원하셨다. 여러분이 생명체를 통해서 보는 이 왕성한 생명력의 실체, 즉 이 생명의 원판은 예수님이요, 하나님이다.

왜 식물과 동물과 인간이 신비한 생명체로 살아갈 수 있는가? 그건 바로 그것들을 만드신 분 자신이 왕성하고 충만하고 풍성한 생명이셨기 때문이다. 창조라는 것은 어떻게 보면 생명이신 아버지와 아들이 너무 사랑하다 보니 그것이 넘쳐서 된 것이다. 결혼 관계도 둘이 너무 사랑해서 하나가 되었는데 둘 간의 사랑이 너무 넘치다 보니 자녀가 생기는 것이다. 즉, 서로 닮은, 자신과 생명이 같은 존재가 늘어난 것이다. 이건 어떤 면으로 말하면 우리의 생명이 확장된 것으로도 볼 수 있다.

생명의 정체성에 대해 알아봤다면 이번에는 잠시 생명체들이 창조된 순서와 내용을 살펴보겠다. 창조 순서를 잘 살펴보면 먼저는 식물이 창조된다. 동물과는 달리 식물에는 정신 활동을 담당하는 뇌^{brain}라는 기관이 없다. 따라서 식물에는 정신혼은 없고 육체육만 있다고 생각해도 좋을 것이다. 어떤 학자들은 식물에도 정신이 있다고 주장하기도 하지만, 그것은 동물의 정신처럼 '고도의 정신 작용'이라고 불릴만한 성질의 것은 아닌 것이 분명하다. 식물 다음에 동물이 창조되었는데 동물에게는 뇌가 있다. 그다음에 마지막으로 사람이 창조되었다. 동물과 사람에게는 혼정신과 육육체이 있다. 동물과 사람에게는 그 개체만이 가지는 독립되고 고유한 내면의 정신세계가 있다. 또한, 자신의 내면의 정신세계에서 일어난 작용정신 작용들을 밖으로 표현할 수 있는 육체가 있다. 이 혼과 육이 결합하여 서로 작용을 하면서 동물과 사람은 생각하기도 하고, 느끼기도 하고, 다른 존재에게 자신의 몸을 통해서 자신의 생각과 감정을 표현하고, 다른 존재의 행동에 반응하기도 하면서 사회적인 관계성을 이루어서 살아가는 것이다.

2) 사람

위에서 나는 '여러분을 만드신 분은 누구인가?', '여러분은 왜 태어났는가?', '여러분의 존재의 근원은 어디인가?' 등등에 대해 질문을 던져봤는데, 이 질문이 던져지면 여러분의 부모, 그 부모의 부모…. 이런 식으로 거슬러 올라가면 모든 인류의 근원은 한 사람도 예외 없이 결국, 아담 한 사람에게로 귀결되게 된다. 이 아담을 만드신 하나님으로부터 모든 일이 시작된 것이다. 그러므로 아담을 만드신 하나님의 원래 의도와 목적을 알아야 여러분 인생의 의미와 목적도 알 수 있게 될 것이다.

특별한 존재인 사람

창세기의 창조 모습을 잘 살펴보면, 사람이야말로 창조에서 중심 중의 중심이었다는 것을 알 수 있다. 온 우주의 창조 중심은 지구였고, 지구의 창조의 중심은 사람이었다. 성경을 잘 보면 식물과 동물들의 창조 과정들은 매우 간단하게 언급된 데 비해 사람에 대한 내용은 매우 자세히 나와 있다.

창조의 순서도 잘 살펴보면 하나님께서는 사람이 만들어지기 전에 모든 것을 다 준비해두시고 사람이 창조된 후에는 바로 안식하신다. 그래서 사람은 태어나자마자 안식했다. 그러니, 사람이라는 존재는 창조하는 모든 일에는 하나도 동참한 적도 없고 하나님께 그 어떤 기여도 한 것이 없음이 분명하다. 그러기는커녕 골치 아픈 일들만 있었을 게 분명한데도 하나님의 모든 관심은 사람에게 쏠려계신 듯하다. 마치 사람의 존재 자체가 하나님께 기쁨이 되는 듯하다.

이것은 아이가 태어나기를 기대하는 부모들의 마음을 생각해보면 쉽게 이해가 간다. 부모도 아이가 태어나기 전에 미리 그 아이가 태어난 후에 필요한 모든 것을 미리 준비해둔다. 아기 침대, 기저귀, 배냇저고리, 아기 목욕통, 아기 장난감, 모빌, 등등 이것저것 세세히 준비할 것도 많다. 아이가 집안일에 이바지하는 것은 아무것도 없고 오히려 아이 때문에 골치 아픈 일들만 있다. 하지만, 아이가 태어나면 아이는 그 존재 자체로 부모에게 큰 기쁨이 된다. 자신이 사랑하는 배우자와 자신을 닮아 있는 새로운 생명을 보고 있노라면 정말 '눈에 넣어도 아프지 않을 정도로' 귀엽고 사랑스럽다. 이런 모습들도 창세 전 세계, 즉 원판에서의 하나님의 마음이 어떤지 알 수 있게 해 주는 그림자

이리라. 스바냐에 나오는 아래 표현은 이런 하나님의 마음을 어렴풋이나마 알게 해주는 것 같다.

"너의 하나님 여호와가 너의 가운데에 계시니 그는 구원을 베푸실 전능자이시라 그가 너로 말미암아 기쁨을 이기지 못하시며 너를 잠잠히 사랑하시며 너로 말미암아 즐거이 부르며 기뻐하시리라 하리라" 습 3:17

이렇듯 사람은 하나님의 모든 관심과 사랑이 집중된 상태로 창조되었다. 그리고 사람은 모든 동물들을 다스릴 수 있는 존재, 모든 생물들 사이에 우뚝 선 존재로 창조되었다.

여기서 한 가지 궁금한 질문이 생긴다. 과연 사람은 어떤 존재이기에 이토록 하나님의 관심을 집중적으로 받게 되었을까? 과연 사람은 동물과 근본적으로 무슨 차이가 있는 것일까? 어떤 학자들이 주장하는 것처럼, 사람은 동물들보다 두뇌가 조금 더 발달한 정도의 차이밖에 없는 존재일까? 아니면 더 심하게는 어떤 학자들이 주장하는 것처럼 사람도 다른 동물들과 똑같은 수준의 존재일까? 아니면 사람과 동물은 뭔가 근본적인 차이가 있는 존재일까? 이런 의문들에 대해 다소 도발적인 책들도 나와있었던 것이 사실이다. 하지만, 이런 질문들에 대한 답은 과학을 연구한다고 해서 알 수 있는 성질의 것들이 아니다. 만약 과학을 가지고 이런 질문에 대한 답을 풀려고 한다면 아마 백만 년이 지나도 안 풀릴 것이다. 이런 질문들에 대한 답은 이 우주를 만드신 창조주에게서 찾아야 한다.

하나님을 닮은 존재인 사람

이제는 사람이 왜 특별한가? 라는 이 질문에 답하고자 하나님이 원래 사람을 만드셨을 때의 장면을 더 자세히 살펴보자.

"하나님이 자기 형상 곧 하나님의 형상대로 사람을 창조하시되…" 창 1:27

　사람은 특별히 '하나님의 형상대로' 지음을 받았다. 이런 설명은 다른 존재들에 대해서는 전혀 없고 오직 사람에게만 적용되는 내용이다. 즉, 하나님이야말로 사람의 원판의 실체이다. 여기서 하나님의 형상대로 지음을 받았다는 말은 외모가 하나님을 닮았다는 뜻이 아니다. 어차피 하나님은 영인 분이시므로, 외모를 정의하기도 어렵다. 하나님의 형상대로 지음을 받았다는 말은 인간의 내면이 하나님을 닮았다는 뜻이다. 이렇게 하나님은 사람을 자신과 닮은 존재로 창조하셨다. 이게 바로 다른 동물들과는 다른 사람의 가장 큰 특징인 것이다. 인간의 본질은 무엇일까? 인간의 정체성은 도대체 무엇일까? 그건 바로 하나님이다. 하나님과 닮게 창조되었기 때문이다. 어떤 사람은 하나님이 아무런 감정이 없는 분이신 것처럼 생각하는 것 같다. 하나님은 재미도 없고 딱딱하고, 마치 어떤 것에도 마음 아픈 일도 없으신 분인 것처럼 말이다. 그런데 전혀 그렇지 않다. 왜냐하면, 인간이 하나님의 형상이기 때문이다. 인간을 보면 하나님의 내면이 어떤지 알 수 있다. 하나님도 인간들과 같은 인격을 가지신 분이다.

　여러분은 사람의 내면에 있는 무궁무진한 세계가 어디서 온 것인지 궁금하지 않은가? 사람의 내면에는 사랑과 관계성에 대한 욕구, 어떤 대상과 하나가 되고 싶은 욕구, 미묘한 여러 감정, 끊임없이 무엇을 알고 싶어하는 호기심, 창조적인 상상력, 새로운 영역을 개척하고 싶어하는 모험심, 매우 중요하고 절대적인 어떤 것을 위해서는 자신의 목숨까지도 기꺼이 버릴 수 있는 불굴의 의지와 용기, 인내심 등이 있다.

동물과는 달리, 사람에게는 자기 자신의 존재의 근원, 자신의 본향, 'I AM WHO I AM'인 분을 찾고자 하는 깊은 갈망, '영원한 것을 사모하는 마음' 전3:11이 있다. 즉, 자신의 현실을 초월하여, 영원하고 궁극적인 그 무엇을 알고 싶고 찾고 싶은 몸부림이 있다. 이런 것은 도대체 어디서 온 것인가? 하나님에게서 온 것이다. 사람의 원래 정체성이 하나님이기 때문이다. 그래서 자신의 본향을 찾고자 하는 것이다. 이것이 인간과 동물의 가장 큰 차이이다. 성경에서 사람의 정신 또는 마음에 대해서 동물과는 달리 '영혼soul'으로 표현하는 경우가 많은데, 아마도 이런 면에서 동물의 혼과 사람의 혼은 다르므로 '영혼'으로 표현한 것이 아닐까 싶다. 인간에 대해 마치 인간이 동물과 별로 큰 가치가 없는 것처럼 생각하게 하는 주장들도 있는데, 이건 인간의 본질을 잘 이해하지 못하기 때문이다. 그러므로 만일 인간이 타락하지 않고 생명나무 열매를 따 먹었다면, 그 인간을 알아가면 바로 하나님이 어떤 분이신지 알 수 있었을 것이다.

나중에 더 살펴보겠지만, 아담이 선악을 알게 하는 나무의 열매를 먹고 타락한 이후에도 타락의 영향을 걷어내고 나서 보면 인간은 하나님을 빼어 닮은 존재이다. 앞서 내가 '사람에게는 평생을 다 알아도 모를 정도로 무궁무진한 내면의 세계가 있는데 이것은 언제 만들어지는 것일까? 생물 시간에는 사람의 발생이 수정란에서부터 시작된다고 했는데 그 조그만 수정란 안에 과연 무궁무진한 내면세계 또는 정신 세계가 다 들어갈 수 있을까? 아니라면 그 정신세계라는 것은 언제부터 생기는 것일까? 그건 어디서 오는 것일까?'라는 질문이 궁금했었다는 것을 이야기했는데, 이 질문의 답은 창세 전의 하나님에게서 찾아야 한다. 인간의 육체는 물질세계에 속하지만, 인간의 내면성은 하나님을 닮은 것이다. 즉, 창세 전 세계에서 온 것이다. 이런 의미에서,

예수님께서 "하나님의 나라는 너희 안에 있느니라"눅17:21라고 하신 말씀은 매우 의미심장하다.

인간은 하나님의 형상이므로, 당연히 자유의지를 갖췄다. 나중에 선악을 알게 하는 나무와 생명나무에 대해서 설명할 때 다시 알아보겠지만, 인간에게 이렇게 자유의지를 주신 것은 하나님으로서는 모험을 하신 것이다. 자유의지를 갖췄다는 것은 인간 자신의 선택으로 하나님을 따를 수도 있고, 하나님을 버릴 수도 있다는 뜻이기 때문이다.

인간이 특별한 이유가 더 있는데, 그것은 인간은 시간과 공간 안에서 살면서 하나님을 알아가고 닮아가는 존재라는 것이다. 하나님께서는 인간에게 "생육하고 번성하여 땅에 충만하라, 땅을 정복하라, 바다의 물고기와 하늘의 새와 땅에 움직이는 모든 생물을 다스리라 하시니라"창1:28라고 하셨는데, 이 지구라는 것은 모두 사람을 위해서 주신 것이라고밖에 볼 수 없다. 왜 인간에게는 이런 것들이 주어진 것일까? 하나님께서는 왜 인간에게 이런 것들을 주셨을까? 그건 바로 인간이 자연 만물을 보고 신비롭게 느끼고 그런 신비로운 것들을 만드신 분께 관심을 두고 창조주 하나님을 찾고 알아가라고 하신 것이 아닐까? 로마서 1장 20절에서 바울은 '하나님의 속성이 그 지으신 만물 속에 분명히 보여서 알게 된다.' 라고 했다. 바울은 또한 그 당시의 아테네 사람들에게 아래와 같은 말을 했다.

"내가 다니면서, 여러분이 예배하는 대상들을 살펴보는 가운데, '알지 못하는 신에게'라고 새긴 제단도 보았습니다. 그러므로 나는 여러분이 알지 못하고 예배하는 그 대상을 여러분에게 알려 드리겠습니다. 우주와 그 안에 있는 모든 것을 창조하신 하나님께서는 하늘과 땅의 주님이시므로, 사람의 손으로 지은 신전에 거하지 않으십니다. 또 하나님께서는, 무슨 부족한 것이라도 있어서 사람의 손으로 섬김을 받으시는 것이 아닙니다. 그분은 모든 사람에게 생명과 호흡과 모든 것을 주시는 분이십니다. 그분은 인류의 모든 족속을 한 혈통으로 만드셔서, 온 땅 위에 살게 하셨으며, 그들이 살 시기와 거주할 지역의 경계를 정해 놓으셨습니다. 이렇게 하신 것은, 사람으로 하여금 하나님을 찾게 하시려는 것입니다. 사람이 하나님을 더듬어 찾기만 하면, 만날 수 있을 것입니다. 사실, 하나님은 우리 각 사람에게서 멀리 떨어져 계시지 않습니다." 행 17:23~27, 새번역

바울이 '지금의 세상을 이렇게 두신 것은, 사람으로 하여금 하나님을 찾게 하시려는 것이다.'라고 한 말은 우리가 깊이 곱씹어 봐야 할 말이다. 위에서 천사들은 하나님께서 창조하신 존재인 것은 맞지만, 마치 종과 자식의 차이처럼 인간과는 다른 존재라고 했는데, 그것의 핵심은 인간은 하나님의 인격이 마치 그림자와 비유처럼 배어있는, 이 물질세계에서 관계성을 이루어 사는 존재이기 때문이다. 인간은 시간과 공간 안에서 창조되었다. 시간과 공간이 주어져 있다는 뜻은 과정을 거칠 수 있다는 뜻이다. 그러므로 인간은 시간과 공간 안에서 점진적으로 하나님에 대해 알아가고 닮아갈 수 있는 존재이다. 예를 들면, 사람은 태어나면서부터 가족의 관계성 안에서 살아가며, 그 이후에도 수많은 관계성 안에서 살아가면서 인격적인 만남을 갖고 살아가며, 하나님이 창조하신 자연 세계와 법칙 안에서 하나님이 어떤 분이신지를 헤아려 알 수 있다. 즉, 인간에게는 기회가 주어져 있다는 뜻이다. 그러니, 사람이라는 존재는 내면성도 하나님을 닮아있지만, 이 세상을 살아가면서 더욱더 하나님을 이해하고 깨닫고 하나님을 닮을 수 있는 존재로 창조된 것이다. 그러므로 천사들과는 달리 사람은 하나님의 가족이 될 수 있다. 나는 이 책을 읽는 분들이 자신이 사람으로 태어났다는 것에 대해 감격해야 마땅하다고 생각한다. 우리가 이런

세상에서 사람으로 살고 있다는 것 자체가 놀라운 기적이요, 신비 중의 신비이다.

나는 이 책을 읽는 여러분이 이런 것에 눈을 뜨기 바란다. 이 세상은 창세 전 세계를 비추는 비유요, 그림자이다. 종교적인 사람들은 이 세상을 알아가는 것은 매우 가치 없는 일이라고 생각하면서 자신들이 옳다고 지정해놓은 특정한 종교적인 행위 또는 특정한 일들만이 가치 있는 것으로 생각하는 경향도 있고, 어떤 사람들은 이런 정도가 매우 심한 때도 있는데, 이건 너무나도 답답한 일이다. 물론, 세상적인 관심을 두고 이 세상에 대해서 알아보는 것은 가치가 없는 정도가 아니라 해로울 것이다. 바울도 "너희가 선한 데 지혜롭고 악한 데 미련하기를 원하노라"롬16:19라고 했다. 하지만, 이 세상이 하나님께서 주신 비유라는 것을 알고 하나님을 알아가려는 관심으로 이 세상을 대하면 이 세상은 처음부터 끝까지 너무나도 좋은 학교이다. 뭐에 관심을 두느냐? 보다는 그 사람이 왜 관심을 두느냐? 즉, 그 사람의 마음 중심의 방향이 중요한 것이다. 자연 세계부터 시작해서 사람들과 사람들 간의 관계성, 등등 모두가 다 하나님을 알 수 있게 해주는 매체들이요, 신비와 재미로 가득 찬 것들이다.

하나님의 생명을 담을 그릇인 사람

더 살펴보면, 창세기 2:7에는 특별한 표현이 있다.

"여호와 하나님이 땅의 흙으로 사람을 지으시고 생기를 그 코에 불어넣으시니 사람이 생령이 되니라"

다른 생물들은 하나님께서 그냥 "있어라"라는 명령만으로 지어진 존재들이지만, 사람만큼은 하나님께서 직접 자신의 손으로 지으셨다. 그리고 하나님께서는 사람의 코에 생기를 불어 넣으셨다. 이 생기를 받은 사람은 생령이 되었다. 영어에는 '생령'이 'living soul' KJV로 번역되어 있는데 이것이 히브리 원문에 가깝다. 우리 말로 하면 '살아있는 영혼'인 것이다.

어떤 사람들은 이 '생령'을 '살아있는 영living Spirit'으로 해석하고 또한 아담이 하나님과 대화하고 거닐었었다는 것에서 유추하여 아담도 하나님과 똑같이 하나님 차원의 영Spirit의 생명이 있었다고 주장하는 사람도 있으나, 하나님이 아담과 함께 거니셨다거나, 아담과 대화하셨다는 것은 하나님 편에서 아담이 알아볼 수 있는 형태로 나타나신 것으로 생각하는 편이 더 합당할 듯하다. 나중에 아브라함이나 모세에게도 하나님께서는 그 사람들이 충분히 인식할 수 있는 형태로 자신을 보여주셨기 때문이다. 만일 아담에게 하나님의 생명이 있었다면 나중에 아담이 타락했다는 것은 굉장한 모순이 된다. 하나님의 생명이 있는 존재가 타락했다는 것은 하나님도 타락하실 수 있다는 말이나 다름없다. 좌우지간 분명한 것은 테스트를 받기 전의 아담은 온전한 형태의 하나님의 생명을 받은 것은 아니라는 것이다. 그러므로 이 '원래 사람'의 혼또는 영혼과 육은 오히려 '그릇'으로 생각하는 것이 타당할 것이다. 그릇은 그 자체도 중요하지만, 그 그릇에 무엇이 담기느냐도 중요하다. 사람이라는 이 그릇에는 테스트를 통과하고 나면 그 안에 완전한 하나님의 생명, 즉 영생이 담기게 될 예정이었다.

여기서 궁금한 질문이 하나 생긴다. 영생이란 무엇일까? 영생은 진시황제를 비롯하여 많은 사람의 관심을 끌었던 것임이 분명하다. 성경에서 '영생', '영원한 생명', '하나님의 생명' 또는 '그리스도의 생명'이라고 말하는 것은 도대체 무엇을 뜻하는 것일까?

영생이라는 말이 진시황제가 생각한 것처럼 단순히 영원히 존재한다는 뜻은 전혀 아니라는 것쯤은 이 책을 여기까지 읽은 분들은 다 알 것이다. 여기서 말하는 생명은 완전히 다른 차원의 생명, 하나님의 생명을 말한다. 하나님의 생명은 바로 시간도 공간도 초월하는 하나님 차원, 즉 영의 세계와 통할 수 있는 생명을 말하는 것이다.

그러면, 왜 하나님께서는 아담에게 영의 세계와 통할 수 있는 생명을 주려고 하셨을까? 그건 하나님과의 관계성에서 찾아야 한다. 하나님과 관계성을 맺으려면 하나님과 같은 생명을 가지고 있어야 한다. 여러분이 원숭이와 관계성을 맺어간다고 생각해보자. 원숭이는 비록 생명체인 것은 맞지만, 사람과 원숭이와는 하나가 되어 사랑을 주고받는 관계성을 맺는 것은 불가능하다. 왜? 생명이 다르기 때문이다. 원숭이의 생명은 사람의 생명과 다르다. 그러므로 여러분이 하나님과 관계성을 가지려면 당연히 하나님의 생명을 받아야 한다. 예수님께서도 영생은 유일하신 참 하나님과 예수님을 아는 것이라고 하셨다.[요 17:3] 영원한 생명은 영원한 하나님과의 관계이지 사람이 소유할 수 있는 어떤 것을 말하는 것이 아니다. 이것이 바로 영의 차원의 생명으로 사시는 하나님께서 아담에게 자신의 생명을 나눠주시려고 하신 이유였다.

만일 사람이 하나님의 테스트를 통과했었더라면, 즉 선악을 알게 하는 나무의 열매를 따 먹지 않고 생명나무 열매를 따 먹었더라면, 이 영적인 생명, 즉 하나님의 생명을 받았을 것이었다. 그러면 사람은 물질세계와도 소통하고, 영이신 하나님과도 소통하는, 소위 두 가지 차원의 세계와 다 소통하는 존재가 되었을 것이다. 사도 바울은 이런 말을 했다.

"…누구든지 그리스도의 영(Spirit)이 없으면 그리스도의 사람이 아니라" 롬 8:9

사도 바울이 보기에는 그리스도인이 된 것, 즉 이 세상 사람에서 예수님의 사람으로 소속이 바뀐 것의 기초는 그 사람 안에 있는 예수님의 영Spirit이었다. 그래서 그런지 신약 성경에서 하나님의 생명, 즉 하나님의 영이 없는 사람의 죽음에 대해서는 '혼이 떠난다' 라고 한 표현들이 많은 반면,행5:5,10 예수 그리스도나 스데반처럼 그 안에 하나님의 생명이 있음이 분명한 경우에는 '영혼Spirit이 떠난다' 라고 표현한 경우가 많다.마27:50; 요19:30; 행7:59

예수님께서는 니고데모에게 "…진실로 진실로 네게 이르노니 사람이 거듭나지 아니하면 하나님의 나라를 볼 수 없느니라"요3:3라고 하셨다. 거듭난다는 말을 더 정확히 표현하면 이건 '다시 태어난다' 는 뜻이 아니라 '위로부터 태어난다' 라는 뜻이다. '위로부터 태어나지 않으면 하나님나라를 볼 수 없다' 라는 말은 뒤집어서 말하면 '위로부터 태어나면 하나님 나라를 볼 수 있다' 라는 말이다. 즉, '거듭난다', 즉 '위로부터 태어난다' 는 것은 차원이 높은 창세 전 세계의 생명을 받아서 그 세계와 소통한다는 말이다.

정리하면, 원래 창조된 인간이라는 전 존재 안에는 혼(또는 마음, 영혼), 육체와 함께 하나님의 영적인 생명이 담길 빈자리가 있었던 것이다. 인간은 끊임없이 정신과 육체가 상호작용을 한다. 그러면서 다양한 생명 현상과 정신 작용과 주변 사람들과 관계성을 갖는 것이다. 하지만, 원래 사람에 대한 하나님의 계획은 영혼과 육체만이 아니었다. 만일 아담이 생명나무 열매를 따 먹었더라면 아담이라는 전 존재 안에는 영적인 생명이 담겨서 정신과 육체가 모두 함께 영적인 차원에 계신 하나님과 교제를 할 수 있었을 것이다.

참고로, 여러분의 이해를 돕도록 아래 그림을 참조하기 바란다. 물론 혼과 육체가 분리될 수도 없고, 영적인 생명도 분리될 수가 없지만,

세 가지 차원의 것을 한 그림 안에서 표현하려고 한 것이니까 이해해
주기 바란다.

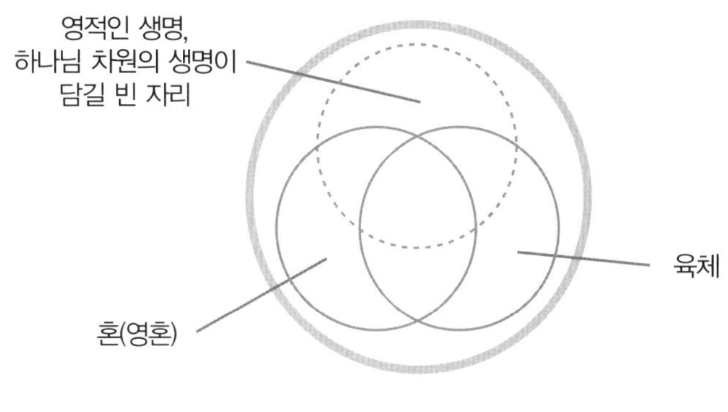

사람의 원래 창조되었을 처음의 상태

'인간 중심'에서 '하나님 중심'으로

여기서 하나님의 의도와 목적이 무엇이었을까를 생각해보자. 사람
에 대한 하나님의 원래 의도가 무엇이었을까? 왜 하나님은 지극하고
특별한 관심으로 자신과 매우 닮은 존재를 창조하셨고 자신과 같은
생명을 주시려고 하셨을까? 하나님께서는 굳이 왜 이런 모험을 감내
하셔야 했을까?

한번 입장을 바꿔놓고 생각해보자. 사람들은 사랑할 수 있는 대상을
원한다. 사람의 본성 중의 하나는 사랑할 대상을 찾는다는 것이다. 사
랑하고 사랑을 받고 사는 것이 사람이다. 만일 이 세상에 당신과 똑같
은 존재가 없다면, 당신은 아마 미쳐버리고 말 것이다. 사람이 타락한
이후로 아무리 원판에서 빗나갔다고 할지라도 사람의 내면은 하나님
을 꼭 빼닮아있다.

사람이 이렇다면, 사람은 하나님과 닮게 창조되었으므로, 사람의 원판인 하나님의 인격도 이렇다고 봐야 맞다. 하나님도 사랑을 쏟아 부을 대상을 원하시고 찾고 계셨다. 그래서 사람을 창조하신 것이다. 물론, 하나님 안에서도 아들도 있고, 성령도 있으셨다. 하지만, 하나님은 생명이시라 자신의 생명이 넓어지고 확장되고 커지고, 배가되어 충만해지기를 원하셨다. 그러려면 하나님의 영역을 넘어서서 자신과 똑같은 생명을 가진 존재가 필요하셨던 것이다. '하나님의 필요' 라는 표현에 대해 오해가 없기를 바란다. 이것은 하나님께 무엇이 부족하다는 뜻이 아니라 하나님의 생명력이 넘쳐난다는 뜻이다.

이 책을 읽는 여러분이 자신을 닮은 존재를 만드신 하나님의 마음을 잘 묵상해보기를 바란다. 모든 계획이 하나님의 필요에 의해 하나님께서 하신 것이다. 사람들은 흔히 인간 중심적으로 모든 것을 이해하려는 경향이 있다. 하지만, 지금까지 나온 내용을 잘 보라. 창조는 누구의 필요이고 누가 고안한 것인가? 사람의 필요인가? 하나님의 필요인가? 당연히 하나님의 필요에 의해서 하나님이 고안하신 것이다. 나중에 살펴보겠지만 이건 구원에서도 마찬가지이다. 모든 것이 하나님의 필요에 의해서 하나님이 하신 일이다.

종종 기독교에서 가르치는 내용 중 많은 부분은 '인간에게 필요한 하나님', '인간의 입장에서 봤을 때 이러 이러한 하나님이셨으면 좋겠다고 생각되는 하나님' 인 것 같다. 하지만 '나 중심' 의 신앙은 진정한 믿음이 아니라 그냥 종교이다. 그건 다른 종교와 전혀 다를 바 없다. 다른 종교들의 행태가 신을 잘 타이르고 다독거려서 자신들이 원하는 무엇을 해주게 하는 것이 아닌가? 그리고는 '어느 신이 과연 인간을 가장 이롭게 했는가? 를 가지고 서로 자기 종교가 더 옳다고 다투고 경쟁한다. 이게 과연 신을 믿는 것일까? 아니면 '신' 이라는 가상의 존재를 만들어놓고 그 존재를 이용하는 것인가? 아무리 봐도 후자가 맞지 않을까? 이게 오늘날은 다를까? 나는 전혀 아니라고 생각한다.

우리가 할 일은 우리 자신의 목적, 우리 자신의 의도를 정해놓고 거기에 하나님을 끼워 맞추는 것이 아니라, 하나님의 의도, 하나님의 계획, 하나님의 마음, 하나님의 목적을 정확히 이해하고 하나님의 목적의 한 멤버로서 끼어들어 가는 것일 뿐이다. 이게 진정한 믿음을 가진 사람과 소위 '종교인'의 차이이다.

이 땅을 다스리고 지키는 존재

다시 창조의 장면으로 가보자. 하나님께서는 사람에게 이 땅에서 생육하고 번성하고 충만할 뿐만 아니라 "이 땅을 정복하고 다스리라"고 명령하셨다.^{창1:28~30} 하나님은 사람이 이 땅의 지배자요 정복자가 되길 원하셨다. 원래의 사람은 이 땅을 다스릴 수 있고 지킬 수 있는 존재였다.

"여호와 하나님이 그 사람을 이끌어 에덴 동산에 두어 그것을 경작하며 지키게 하시고" 창 2:15

여기서 뭔가 궁금한 점이 생긴다. '지킨다'는 말은 어떤 존재로부터 이 땅을 보호한다는 말이다. 즉, 이 땅을 노리는 존재가 있다는 이야기다. 도대체 그게 누구일까? 바로 마귀이다. 마귀는 하나님과는 독립적으로 자신이 주인이 되어 왕 노릇하면서 다스릴 수 있는 영역을 찾고 있던 존재였다. 이런 마귀로부터 에덴동산을 지키게 하려고 하나님께서 사람을 거기에 두신 것이다. 따라서 여기에서 유추해 본다면, 원래 사람은 하나님의 의도대로 갔더라면 마귀를 이길 수 있는 존재, 실제로 마귀보다도, 천사들보다도 더 높은 차원의 존재가 될 것이었다. 물론 당장은 이렇게는 되지 않았지만….

3) 남자와 여자

하나님의 비밀

이제부터 이야기하려는 내용이야말로 비밀 중의 비밀, 만대의 비밀, 궁극적인 비밀의 서곡이다. 이제부터 비밀의 베일이 서서히 벗겨진다. 사실 이 책에서 하려는 본격적인 이야기는 이제부터 서서히 시작된다고 해도 무방하다. 사람의 내면이 하나님을 닮았다는 부분은 이미 위에서 알아봤다. 사람에게는 불타는 사랑에 대한 갈망, 즉 어떤 대상과 하나가 되고 싶은 욕구가 있다. 이게 바로 하나님을 닮아있는 부분이다. 그러면 이제 위에서 살펴본 아래 창세기 말씀의 뒷부분을 잘 보자.

> "하나님이 자기 형상 곧 하나님의 형상대로 사람을 창조하시되 남자와 여자를 창조하시고" 창 1:27

사람을 창조하시되 '남자와 여자'를 창조하셨다고 했다. 왜 하나님은 사람을 남자와 여자로 만드셨을까? 여러분은 이런 질문이 궁금하지 않은가? 왜 하나님은 사람을 창조하실 때 사람을 굳이 '남자와 여자'로 창조하셨을까? 이것에 대한 궁금증을 가지고 앞으로의 이야기를 잘 읽어보길 바란다.

하나님께서는 창조를 계획하실 때부터 사람을 남자와 여자로 만드실 것을 염두에 두신 것이 분명하다. 하지만, 실제로 나중에 사람이, 구체적으로는 아담이 창조되었을 때에는 여자는 눈을 씻고 봐도 그 어디에도 없었다. 이것도 분명히 하나님께서 의도적으로 그렇게 하신 것임이 분명하다. 즉, 여자는 어떤 특별한 과정을 거쳐야만 나타나도록 설계되어 있었다. 즉, 여자라는 존재는 '남자 안에 숨겨진 비밀'이었다.

한번 아담의 입장이 되어서 창조의 순간에서 이 아담이 어땠을지 생각해보라. 아담은 창조되었을 때 혼자였다. 온 지구상에 자신 외에는 사람이 없었다. 아담은 갈수록 뭔가가 이상하고 미칠 것 같은 기분을 느꼈을 것이다. 외롭다는 감정을 넘어서 못 견디게 괴로웠다고 해야 할 것이다. 아담의 마음속에는 불타는 사랑이 있었던 것이다. 아담은 하나님을 닮게 창조되었다. 게다가 이 당시의 아담은 타락하기도 전이었다. 그러니 아담 안에는 본능적이고도 강렬한, 자신의 목숨을 다 바쳐도 아깝지 않을 만큼 강렬하고도 순수한 사랑이 있었음이 분명하다. 아담에게는 자신의 사랑을 부어주고 싶은 열정이 굴뚝 같았지만, 그 사랑을 퍼부어줄 상대방, 즉 '짝'이 없었다. 그런 그의 마음을 하나님이 아시고 이렇게 말씀하신다.

"여호와 하나님이 이르시되 사람이 혼자 사는 것이 좋지 아니하니 내가 그를 위하여 돕는 배필을 지으리라 하시니라" 창 2:18

여러분이 한번 창세기를 잘 읽어보면, 창조의 여러 장면에서 "하나님의 보시기에 좋았더라"는 표현이 매우 많다는 것을 알 수 있을 것이다. 그만큼 창조의 모든 과정이 완벽했던 것이다. 그러나 이제 처음으로 "좋지 못한" 것이 나타났다. 그것도 하필 하나님께서 가장 깊은 관심을 두고 창조하신 사람에게서 말이다. 하지만, 이것 또한 하나님께서 의도하신 것이었다. 그리고 나서 하나님께서는 역시 매우 의도적으로 아담에게 어떤 구경을 시켜주셨다. 위에 소개한 구절 다음에는 아래와 같은 말씀이 나온다.

> "여호와 하나님이 흙으로 각종 들짐승과 공중의 각종 새를 지으시고 아담이 무엇이라고 부르나 보시려고 그것들을 그에게로 이끌어 가시니 아담이 각 생물을 부르는 것이 곧 그 이름이 되었더라" 창 2:19

하나님의 손에 이끌려서 아담 앞으로 나온 동물들을 보면 볼수록 아담은 자신의 내면에 흐르는 미칠 것 같은 열정을 더욱더 주체할 수 없었을 것이다. 하필이면 각각의 생물은 전부 다 암수 쌍쌍으로 되어 있었다. 완전 쌍쌍 파티였다. 어떤 동물이건 수컷이 있으면 꼭 암컷이 옆에 있었다. 문제는 그 동물 중에는 아담과 같은 존재, 즉 아담과 생명이 같은 존재가 없었다는 것이었다. 아담은 시간이 갈수록 자신이 혼자라는 것, 짝이 없다는 것, 자신의 옆구리가 허전하다는 것을 절실히 느꼈을 것이다.(잠시 후면 바로 이 옆구리에 무슨 일이 생기게 된다.)

여러분이 아담 같은 상황이라면 어떻게 느끼겠는가? 자신의 짝이 없다면…. 마음속에서는 누군가를 사랑하고 싶고 사랑받고 싶은 열정이 넘쳐 흐르는데 이 세상에는 오직 나 혼자뿐이라면…. 하나님께서는 아담의 마음속 깊은 곳을 들여다보셨다. 정확히 말하면, 아담의 마음이 하나님의 마음이었을 것이고, 더 나아가서 하나님 아들의 마음이었을 것이다. 하나님의 아들도 사랑을 퍼부어줄 대상을 찾고 계셨던 것이다. 아담에게 일어난 일은 바로 하나님의 아들이 겪은 일이었다고 해야 할 것이다.

그 순간, 하나님께서는 갑자기 예상치 못한 일을 하신다. 아담을 죽음 같은 깊은 잠에 빠지게 하신 것이다. 그리고 아담 자신의 몸이 찢기고 자신 안에 있는 뭔가가 빠져나갔다. 그는 죽음을 경험한다. 어떤 사람은 이 말씀을 보고 우스갯소리로 '마취의 효시'라고 했는데 실제로는 이건 표현만 '잠'이지 죽음이나 다름없다.

그걸 어떻게 아느냐고? 내가 아담이 잠든 것이 실제로는 잠든 것이 아니라 죽음이라고 생각하는 첫 번째 이유는 나중에 예수님께서 이 땅에 계실 때 죽음에 대해서 표현하신 것을 보면 짐작할 수 있다. 사람들이 보기에는 분명히 죽은 사람들에 대해서 예수님은 '잔다'라고 하셨기 때문이다.

"이르시되 물러가라 이 소녀가 죽은 것이 아니라 잔다 하시니 그들이 비웃더라" 마 9:24

"…이르시되 우리 친구 나사로가 잠들었도다 그러나 내가 깨우러 가노라 제자들이 이르되 주여 잠들었으면 낫겠나이다 하더라 예수는 그의 죽음을 가리켜 말씀하신 것이나 그들은 잠들어 쉬는 것을 가리켜 말씀하심인 줄 생각하는지라" 요 11:11~13

두 경우 모두, 예수님은 '잠들었다'고 표현했지만, 사람들의 눈으로 보기엔 죽었다고 말할 수밖에 없는 상황이었다. 이 두 경우 모두 곧 있으면 깨어날 것이었다. 마찬가지로 바울도 죽은 성도들에 대해 '자는 자들'이라는 표현을 썼다.^{살전4:13,14} 시간을 초월하신 하나님, 일의 시작을 보면서 결과도 다 보시는 하나님의 눈으로 볼 때에는 '곧 있으면 다시 살아날 상태'는 '죽은 것'이 아니라 '자는 것'이 더 맞는 표현이 아닐까?

내가 아담이 잠든 것이 실제로는 죽음이라고 생각하는 두 번째 이유
는 아담이 잠든 동안에 벌어진 일의 고통은 잠을 자는 동안에 잠을 깨
지도 않고 감당하기에는 불가능할 정도의 일이기 때문이다. 여러분
중에 누가 자신이 잠든 사이에 누군가 와서 자신의 갈빗대를 뽑아내
고 그 부위를 살로 채우는 데 안 깨고 견딜 수 있는 사람이 있을까?

이러므로 나는 '잠들었다'는 것은 하나님으로서 표현하신 것이고
사람의 눈으로 보기에는 죽음과 같은 것으로 생각한다.

여자

바로 아담이 죽게 된 그 죽음의 순간에 아담의 몸에서 뭔가가 빠져
나갔다! 아담은 깨어서 그 존재를 보자마자 "내 뼈 중의 뼈요 살 중의
살"이라고 했고 그 존재를 '여자하와'라고 불렀다.창2:23 그들은 상대방
을 보면서 자신과 상대방이 똑같은 모양을 하고 있다는 것을 알았다.
서서 걷고, 두 손, 두 발을 가지고 있었다. 그들의 차이가 하나 있다면
그것은 한 명은 남자이고 한 명은 여자라는 것뿐이었다. 서로에게 상
대방은 너무나 매력적인 존재였다. 그들은 보자마자 사랑에 빠졌다.
아담은 그토록 고대하던 신부를 얻게 되었다. 그리고 나서 둘은 황홀
한 경지를 체험한다. 이것은 실로 놀라운 경험이었다. 둘은 완전히 하
나가 된 것이다. 이들의 경험이 타락하기 전이었다는 것을 고려하면,
아마도 훨씬 더 놀라운 하나 됨의 경험이었을 것이다. 단언컨대, 그들
이 나눈 사랑은 훈련을 받고 교육을 받아서 생긴 사랑이 아니라, '보
자마자 생긴 사랑'이다.

"이러므로 남자가 부모를 떠나 그의 아내와 합하여 둘이 한 몸을 이룰지로다"

창 2:24

이 하와가 어떤 존재인지를 깊이 생각해보라. 하와는 누구인가? 하와는 아담의 속에 있는 뭔가가 빠져나가서 지어진 존재이다. 그 빠져나간 것이 자신과 똑같은 생명을 이루었다. 당연하다. 내 몸에서 빠져나간 것에서 만들어진 것이므로, 그 만들어진 개체는 나와 똑같은 물질, 똑같은 생명으로 이루어진 존재이다. 어려운 말로 다시 표현하면, '개체는 다르지만, 생명은 같은' 존재이다. 이러므로 아담은 창조된created 존재인 데 비해, 하와는 아담의 존재로부터 지어진made 또는 built 존재이다.

여자는 남자 안에 숨겨져 있었다! 하나님께서 남자와 여자를 창조하셨는데 여자는 창조 당시에는 남자 안에 숨겨져 있었다. 이것이야말로 성경이 보여주는 가장 놀라운 비밀 중 하나이다. 나는 여러분이 이 '비밀'에 대한 궁금함을 이 책을 다 마칠 때까지 가지고 가기를 바란다. 이 비밀은 갈수록 더 신비롭고 더 커지고 더 놀라워질 것이다.

하나님의 비밀 중의 비밀

하나님께서는 처음부터 사람을 창조하실 때 남자와 여자로 따로 창조하시지 않고 '2 in 1'의 형태, 즉 '남자 안의 여자'로 만드셨다. 그리고 남자가 스스로 혼자라는 사실을 절실하게 느끼게 하시고 나서는 남자에게 죽음 같은 잠을 재우시고 남자 안에 있던 여자를 꺼내셨다. 그 둘은 마치 자석이 들러붙듯이 다시 하나가 되었다. 처음에는 아담의 몸 안에 숨겨진 형태로 하나이었으나, 나중에는 아담의 몸 밖으로 나온 형태로 하나가 되었다.

이렇게 하신 의도는 무엇이셨을까? 아담에게서 벌어진 일은 도대체 무슨 의미가 있는 것일까? 아예 처음부터 그냥 남자와 여자로 창조하셨으면 간단하셨을 텐데 왜 하나님께서는 이런 복잡하고 대가와 희생이 요구되는 과정을 거치게 하셨을까? 이것의 실체 또한 원판인 창세 전 세계에서 찾아야 한다. 이건 바로 이 사건을 통해서 하나님께서 나중에 있을 어떤 실체를 마치 그림자처럼 비춰주시기 위함이다.

이 과정은 하나님의 궁극적인 목적을 보여준다. 하나님의 입장에서 보라. 무슨 일이 벌어진 것인가? 하나님께서는 자신과 같은 생명을 가진, (더 정확히 말하면 하나님과 같은 생명을 가질 수 있는) 그릇으로 아담을 만드시고 그 아담과 하나가 되길 원하셨다. (물론 하나님의 기대와는 달리 그런 일은 첫 사람 아담에게서는 벌어지지 않았지만….) 그 아담에게 어느 날 자신과 같은 존재가 한 명 더 늘어나서 두 개체가 되었다. 이 둘은 본능적으로 하나가 되었다. 원래는 아담의 몸 안에 숨겨진 형태로 하나이었으나, 나중에는 아담의 몸 밖으로 나온 형태로 하나가 되었다. 뭐가 달라진 것인가? 전에도, 후에도 똑같이 하나이긴 하지만 넓어진, 즉 여러 개체를 가진 '확장된 하나' 또는 '집합적인 하나' 인 것이다.

하나님께서는 자신과 같은 생명을 가지고 자신과 하나가 된 존재들이 더 많아지기를 원하신 것이다. 이건 다른 말로 하면 하나님 자신의 생명이 넓어지기를 원하신 것이다. 아담에게 벌어진 일은 하나님의 영원한 목적이 하나님의 생명이 넓어지는 것임을 보여준다. 이것의 더 구체적인 실체는 나중에 예수님과 그의 신부인 교회에서 찾아야 한다. 결국은 이게 궁극적인 실체이다. 바울이 쓴 아래의 말씀을 잘 읽어보라.

"그러므로 사람이 부모를 떠나 그의 아내와 합하여 그 둘이 한 육체가 될지니 이 비밀이 크도다 나는 그리스도와 교회에 대하여 말하노라" 엡 5:31~32

이 구절은 기독교인의 결혼식 주례사에 심심치 않게 등장하는 본문 말씀이기도 하고, 많은 경우는 결혼 관계에 대한 중요한 원리가 담겨 있다고 해서 이 구절을 인용해서 결혼에 대해서 가르치기도 한다. 물론 모두 맞는 말일 것이다. 하지만, 정작 바울은 이 말씀을 쓰면서 그렇게 얘기하지 않았다. 바울은 "이 비밀이 크도다."라고 하고 또 "내가 그리스도와 교회에 대해서 말하는 것이다."라고 까지 언급했다. 즉, 예수님과 교회에 대한 엄청난 비밀에 대해서 알려주려고 한 것이다.

아담과 하와 사이에 벌어진 일은 실제로는 예수님과 교회와의 이야기의 그림자이다. 사람이 부모를 떠난 것처럼 예수님도 하나님 아버지의 품을 떠나 이 세상으로 오셨다. 예수님도 아담처럼 죽음을 경험한다. 그의 옆구리도 찔렸다. 그리고 예수님은 3일 만에 부활하게 되는데, 예수님의 부활은 예수님만의 부활이 아니었다. 예수 그리스도의 신부인 교회가 탄생하게 된 것이다. 하와가 아담의 속에 있는 뭔가가 빠져나가서 지어진 존재인 것처럼 교회는 예수 그리스도의 속에 있는 뭔가가 빠져나가서 지어졌다. 교회는 예수 그리스도와 똑같은 물질, 똑같은 생명으로 이루어진 존재이다. 어려운 말로 다시 표현하면, 예수 그리스도와 '개체는 다르지만, 생명은 같은' 존재이다. 이렇게 예수 그리스도는 자신의 신부인 교회와 하나가 되셨다.

창세 전 세계는 시간의 제약이 없다는 것을 기억하라. 하나님께서는 창조하시면서 어떻게 결말이 날지를 다 아셨다. 그러니, 아담에게 일어난 일은 바로 하나님의 아들이 겪은 일이었던 것이다. 하나님의 아들이 죽고 그 안에 있는 아들의 신부가 빠져나가게 된 일을 다 보시고 난 후에 창조를 시작하시면서 이 실체의 그림자를 아담과 하와를 통해 미리 보여주신 것이다. 쉽게 말하면 영화의 예고편이다. 예고편은 본편에 대한 흥미를 갖게 하는 것이 목적이지 그 자체가 대단한 것이 아니다. 교회야말로 성경의 비밀 중의 비밀이요, 하나님의 작품 중의 걸작품이다. 이 교회에 대해서는 3부에서 더욱 자세히 살펴볼 것이다.

그뿐만 아니라, 아담과 하와를 통해 보인 이 모습은 하나님과 그 아들이 사셨던 삶의 방식, 삶의 원리를 보여준다. 아담이 죽음까지 가고 나서야 새로운 생명이 탄생했다. 죽음이 없는 생명은 없다. 잃음이 없는 얻음도 없고 대가가 없는 승리도 없다. 이건 하나님에게도, 그 아들에게도, 그 아들의 신부인 교회에도 마찬가지다.

이 시점에서 비밀을 한가지 알려주고자 한다. 창세 전의 원래 세계, 즉 하나님 차원의 세계에서는 죽음이라는 것이 독립적으로 존재하지 않았다. 이 말이 이상하게 들릴지도 모르겠다. 하지만, 사실이다. 우리는 지금 죽음이 존재하는 세계에 살고 있고, 이것이 원래이랬다고 생각하니까 그런 것이다. 테스트가 끝나기 전이었다지만, 하나님께서 원래 자신을 닮은 사람이라는 존재를 만드실 때는 죽음을 계획하신 것이 아니다. 영원한 존재이며 그 자체가 생명이신 분이 자신과 하나가 될 존재를 만들 때 죽음을 독립적으로 계획하셨다는 것은 가당치도 않은 말이다. 죽음은 타락 이후에야 독립적으로 등장한다. 내가 어떻게 아느냐고? 아래 말씀을 보라.

"선악을 알게 하는 나무의 열매는 먹지 말라 네가 먹는 날에는 반드시 죽으리라 하시니라" 창 2:17

'정녕 죽으리라' 는 것은 선악을 알게 하는 나무의 열매를 따 먹고 타락한 뒤에나 벌어질 상황이다. 하나님의 원래 계획은 아담이 생명나무 열매를 따 먹고 영생으로 들어가는 것이었다. 그러니, 하나님께서 원래 의도하셨던 계획에는 죽음이라는 것은 없었다. 아래에 나오는 말씀 역시 아담이 타락한 이후에 하신 말씀이다.

'흙으로 돌아간다' 는 말이 죽게 될 것이라는 말이다. 즉, 이때부터 죽음이 시작된 것이다. 만일, 아담이 선악을 알게 하는 나무의 열매를 따 먹지 않고 생명나무 열매를 따 먹었더라면 어떻게 되었을까? 당연히 죽음이라는 것은 독립적으로 존재하지 않았을 것이다.

우리가 사는 현재의 이 세상에서 죽음이라는 것의 일차적인 의미는 '분리' 이다. 예를 들어, 인간이 죽는다는 것은, 인간의 육체와 정신이 분리된다는 뜻이다. 하지만, 하나님의 원래 계획에는 '하나 됨' 만 있지 '분리' 라는 것은 없다. 그러므로 하나님의 원래 계획에는 죽음이라는 것은 혼자서 설 자리가 없었다. 더 정확히 말하자면, 원래의 세계에서는 죽음은 생명과 하나였다. 즉, 원래 창세 전 세계에서는 죽음은 죽음 자체로 종말이 된다든지, 분리가 되는 것이 아니었다. 그것은 어떻게 보면 더 큰 생명으로 나아가기 위한 관문이다.

원래 세계에서의 죽음은 비밀 중의 비밀이요, 신비 중의 신비이다. 타락한 이후의 사람들에게 죽음은 분리요, 종말이다. 하지만, 원래 세계에서는 죽음은 분리가 아니라 더 놀라운 생명, 더 크고 놀라운 세계로 나가는 '관문' 이다. 아담이 이 죽음의 관문을 통과하고 나서야 하와가 탄생했다. 어머니 뱃속의 태아가 더 넓고 놀라운 바깥 세계로 나가려면 어머니 자궁 안에서의 아늑한 시간과는 작별을 고하고 잠시 잠깐이긴 하지만 고통스러운 출산의 과정을 거쳐야 한다. 이런 맥락에서 예수님께서 하신 아래 말씀은 참으로 의미심장하다.

"내가 진실로 진실로 너희에게 이르노니 한 알의 밀이 땅에 떨어져 죽지 아니하면 한 알 그대로 있고 죽으면 많은 열매를 맺느니라 자기의 생명을 사랑하는 자는 잃어버릴 것이요 이 세상에서 자기의 생명을 미워하는 자는 영생하도록 보전하리라" 요 12:24~25

원래 죽음은 전혀 나쁜 것이 아니다. 죽음은 생명과 하나인 존재, 원래 생명보다 더 크고 놀라운 생명으로 가는 관문이다. 하지만, 타락한 이후에는 죽음이 독자적으로 살아났다. 죽음이 죽음 자체로 끝나게 된 것이다. 죽음이라는 이 아무도 피해갈 수 없는 진실 앞에 서면 인간도 자신의 본질을 드러내게 된다. 죽음이야말로 인간에게 주어진 모든 테스트의 종착점이다. 이 죽음과 생명에 대해서는 이 책의 3부에서 '죽음과 생명'을 다룰 때에 더 자세히 알아볼 것이다. 죽음이야말로 비밀 중의 비밀이다. 물론 이보다도 훨씬 더 깊은 내용이 될 것이다. 아담과 하와에 대해 알아야 할 것은 아직도 무궁무진하다. 물론 이건 첫 번째 아담이 아니라 성경에서 '마지막 아담'이라고 불리는 예수님과 교회에 대한 이야기이다. 앞으로 기대하시라!

4) 선악을 알게 하는 나무/생명나무

하나님은 왜 선악을 알게 하는 나무를 두셨을까?

이제 에덴동산 안에 있는 생명나무와 선악을 알게 하는 나무에 대해서 살펴보자. 잘 보면 창세기에 선악을 알게 하는 나무와 생명나무에 대해 자세히 설명이 되어 있는 것도 아니다. 하지만, 분명한 것은 하나님께서 선악을 알게 하는 나무와 생명나무 열매를 거기에 두셨다는 것이다. 이 주제에 도달하면 많은 사람이 묻는 말들이 있다.

"하나님은 왜 선악을 알게 하는 나무를 두셔서 사람을 타락하게 하셨을까?"

"하나님이 전지전능하시고 미래를 다 아신다면, 왜 사람의 타락을 막지 못하셨을까?"

이 질문은 꽤 많은 사람을 괴롭힌 문제였던 것 같다. 오히려 일반 사람들은 궁금함을 드러내는 데 전혀 거리낌이 없지만 소위 기독교인들, 그중에서도 특히 믿음이 좋은 것처럼 보이려고 애써야 하는(?) 사람들은 이런 질문을 거리낌 없이 하기가 쉽지가 않은 것 같다. 어떤 사람에게서는 이 문제에 대해서 고민은 많은데 물어보기도 망설여지고, 누구에게 물어봐도 신통한 답변이 나오는 것도 아닌 것 같고 그렇다고 그냥 덮어두자니 궁금함은 더 많아지고, 그렇다고 기독교의 분위기상, 이 문제에 대해서 대놓고 묻자니, 믿음이 없는 것처럼 보일까 봐 묻기도 주저했었다는 얘기도 들어봤다.

나에게도 이 질문은 매우 궁금하던 질문이었다. 아쉽게도 나는 아직은 기독교 서적 중에 어느 책에서도 이 문제를 잠깐씩 다룬 정도가 아니라 속이 시원하게 선명하게 다룬 것을 발견하지 못했다. 그러다가 어느 날, 『No! 라고 말할 줄 아는 남편과 아내』(헨리 클라우드, 존 타운센드 저)이라는 책에서 아래와 같은 내용의 글을 읽었다.

"사랑이란 완전한 자유가 있는 곳에서만 존재하는 어떤 것이다. 어떤 사람을 거부할 수 있는 자유가 있어야 그 사람을 사랑할 수 있는 자유도 있는 것이다…어떤 사람을 사랑할 수도, 그 사람을 거부할 수도 있는 자유가 있는데도 불구하고 그 사람을 사랑하기로 선택해야 그것이 진정한 사랑이다…사랑할 수밖에 없는 상황으로 몰아넣어서 그 사람이 나를 사랑하도록 강요하는 것은 사랑이 아니라 집착이다."

　나는 이 글에서 선악을 알게 하는 나무에 대한 문제를 풀 수 있는 실마리를 발견했다. 하나님께서는 사람이 자유의지를 발휘해서 자신을 선택하기를 원하셨던 것이다. 하나님은 진정한 의미의 사랑을 주고 또 받고 싶어하신 것이다. 이건 하나님께 뭔가 부족하다는 것이 아니라, 하나님의 사랑이 넘치고도 넘쳐 불탄다는 것이다. 생명나무와 선악을 알게 하는 나무를 두신 하나님의 마음을 잘 생각해보라. 그 중심은 불타는 사랑이다. 사람들은 자꾸 "하나님은 왜 선악을 알게 하는 나무를 두셔서 사람들을 불행하게 만드셨을까?" 하고 궁금해하는데 이건 사람 입장에서 생각하니까 잘 풀리지 않는 문제이지, 하나님의 입장에서 생각해보면 충분히 이해가 가는 문제이다. 이제 이 문제를 하나님의 입장에서 풀어가 보자. 하나님으로서 사람이 선악을 알게 하는 나무의 열매를 먹지 않고 생명나무 열매를 먹도록 계획하려고 한다면 어떤 방법이 있을까?

　첫 번째 방법은 사람을 창조하실 때, 아예 자유의지가 없이 하나님을 사랑할 수밖에 없는 존재로 만드는 것이다. 하지만, 이렇게 하면 근본적으로 심각한 문제가 생겨버린다. 그게 과연 사랑일까? 그런 존재가 과연 사랑을 할 수 있는 존재일까? 한번 입장을 바꿔놓고 생각해보라. 어떤 존재가 있는데 그 존재는 당신을 사랑할 수밖에 없도록 이미 조작되어서 창조되었다. 과연 당신이 그런 존재와 사랑을 주고받는 관계가 가능하겠는가? 그건 흡사 로봇과 같은 존재가 아닐까? 자유의지가 없는 상대방과 인격적인 사랑이 가능할까? 물론 로봇은 당신을 도울 수도 있고 당신의 삶에 많은 유익을 끼칠 수도 있을 것이다. 하지만, 당신이 로봇과 사랑의 관계를 발전시켜 나아갈 수 있는가? 절대 아니다. 사랑은 완전한 자유의지가 있는 인격적인 존재 사이에서라야 가능한 일이다.

두 번째 방법은 생명나무로 가는 길 외에 나머지를 차단하는 것이다. 이를테면, 생명나무로 가는 길은 금방 찾을 수 있지만, 선악을 알게 하는 나무로 가는 길은 도저히 못 찾게 미로처럼 만든다든지, 아니면 생명나무로 가는 길은 매우 가기 편한 길로 만들고, 이와는 대조적으로 선악을 알게 하는 나무로 가는 길은 가시덤불로 되어 있어서 아무나 함부로 못 들어가게 한다든지 하는 것이다. 그런데 이것 역시 문제가 생긴다. 이게 과연 사랑일까? 자발성이 없는 상태에서 둘 중에서 하나밖에 선택할 수 없도록 강요된 것이 과연 사랑일까? 위에서 살펴본 바와 같이, 사랑은 강압에 의해 생기는 것이 아니다. 아래 말씀을 보면 하나님께서는 선악을 알게 하는 나무로 가는 길이 아니라 오히려 생명으로 가는 길을 더 가기 어렵게 만드셨다는 것을 알 수 있다.

"좁은 문으로 들어가라 멸망으로 인도하는 문은 크고 그 길이 넓어 그리로 들어가는 자가 많고 생명으로 인도하는 문은 좁고 길이 협착하여 찾는 자가 적음이라"
마 7:13~14

이런 뉘앙스의 말씀들은 성경에 꽤 등장한다. 사람들이 인간 중심으로 이 말씀들을 보려고 하면 부담스럽고 싫고 두려울지 모르겠으나, 하나님으로서는 당연하다. 하나님께서는 '좁고 길이 협착하고 찾는 이가 적은데도 불구하고' 하나님을 찾는 진정한 자발적인 사랑의 관계성을 원하시는 것이다.

세 번째 방법은 사람이 생명나무로 가게끔 유인하는 것이다. 예를 들면 생명나무 쪽으로 한 걸음씩 갈 때마다 포인트가 쌓이고 누적 인센티브가 주어지고, 결국 나중에 그 생명나무의 열매를 따 먹으면 아담을 기쁘게 해 줄 대박 상품들이 펑펑 쏟아져서 아담에게 안겨지도록 하는 것이다. 하지만, 이것 역시 문제가 생긴다. 그게 과연 사랑일까? 사랑은 상대방 자체에 대한 마음에서 비롯되는 것이지, '그 상대방을 선택함으로써 얻게 될 유익'에 대한 마음에서 비롯되는 것이 아니다. 그렇다면, 그건 사랑이 아니다.

흔히들 하는 이야기가 있다. '어떤 큰 부자의 아들이 죽었을 때는 수많은 조문객이 와서 눈물을 흘리면서 슬퍼했는데, 정작 그 부자가 죽으니까 조문객도 거의 없고 슬퍼하는 사람도 없더라.'라는 이야기이다. 이 조문객들은 어떤 사람들일까? '그 부자 자체'를 사랑하는 것이 아니라 '그 부자가 나에게 줄 유익'을 사랑하는 사람들 아닐까? 과연 이런 것을 사랑의 관계라고 말할 수 있을까? 예를 들어, 어떤 사람이 결혼했는데 나중에 자신의 배우자가 자기 자신에 대해서는 관심이 하나도 없었고, 오직 자신의 재산만 보고 결혼했다는 것을 알았다. 이런 것을 과연 사랑이라고 부를 수 있을까? 나는 군대에 가서 사람들이 기독교를 '초코파이교'라고 부르는 것을 들었다. 그들 왈, "예배당으로 가는 저 군인들은 하나님이 좋아서 가는 게 아니라 예배당에서 주는 초코파이가 좋아서 가는 것이다."라는 것이었다. 나는 그들이 오히려 더 정직하고 정확하게 보는 것 같다는 생각이 들었다. 과연 하나님께서 이런 종류의 관계를 원하셨을까?

선악을 알게 하는 나무와 생명나무를 두신 하나님의 마음

선악을 알게 하는 나무와 생명나무를 두신 하나님의 마음을 생각해 보라. 하나님은 완전한 사랑을 주고, 또한 완전한 사랑을 받고 싶으셨던 것이다! 하지만, 역설적으로 하나님은 하나님 백성이라고 불리는 사람들에게서조차 진정한 의미에서의 사랑을 받지 못하셨다. 그들이 원하는 것은 하나님이 주시는 그 '무언가'였지 '하나님 자체'가 아니었다.

구약의 다니엘을 보면 다니엘의 친구들이 죽음을 눈앞에 두고 느부갓네살 왕 앞에서 한 말이 나온다.

하나님은 "하나님이 우리를 구원하실 것이지만, 혹시 '그리 아니하실지라도' 나는 하나님을 선택하겠다."라는 진정한 자발성을 가진 사람들에게서 영광을 받으신다. 이럴 사람이 과연 얼마나 될까? 대부분은 '하나님이 나를 구원하셔야만 하나님을 선택하겠다', 더 심하게는 '하나님이 내게 이러 이런 유익을 주셔야만 하나님을 선택하겠다' 가 아닐까?

욥기를 보면 욥에 대해 마귀가 참소한 내용은 아래와 같다.

"욥이 어찌 까닭 없이(아무것도 바라는 것이 없이, 새번역) 하나님을 경외하리이까 주께서 그와 그의 집과 그의 모든 소유물을 울타리로 두르심 때문이 아니니이까 주께서 그의 손으로 하는 바를 복되게 하사 그의 소유물이 땅에 넘치게 하셨음이니이다" 욥 1:9~10

마귀의 주장은 욥이 순수하게 하나님만을 경외하는 것이 아니라 하나님께서 하나님을 경외할만한 이유를 주셨기 때문에, 즉 '하나님께서 주시는 그 무엇' 때문에 하나님을 경외하는 것이라는 것이다. 하나님께서는 욥이 순전하고 정직하여 하나님을 경외하며 악에서 떠났다고 증언하셨다.욥1:8 하지만, 마귀와 하나님의 내기 이후에 욥은 처절한 시험에 내던져졌다. 욥은 오늘날의 많은 사람과는 반대의 상황에 부닥치었다. 하나님께서 복을 주신 게 아니라 고난을 주셔도, 그것도 자신은 순전하게 하나님을 따랐는데도 불구하고 고난을 주셔도 하나님을 선택해야 하는 시험에 든 것이다. 어떻게 보면 욥이 당한 시험은 아담과 하와가 당한 시험보다 더 큰 시험이었다. 하지만, 욥은 이 시험에서 승리했다. 자신의 소유물뿐 아니라 자신의 몸까지도 병으로 괴롭게 된 상황에서도 하나님을 떠나지 않았고 하나님을 따르기로 선택했기 때문이다. 이것은 나중에 예수님께서 받은 시험의 그림자이며, 역시 '또 다른 그리스도' 인 교회가 받을 시험의 그림자이기도 하다.

하나님께서 자신에게 복을 주신 것 같은 때에는 하나님을 잘 따르는 듯이 보이다가 상황이 악화하면 쉽게 하나님을 원망하는 마음이 드는 사람들이 많은데, 이 책을 읽은 여러분이 이런 상태라면, 한 번쯤은 진지하게 잘 생각해봐야 한다. '나는 지금 하나님으로 말미암아 기뻐하는가? 아니면 하나님께서 내게 주시는 '그 무엇' 으로 기뻐하는가?' 를 말이다. 하나님은 '그리 아니하실지라도', '비록 하나님을 따르다가 고난이 올지라도' 하나님을 선택하는 사랑의 관계성을 원하시는 것이다. 선지자 하박국의 유명한 고백을 잘 읽어보기 바란다.

"비록 무화과나무가 무성하지 못하며 포도나무에 열매가 없으며 감람나무에 소출이 없으며 밭에 먹을 것이 없으며 우리에 양이 없으며 외양간에 소가 없을지라도 나는 여호와로 말미암아 즐거워하며 나의 구원의 하나님으로 말미암아 기뻐하리로다" 합 3:17~18

누가복음에는 다음과 같은 기록이 나온다.

예수님께서는 귀신들이 항복한 것으로 말미암아 너무나 기쁘고 들뜬 사람들에게 "그런 것으로 기뻐하지 말고 너희 이름이 하늘에 기록된 것으로 기뻐하라"고 하셨다. 한창 기쁘고 흥분한 사람들에게 찬물을 끼얹는 듯한 느낌이 들지만, 예수님께서는 본질 중의 본질을 강조하신 것이다. 우리가 기뻐할 것은 하나님이지 이 세상의 것이 아니다. 비록 그게 영적인 것처럼 보이는 것이라 할지라도 말이다. 2권에서 더 자세히 알아보겠지만, 오늘날의 기독교 안에서 종교 생활을 하는 사람들을 보면 어떤 때는 영적으로 놀라운 경험을 해서 그것 때문에 흥분되고 놀랍게 하늘을 날듯이 살다가도 어떤 때는 지옥에라도 떨어진 듯이 낙심되는 식으로 사는 사람들이 아주 많다. 이렇게 하늘까지 올랐다가 바닥까지 떨어지는 삶을 살게 되는 근본적인 이유는 자기 중심적으로 살기 때문이다. 하지만, 하나님 중심으로 살면 그렇지 않다. 예수님은 어제나 오늘이나 영원토록 동일한 분이시기 때문이다.^{히13:8}

예수님이 오셨을 때도 예수님 자체를 따른 사람은 소수였다. 대다수는 예수님이 주는 그 '무엇', 즉 병 고침, 오병이어로 배불리 먹는 등의 기적, 즉 예수님이 자신에게 줄 수 있는 유익에 관심이 많았다. 그 이후의 역사를 봐도 '그리 아니하실지라도'라고 고백하며 순수하게 하나님을 사랑하기로 선택한 사람들은 언제나 극소수였다.

창세 전부터 창세 후까지 하나님의 마음의 중심은 항상 사랑의 관계성이다. 그렇지 않은 적이 한 번도 없다. 하나님의 마음 중심에는 불타는 사랑이 있는 것이다. 이 책을 읽는 여러분이여! 여러분은 하나님의 마음 중심에 뭐가 있는지 생각해본 적이 있는가?

나는 이 책을 읽는 여러분이 하나님의 마음에 뭐가 있는지를 깊이 생각해보길 바란다. 비유를 한 가지 들어보겠다. 어떤 부부가 있는데 아내는 남편을 열정적으로 오랫동안 사랑했다. 그리고 남편을 위해서 깊은 속마음을 가지고 오랫동안 어떤 일을 했는데 남편은 아내가 왜 그 일을 했는지 전혀 이해도 못 하고 있고, 관심도 없다. 쉽게 말하면 이 남편은 자신의 아내가 어떤 여자인지, 어떤 마음인지, 어떤 일을 했으며 그 일을 왜 했는지를 전혀 관심이 없다. 아예 아내에 대한 궁금함도 없어진 지 오래다. 그런데 이 남편은 다른 사람들 앞에서는 아내를 깊이 사랑하는 남편인 것처럼 보이고 싶어하고 '사랑한다'는 표현도 많이 하고 또 사랑하는 것처럼 보이는 행동도 많이 한다. 이 남편은 남들 앞에서는 아내를 사랑하는 듯이 보일지는 모르겠지만, 실상은 이 사람은 철저히 자기 중심적인 사람이다. 이 남편에게는 아내를 이해한다거나, 아내의 마음을 알려고 한다든가 하는 것은 눈곱만큼도 있을 자리가 없다.

이 책을 읽는 여자들이여, 만일 이런 남편이 있다면 얼마나 얄미운가? 얼마나 위선적인가? 자신이 알지도 못하는, 아니, 아예 관심도 없는 여자를 어떻게 사랑한다고 말할 수 있는가?

이 이야기를 남편과 아내와의 관계 이야기를 하려고 한 것이 아니라는 것쯤은 금방 알 것이다. 나는 하나님과 사람들과의 관계에 대해서 말하고자 하는 것이다. 사람들은 구체적으로 눈앞에 보이는 대상에 대해서는 이해를 잘하지만 보이지 않는 하나님에 대해서는 뜬구름 잡 듯이 추상적으로 생각하기 때문이다. 하나님의 이름을 들먹이는 수많 은 사람이 나에게 필요한 무언가를 하나님께 받으려는 데에 관심이 있지 하나님이 어떤 분이신지, 하나님이 무슨 일을 하셨는지, 하나님 의 마음에는 뭐가 있는지는 별로 이해하려고 하지 않는다. 이 책을 읽 는 여러분은 어떤가? 하나님의 마음에는 뭐가 있는지 헤아려 본 적이 있는가? 자기 입장이 아니라 하나님의 입장이 되어서 무엇을 바라본 적이 있는가?

요한일서를 보면 사도 요한은 하나님을 사랑하는 것과 진정으로 하 나님을 아는 것을 구분하지 않았다. 요한이 보기에는 하나님을 진정 으로 사랑하는 사람은 하나님을 알게 되어 있고, 하나님을 진정으로 아는 사람은 하나님을 사랑할 수밖에 없다. 요한이 보기에는 이 둘은 동전의 양면처럼 같은 실체의 두 가지 측면이었다. 많은 사람이 쉽게 '하나님을 사랑한다'고 말한다. 하지만, 정말 그럴까? 혹시 위에 언급 한 남편처럼 사람들의 마음에는 하나님이 어떤 분이신지 알고 싶지도 않고, 하나님이 하신 일의 깊은 의도를 이해하거나 하나님의 마음에 는 뭐가 있는지를 알고 싶지도 않고, 그 마음속에 하나님을 위한 자리 는 눈곱만큼도 남겨두지 않은 것은 아닐까? 그러면서 남들 앞에서는 하나님을 사랑하는 것처럼 보이고 싶은 것은 아닐까? 그 마음 중심의 본심은 하나님을 사랑하는 것처럼 '보이고 싶고', 신앙심이 깊은 것처 럼 '보이고 싶어하는' 마음만 있는 것은 아닐까?

예수님께서 이 세상에서 소위 '하나님 백성'이라고 불린 유대인들 과 함께 계셨을 때 유대인들은 하나님을 그 누구보다도 사랑하는 사 람들처럼 보였을 것이 분명하다. 나는 만일 여러분이 복음서에서 예수님께서 하신 그들에 대한 비판에 대해서 모르는 상태에서 타임머신을 타고 그 시대로 갔더라면 유대인들, 특히 그들 중에도 경건한 삶으로 존경을 받던 종교심이 강한 바리새인들을 보았다면 여러분 중 대부분 사람의 눈에 그들은 오늘날의 그 누구보다도 깊은 신앙심을 가진 사람들로 보였으리라 확신한다. 하지만, 예수님께서는 그들에게 다음과 같은 말씀을 하셨다.

"그 말씀이 너희 속에 거하지 아니하니 이는 그가 보내신 이를 믿지 아니함이라… 그러나 너희가 영생을 얻기 위하여 내게 오기를 원하지 아니하는도다…다만 하나님을 사랑하는 것이 너희 속에 없음을 알았노라 나는 내 아버지의 이름으로 왔으매 너희가 영접하지 아니하나 만일 다른 사람이 자기 이름으로 오면 영접하리라 너희가 서로 영광을 취하고 유일하신 하나님께로부터 오는 영광은 구하지 아니하니 어찌 나를 믿을 수 있느냐 " 요 5:38~44

그 누구보다도 진정한 하나님 백성이라고 자부했던 이 사람들을 잘 보라! 예수님께서 "그 말씀이 너희 속에 거하지 아니한다"고 하신 이 사람들의 마음에는 막말로 하면 하나님의 말씀이 씨도 안 먹혔다. 이들의 마음에는 자기 사랑과 자기 영광이 꽉 차 있어서 도저히 하나님이 들어갈 자리가 없었기 때문이다. 이들은 자신의 앞에 생명나무 정도가 아니라 하나님의 아들이 직접 오셔서 그들 가운데에 계셨는데도 불구하고 그 아들을 거부한 사람들이다. 불행하게도, 이 첫 사람 아담 또한 대부분의 사람과 마찬가지로 생명나무를 선택하지 않고 선악을 알게 하는 나무를 선택했다. 소위 하나님 백성이라는 사람들과 마찬가지로 순수하게 하나님을 사랑하고 하나님을 따르기로 선택하지 않고 정반대를 선택한 것이다. 즉, 선악을 알게 하는 나무의 열매를 따 먹은 것이다.

선악을 알게 하는 나무의 본질

우리가 편의상, '선악을 알게 하는 나무' 라고 부르고 있지만, 이 이름은 사실상 오해를 불러 일으킨다. 정확히 표현하면 '선과 악을 알게 해주는 지식의 나무' 이다. 영어로는 'tree of the knowledge of good and evil' 이다. 생명나무도 마찬가지이지만, 이 선악을 알게 하는 나무에 대해서도 성경에서 단순히 나무 정도로 표현되어 있긴 하지만 이 나무가 단순한 나무 정도가 아니었음은 누구나 다 짐작할 것이다. 이 선악을 알게 하는 나무의 본질은 무엇일까? 왜 선악을 알게 하는 나무가 문제가 될까?

선악을 알게 하는 나무의 본질은 하나님을 떠나서 독립하여 자신의 힘으로 스스로 세계를 추구하면서 살아가려는 것이다. 마귀는 하와를 유혹할 때 "너희가 그것을 먹는 날에는 너희 눈이 밝아져 하나님과 같이 되어 선악을 알 줄 하나님이 아심이니라"^{창3:5}라고 했다. '선악을 알게 하는 나무의 열매를 먹으면 너희 눈이 밝아 하나님과 같이 되어 선악을 알게 된다.' 라는 마귀의 주장 자체는 거짓이 아니었다. 사람들은 대개 거짓된 주장에는 잘 속지 않는다. 사람들은 거짓된 주장에 속는 것이 아니라 그게 내 욕심에 맞을 때 속는다. 대부분은 마음 한편에서는 속는 줄 알면서도 속는다. 여기서 마귀가 주장한 '하나님과 같이 된다' 는 말은 '하나님을 닮게 된다' 는 뜻이 아니라, '하나님처럼 완전히 독립된 인격체로 하나님을 떠나서 스스로 하나님이 되어서 하나님 노릇을 하면서 살 수 있게 된다' 라는 뜻이다. 사람이 하나님과 같이 될 수 있다는 것은 어떻게 보면 신비한 것이다. 이건 사람이 하나님의 형상으로 지음을 받았기 때문에 유독 사람에게만 가능한 일이다. 어

떤 존재도 자신의 생명의 근원에서 떨어져 나가면 스스로 독립해서
자신의 세계를 구축할 수 없다. 예를 들면, 자연 만물은 하나님께서 만
드신 원리 안에서 그 원리에 순응하면서 산다. 사람을 제외한 모든 피
조물은 하나님을 떠나서 하나님이 다스리는 세계 밖으로 나가면 스스
로의 세계를 구축할 수 있는 것이 아니라, 죽어버린다. 아래 말씀처럼
말이다.

"이 모든 피조물이 주님만 바라보며, 때를 따라서 먹이 주시기를 기다립니다. 주님
께서 그들에게 먹이를 주시면, 그들은 받아 먹고, 주님께서 손을 펴 먹을 것을 주
시면 그들은 만족해 합니다. 그러나 주님께서 얼굴을 숨기시면 그들은 떨면서 두
려워하고, 주님께서 호흡을 거두어들이시면 그들은 죽어서 본래의 흙으로 돌아갑
니다." 시 104:27~29, 새번역

그러나 사람은 자신의 생명의 근원인 하나님을 떠나도 독자적으로
살아나갈 수 있다. 사람은 하나님의 형상으로 지음 받았기 때문이다.
그러면, 생명나무의 열매를 먹는 것은 무슨 뜻일까? 그것은 선악을
알게 하는 나무의 열매를 먹는다는 것의 정 반대의 뜻이다. 즉, 생명나
무 열매를 먹는다는 것은 하나님으로부터 독립하여 나름대로 삶을 추
구하면서 살아가는 게 아니라, '하나님과 하나가 되어 살아간다'는 뜻
이다. 정리하면, 선악을 알게 하는 나무와 생명나무 사이의 선택은 본
질적으로는 이 선택이었다:

"하나님과 하나 되어 하나님 안에서 살 것인가? 아니면 하나님을 떠나서 스스로
독립해서 나 자신의 세계를 추구하며 나 자신의 판단으로 살아갈 것인가?"

이걸 더 간결한 다른 말로 표현하면 이렇게 된다:

"하나님과 하나가 되어 살 것인가? 아니면 내가 하나님이 되어서 살 것인가?"

성경에 자세히 설명이 되어 있지는 않지만, 동산 한 가운데에 선악을 알게 하는 나무와 생명나무가 있었던 것을 생각해보면, 아담과 하와도 이 두 나무가 무슨 의미인지 어느 정도는 알고 있었고, 그로 말미암아 심각하게 고민했었을 것은 뻔한 일이다. 하필이면 동산 한가운데에 있어서 피할 수도 없고 매일 만나는 두 나무 중 하나를 선택해야 했을 것이며 이 선택은 절체절명의 선택이었을 것이다. 이 시험에서 아담과 하와는 결국은 하나님과 하나가 되기보다는 스스로 하나님이 되어서 살기를 선택했다. 하나님을 떠나서 나 스스로 독립하여 내 마음대로 살려는 것…. 이게 죄의 핵심이다. 나는 이 책을 읽는 분들이 가지고 있던 죄에 대한 개념이 완전히 바뀌길 바란다. 죄는 행위가 아니다. 물론 죄의 행위도 죄라고 볼 수 있지만, 진짜 죄의 뿌리는 하나님을 떠나 스스로 살아가려는 것이다. 죄의 행위는 나무로 치면 열매 정도라고 봐야 한다. 이 지독한 열매를 아무리 여기저기서 따서 없애고 또 없애려고 해도, 뿌리를 쳐버리지 않는 이상, 열매는 여기저기서 금방 또 나게 되어 있다.

흥미로운 질문을 하나 던져보겠다. 아담이 타락하기 이전에도 거짓말이 있었을까? 분명히 있었다. 그런 게 어디 있었느냐고? 하나님은 "선악을 알게 하는 나무의 열매는 먹지 말라 네가 먹는 날에는 반드시 죽으리라"창2:16고 하셨는데 하와는 나중에 이 말씀을 "동산 중앙에 있는 나무의 열매는 하나님의 말씀에 너희는 먹지도 말고 만지지도 말라 너희가 죽을까 하노라"창3:3라고 왜곡해서 기억하고 있다. 잘 읽어 보라. '선악을 알게 하는 나무의 열매는 먹지 말라' 는 말씀이 '동산 중앙에 있는 나무의 열매는 먹지 말라' 로, '반드시 죽으리라' 는 '죽을까 하노라' 로 바뀌었다. 게다가 하나님께서는 '만지지도 말라' 라고 까지 말씀하신 적은 없다. 이건 분명히 사실과 다른 말이다. 아담이 잘못 전

달했건, 하와가 잘못 말했건 간에 이건 분명히 사실과 다른 거짓말이
다. 그런데 하와가 이 말을 한 때는 분명히 타락하기 전이었다.

만일 아담과 하와가 선악을 알게 하는 나무의 열매를 따 먹지 않고
생명나무 열매를 따 먹었어도 이때 한 거짓말이 죄가 되었을까? 전혀
아니다. 여러분이 혹시 이게 부당하다는 생각이 든다면 그것은 여러
분이 기본적으로 '죄는 행위이다' 라고 생각하기 때문이다. 여러분이
이것을 잘 이해하고 오해가 없기를 바란다. 죄는 행위가 아니다. 죄의
뿌리는 하나님을 떠난 것 그 자체이다. 하나님의 눈으로 볼 때 죄는 하
나님과 하나가 되지 않고 내 방식대로 내 세계를 추구하면서 사는 것
이다. 더 정확히 말하면, 하나님의 원래 의도를 떠난 모든 것이 죄이지
무슨 특정한 행위를 말하는 것이 아니다. 죄는 관계의 문제이지, 행위
의 문제가 아니다. 이제부터 하는 두 가지 비유를 잘 읽어보기 바란다.

여러분이 물을 마시려고 컵 두 개를 만들었다. 그런데 한 컵은 겉모
양은 매우 멋있고 호화로운데 컵에 금이 가서 물이 샌다. 따라서 물을
담을 수가 없어서 원래 용도로 쓸 수가 없다. 다른 한 컵은 모양이 매
우 못생겼지만, 물이 안 새기 때문에 컵으로 사용할 수 있다. 그러다가
여러분이 원래 의도대로 물을 마셔야 할 상황이 되었고 이 두 컵을 보
게 되었다. 이 두 컵 중 어느 컵이 더 문제인가? 사용할 수 없는 컵, 즉
원래의 컵의 용도와 목적에서 어긋나 있는 컵이 더 문제인가? 아니면
겉모양이 못생긴 컵이 더 문제인가?

한가지 비유를 더 들어보겠다. 여러분에게 두 아들이 있다. 한 아들
은 몹시 못났다. 잘할 줄 아는 것이 하나도 없다. 그렇지만, 여러분을
부모로 인정하고 여러분을 사랑하여 여러분과 함께 살고 있다. 그런
데 다른 아들은 너무나도 훌륭하고 잘난 것이 많다. 그런데 이 자녀는
여러분을 부모로 인정하지 않고 연락도 끊고 여러분을 떠나서 독자적

으로 잘살고 있다. 어느 아들이 더 문제인가? 못난 아들이 더 문제인가? 여러분을 버리고 떠난 아들이 더 문제인가? 아래 말씀들을 읽어 보라.

"내 백성이 두 가지 악을 행하였나니 곧 그들이 생수의 근원되는 나를 버린 것과 스스로 웅덩이를 판 것인데 그것은 그 물을 가두지 못할 터진 웅덩이들이니라" 렘 2:13

"우리는 다 양 같아서 그릇 행하여 각기 제 길로 갔거늘…" 사 53:6

하나님을 버리고 스스로 자기 길을 가는 것과 스스로 하려는 모든 것은 그게 선이건 악이건 간에 모두 타락한 모습이다. 옛적에 선지자 이사야를 통해 하신 하나님의 말씀을 잘 듣고 하나님의 입장에서 하나님의 마음을 헤아려보기 바란다.

"하늘아, 들어라! 땅아, 귀를 기울여라! 주님께서 말씀하신다. "내가 자식이라고 기르고 키웠는데, 그들이 나를 거역하였다. 소도 제 임자를 알고, 나귀도 주인이 저를 어떻게 먹여 키우는지 알 건 마는, 이스라엘은 알지 못하고, 나의 백성은 깨닫지 못하는구나." 슬프다! 죄지은 민족, 허물이 많은 백성, 흉악한 종자, 타락한 자식들! 너희가 주님을 버렸구나. 이스라엘의 거룩하신 분을 업신여겨서, 등을 돌리고 말았구나." 사 1:2~4, 새번역

생명나무의 본질

앞서 살펴봤듯이, 선과 악에 대한 지식은 하나님을 떠나서 하나님으로부터 독립하여 자기만의 세계를 추구하면서 살아갈 때 필요한 것이

었다. 반대로, 생명나무의 본질은 하나님과 하나가 되어 사는 것이다. 사람이 만일 생명나무 열매를 먹고 하나님과 하나가 되어 살았더라면, 선과 악에 대한 판단이니 선과 악에 대한 지식이라는 것은 일체 필요가 없었을 것이다. 모든 것을 다 이루신 하나님 안에서 누리고 사랑의 교제를 나눌 따름이지 스스로 선과 악을 판단하거나 뭔가를 계획하고 노력할 필요가 없었다. 사람이 제6일에 창조되었고 그다음은 영원한 안식, 즉 영원한 누림이었던 것을 기억하라. 하나님의 원래 계획에서 사람은 생명나무 열매를 먹고 '영원한 안식'이자 '완전한 하나 됨의 사랑의 교제'로 들어가게 되어 있는 존재였다.

구약에 나오는 인물 중에도 특별히 다윗은 신약 시대의 교회와 같은 놀라운 경험들을 한 것 같다. 나중에 더 살펴보겠지만, 다윗이 한 아래의 고백이 생명나무 열매를 먹고 하나님과 하나 된 삶을 살아가는 것과 비슷하지 않을까라는 생각이 든다.

"주님, 이제 내가 교만한 마음을 버렸습니다. 오만한 길에서 돌아섰습니다. 너무 큰 것을 가지려고 나서지 않으며, 분에 넘치는 놀라운 일을 이루려고도 하지 않습니다. 오히려, 내 마음은 고요하고 평온합니다. 젖뗀 아이가 어머니 품에 안겨 있듯이, 내 영혼도 젖뗀 아이와 같습니다. 이스라엘아, 이제부터 영원히 오직 주님만을 의지하여라." 시 131 새번역

다윗이 하나님 안에 있을 때에 그것은 고요와 평온과 기쁨 그 자체였다. 하나님 안에 있으면서 완전히 하나님과 하나가 되었다. 모든 것을 하나님께 다 맡기고 하나님과 무관하게 독립적으로 스스로 분에 넘치는 일들을 추구하려고 하지 않았다. 자신이 스스로 하는 일은 아무것도 없이 다윗의 전 존재가 완전히 하나님께 맡겨 있었다. 이건 마

치 다윗 안에 다윗이라는 사람은 없어지고 하나님만 남으신 것 같이 된 것 같은 느낌이다. 다윗이 '하나님 마음에 합한 사람' 행13:22이라고 불리게 된 데는 이런 배경이 있을 것이다. 이건 비단 다윗만이 아니라 하나님과 깊은 교제를 나누었고 영성이 매우 깊었다고 알려진 사람들이 쓴 체험의 고백들을 살펴봐도 이와 같다. 삶 전체가 완전한 안식과 평안 그 자체이다. 하나님 안에 하나님과 함께 있는 그 자체가 영원한 안식이다. 이때 다윗이 잠시나마 맛본 이 안식의 진정한 실체요 이 안식의 진정한 주인은 나중에 오신 예수님이셨다. 눅6:5

아래 예수님께서 하신 말씀들을 잘 읽어보라. 그리고 예수님께서 얼마나 철저하게 선악을 알게 하는 나무의 원리, 즉 하나님을 떠나서 자기 자신의 판단으로 살아가신 것이 아니라, 생명나무의 원리, 즉 항상 하나님 안에서 하나님과 하나가 되어 평안 가운데 사셨는지 살펴보라.

“…내가 진실로 진실로 너희에게 이르노니 아들이 아버지께서 하시는 일을 보지 않고는 아무 것도 스스로 할 수 없나니 아버지께서 행하시는 그것을 아들도 그와 같이 행하느니라” 요 5:19

“내가 아버지 안에 거하고 아버지는 내 안에 계신 것을 네가 믿지 아니하느냐 내가 너희에게 이르는 말은 스스로 하는 것이 아니라 아버지께서 내 안에 계셔서 그의 일을 하시는 것이라” 요 14:10

“…내가 이르는 것은 내 아버지께서 내게 말씀하신 그대로니라 하시니라” 요 12:50

“…내가 스스로 아무 것도 하지 아니하고 오직 아버지께서 가르치신 대로 이런 것

을 말하는 줄도 알리라 나를 보내신 이가 나와 함께 하시도다 나는 항상 그가 기
뻐하시는 일을 행하므로 나를 혼자 두지 아니하셨느니라" 요 8:28~29

이렇게 표현하면 이 책을 읽는 여러분이 어떻게 받아들일지 모르겠
지만, 예수님께서는 무아지경無我之境, 즉 그분 안에 자기 자신은 철저
히 없어지고 하나님만 사신 것처럼 사신 것이다. 이건 예수님께서 아
무 생각이 없이 사셨다는 뜻이 아니라, 예수님께서 자발적으로 하나
님과 완전히 하나가 된 사랑의 관계성 안에서 자신을 부인하고 살아
간 것을 말하는 것이다. 이건 전혀 수동적인 표현이 아니라 매우 적극
적인 표현이다.

　나중에 더 자세히 설명을 하겠지만, 오늘날의 기독교 안에는 진정한
그리스도인의 삶의 비결에 대해 무지한 사람들이 많은 것 같다. 나는
그리스도인으로서 본이 되는 삶이 어떤 것인지를 머릿속에 그려놓고
그렇게 살려고 애썼던 적이 많았다. 여러분은 훌륭한 그리스도인에
대해 어떤 그림을 그리고 있는가? 인격이 훌륭한 사람인가? 아니면
봉사를 열심히 하는 사람인가? 선교를 열심히 하는 사람인가? 성경
지식이 많은 사람인가? 아니면 설교를 듣고 감격하고 눈물을 흘리는
사람인가? 진정한 그리스도인의 삶이 과연 예배에 꾸준히 참석하고
성경을 열심히 읽고 기도 열심히 하고 QT 열심히 하고 영성 훈련 열
심히 받고 십일조 열심히 내고 남들 보기에 경건하고 본이 되게 살려
고 노력하는 것일까? 물론 나도 이렇게 해서 좋은 그리스도인으로 살
아보려고 열심히 노력했고 다른 사람에게도 열심히 하라고 강조하기
도 했었다. 하지만, 정작 나는 이렇게 아무리 하려고 해도 내가 제대로
된 그리스도인의 삶을 산다는 생각은 들지 않았고 오히려 날이 갈수
록 혼란만 더해지는 자신을 발견했다. 이게 내 노력이 부족해서 그런

가 싶었는데 주변에서 나보다 더 노력하는 사람들을 봐도 상황은 그 저 그랬다. 이 책을 읽는 여러분은 혹시 이렇게 해서 그리스도인으로 서 성공적으로 살 수 있었는가? 그리스도인의 삶이라는 것이 과연 이 런 종류의 것일까? 나는 이런 것들 자체가 잘못되었다고 말하는 것이 아니다. 물론 이런 것들도 필요할 수 있다.

문제는 핵심이 뭐냐? 이다. 그리스도인의 삶의 핵심이 무엇인가? 그 것은 바로 생명나무의 원리를 따라 사는 것이다. 그것은 '그리스도인 이라면 이러 이렇게 살아야 할 것 같다' 고 생각되는 틀을 만들어놓고 내가 그것을 지키느라고 애쓰는 삶이 아니다. 이런 것은 경건이라기 보다는 고행에 가까운 일이다. 생명나무의 원리는 하나님과 하나가 되어 살아가는 것이다. 이건 나의 노력 정도에 달렸다기보다는 '내가 생명나무 열매를 먹었고 또 계속 먹고 있는가?' 에 달린 것이다.

이미 앞에서 이 세상의 모든 것이 창세 전 하나님의 세계를 비춰주 는 그림자라는 것을 알아봤다. 그러면 이 생명나무는 도대체 무엇의 그림자일까? 생명나무는 이 땅에 존재하는 것이었으므로 당연히 물질 세계에 속한 존재이다. 하지만, 이 나무 안에는 하나님의 생명, 하나님 의 영원한 생명, 창세 전 차원, 하나님 차원의 생명이 깃들어 있었다. 이 나무의 열매를 따 먹으면 하나님과 같은 생명을 가지고 같은 차원 에서 교제할 수 있는, 하나님과 직접 사랑을 주고 사랑을 받을 수 있는 존재가 될 수 있었던 것이다. 즉, 이 생명나무는 두 차원의 세계의 소 위 '교집합' 인 것이다. 이 생명나무의 진정한 실체는 한참 뒤에 육체 를 입고 이 땅에 오실 하나님의 아들이다. 그분이야말로 진정 두 세계 의 '교집합' 이셨다. 그러니, 그리스도인의 삶의 비결을 쉽게 표현하자 면 예수님을 먹고 또 계속해서 먹는 것이다. 예수님을 먹는 것에 대해 서는 이 책의 3부와 제2권에서 더 자세히 알아보겠다.

지금까지 선악을 알게 하는 나무와 생명나무에 대해 알아보았다. 이 책을 읽는 여러분은 어떤가? 여러분은 선악을 알게 하는 나무를 선택하겠는가? 생명나무를 선택하겠는가? 다시 말하면, 여러분은 하나님을 떠나서 여러분 스스로, 여러분 자신의 능력을 믿고 여러분이 원하는 대로 여러분 자신의 세계를 추구하면서 살겠는가? 아니면 여러분을 창조하신 하나님, 'I AM WHO I AM' 이신 분, 궁극적인 본질이신 분과 하나가 되어 살겠는가? 선악을 알게 하는 나무와 생명나무의 선택은 아담에게뿐 아니라 오늘날에도 있는 것이다.

선악을 알게 하는 나무와 생명나무: 둘 중 하나밖에 없는 선택

이 선악을 알게 하는 나무와 생명나무는 둘 중 하나를 선택하고 나면 다른 하나는 선택할 수가 없게 되어 있다. 이건 당연하다. 생명나무를 먹고 하나님의 생명이 들어온다면 당연히 선악을 알게 하는 나무를 혐오하게 될 것이다. 하나님과 하나 되어 사는 삶, 영생의 삶, 사랑 그 자체이신 하나님과 완전히 하나가 되어 완전한 사랑을 맛본 사람이 선악을 알게 하는 나무, 하나님과 독립하여 스스로 살아가는 길을 선택하게 될 턱이 없을 것이다. 반대로 선악을 알게 하는 나무 열매를 먹고 나서 생명나무 열매를 먹게 된다면 타락한 존재가 영생하게 될 것이니, 그런 존재는 마귀나 다름없다. 실제로도 하나님께서는 아담이 타락한 이후에는 에덴동산으로 가는 길을 막으셨는데, 그 이유 중 하나는 아담이 생명나무로 못 가게 하신 것이다.^{창3:22,24} 결국, 선악을 알게 하는 나무와 생명나무는 둘 중 하나를 선택하고 나면 다른 하나는 선택할 수가 없게 되어 있다.

이 원리를 잘 생각해보라. 선악을 알게 하는 나무 아니면 생명나무이다. 둘 중 하나다. 중간은 없다. 아래 말씀을 보자.

흔히들 이 말씀을 보고 예수님께서 '재물에 대한 욕심을 버려야 한다'는 식의 명령을 하셨다고 생각하는 경우가 많은데 이건 사실은 이 말씀의 진짜 뜻을 오해한 것이다. 이 말씀은 무슨 명령을 하시려고 주신 것이 아니라 단순한 원리를 설명하신 것이다. 즉, "두 주인을 섬기는 것이 불가능하듯이, 하나님도 섬기고 동시에 재물도 섬기는 것은 불가능하다"고 말씀하신 것이다. 맞다. 믿음의 문제에는 중간이 없다. 하나님 아니면 세상이지 하나님도 적당히, 세상도 적당히 섬기는 중간 상태에 있는 것은 불가능한 일이다. 예수님께서는 이게 왜 그럴 수밖에 없는지를 명쾌하게 알려주셨다.

하늘나라가 만일 '적당한 값을 가진 진주'라면 자기 재산도 적당히 지키고, 그 진주도 재테크 혹은 투자 차원에서 적당한 선에서 리스크를 잘 관리하면서 살 수도 있고 여차하면 되팔 수도 있을 것이다. 하지만, 하늘나라는 그렇지 않다. 하늘나라는 '적당한 값어치를 가진 진주'가 아니라 '극히 값진 진주'다. 그 가치를 제대로 알아버린 사람은 그 누구도 막을 수 없고, 그 누구도 되돌릴 수 없다. 그 사람의 고집이 세어서가 아니라, 가치관이 완전히 바뀌었기 때문이다. 하늘나라의 가치를 제대로 알아버린 사람은 자신의 모든 재산, 아니, 자신이 가진 모든 것을 다 희생해서라도 그것을 사려고 할 것이다. 그것도 매우 '기뻐'하면서….

이건 행위의 문제라기보다는 마음 중심의 문제이며, 노력과 의지의 문제라기보다는 가치관의 문제이다. 마음 중심과 가치관이 하늘에 있는 사람은 모든 것을 다 희생해서라도 예수님을 찾으려고 할 것이고, 가치관이 땅에 있는 사람은 아무리 동기부여를 하려고 해도 하늘을 거부하게 되어 있다. 그러므로 세상과 하늘나라 사이에서 괴로워하면서 고민하는 '세상적인 그리스도인'이란 실제로는 있기 어렵다. 그리스도면 그리스도고, 세상이면 세상이지 중간적인 위치인 '세상적인 그리스도인'은 없다. 사도 바울은 아래와 같은 고백을 했다.

> "그러나 무엇이든지 내게 유익하던 것을 내가 그리스도를 위하여 다 해로 여길뿐더러 또한 모든 것을 해로 여김은 내 주 그리스도 예수를 아는 지식이 가장 고상하기 때문이라 내가 그를 위하여 모든 것을 잃어버리고 배설물로 여김은 그리스도를 얻고 그 안에서 발견되려 함이니…" 빌 3:7~9

바울은 예수님을 알려면 어떤 값을 치르더라도 아깝지 않았다. 그에게는 예수님이 전부였고 예수님 외에 나머지는 그의 눈에는 마치 배설물과 같은 것이었다. 이처럼 진정한 믿음은 가치관에 완전한 변화를 일으킨다. 그래서 그 사람은 예수님에 올인all-in하게 되어 있다. 여기에는 중간이란 있을 수 없다. 진짜 하늘나라, 영원한 본질을 알아버린 사람은 하늘을 위해서 그 어떤 값을 치러도 아까움을 느끼지 않는다.

하지만 '종교'라는 형식으로 포장되어 있어서 하나님을 사랑하는 것처럼 '보이려는' 사람들은 이것도 아니고 저것도 아니고 고민하는 것처럼 보이지만 사실은 세상 편이다. 이런 사람들은 결정적인 순간에 자기 욕심을 따르기 마련이다. 예수님께서는 심지어 "거룩한 것을 개에게 주지 말며 너희 진주를 돼지 앞에 던지지 말라 그들이 그것을 발로 밟고 돌이켜 너희를 찢어 상하게 할까 염려하라"마7:6 라고까지 하셨다. 이 말씀은 '그 가치를 잘 모르는 사람들에게는 복음을 알려줘도 그 사람들이 나중에는 복음을 전해 준 사람들에게 오히려 더 해를 끼치게 될 수도 있으니 주의하라.'라는 뜻으로 하신 말씀이다. 실제로 기독교 역사를 보면 이런 예들이 가득하다.

둘 중 하나이다. 중간은 없다. 이게 진리의 속성이고 이게 인간의 본성이다. 본질적인 진리가 아닌 것은 언제든지 회색의 중간 지대에서 타협할 수 있겠지만 그게 절대적인 진리라면 모든 것을 걸고 따르든지, 아니면 따르지 않든지 둘 중 하나다. 바울이 복음을 전할 때 사람들의 반응을 보면 완전히 올인하고 따르든지, 아니면 듣지 않거나 핍박을 하는 모습을 볼 수 있다. 진리란 매우 선명한 것이라서, 그것에 대한 반응도 매우 분명할 수밖에 없다. 불행히도, 오늘날의 제도화된 기독교는 너무나도 많은 회색지대를 만들어두었다. 하지만, 하나님은 차든지 더운 것을 좋아하시지 미지근한 것은 뱉어내신다고 하셨다.계 3:15~16 양자택일이지 중간은 없다. 이 선택은 오늘날도 같다. 즉, 지금 여러분의 앞에도 아담과 마찬가지로 "선악을 알게 하는 나무냐? 아니면 생명나무냐?"의 질문이 던져져 있는 것이다.

이 창조세계라는 것은 어떻게 보면 이 자체가 뭔가 실체가 있는 것이 아니라 진짜 원래 실체를 비춰주는 비유이고 그림자라는 것은 앞에서도 누누이 강조했다.

영화를 한번 생각해보자. 영화관에 가서 영화를 보면 영화 안에서 펼쳐지는 이야기들이 너무나도 실제 같다. 그래서 영화를 보면 재미있게 즐기기도 하고, 울기도 하고, 웃기도 하고, 무서워도 한다. 하지만, 영화가 끝난 후에 보면 실제로는 허연 평면 스크린만 남아있는 것을 보게 된다. 영화는 2차원 평면에서 벌어지는 일이다. 아무도 이것을 실제라고 말하지 않는다. 불현듯 이런 생각이 든다. 이 세상의 삶은 창세 전 세계와 비교하면 마치 영화와 같은 것이 아닐까?

우리가 사는 이 세계는 높은 하나님의 차원에서 보면 한 편의 영화 같은 이야기가 아닐까? 그 이야기의 실체는 하나님 차원에 가서야 확실히 알 수 있는 것이 아닐까? 이 세상은 어차피 허상이 아닐까? 우리가 영화를 볼 때 어떤 때는 무섭기도 하고 어떤 때는 우울하기도 하지만 그러면서도 영화를 즐기는 것은 영화의 결말은 좋게 끝난다는 것을 알기 때문이다. 창세 전 세계는 시간과 공간을 초월한 세계이다. 하나님 편에서는 이 세상은 이미 결말이 다 나버린 한 편의 이야기가 아닐까? 이 세상의 모든 역사, 심지어 이 책을 읽는 당신의 이야기까지도 말이다.

"…구부러지고 뒤틀린 세대 가운데서…" (빌2:15, 새번역)
"그리스도께서 하나님 곧 우리 아버지의 뜻을 따라 이 악한 세대(present evil age)에서 우리를 건지시려고 우리 죄를 대속하기 위하여 자기 몸을 주셨으니" (갈 1:4)

1부에서 우리는 하나님께서 너무나도 놀라운 계획을 시작하셨다는 것을 알아보았다. 하지만, 우리가 모두 잘 알고 있듯이, 아담과 하와는 하나님의 원래 계획대로 간 것이 아니라 뱀의 꼬임에 빠져서 선악을 알게 하는 나무의 열매를 따 먹었고 그 결과로 모든 것이 구부러지고 뒤틀려 버렸다. 사람과 우주 만물에 그 이후에 벌어진 일들을 하나하나 살펴보자.

삼. 하나님 계획의 우회

1) 사람에게 나타난 변화

최초의 사람은 마귀의 꼬임에 빠져 선악을 알게 하는 나무의 열매를 따 먹고 나서 타락하게 된다. 하나님의 영원한 생명이 들어올 자리에 죄가 들어와서 타락해버렸다. 타락으로 말미암아서 벌어진 일을 한마디로 말한다면, 사람이 하나님을 떠나 독립적으로 자신만의 세계를 추구하면서 자신을 위해서 살게 되었다는 것이다. 첫 사람 아담이 타락한 것은 물론 마귀의 꼬임도 있었지만, 결국은 본인의 선택이었다. 즉, 아담 자신과 마귀와의 공동작업의 결과로 타락한 것이다.

여기서 마귀가 하는 일이 어떤 것인지에 대해서 꿰뚫어볼 필요가 있다. 마귀의 다른 이름은 '참소하는 자' ^{계12:10} 또는 '시험하는 자' ^{마4:3; 살전3:5}이다. 마귀는 하나님의 궁극적인 계획을 방해하려는 것이 당면 목표다. 이것을 위해 마귀가 쓴 가장 효과적인 전략이 사람이 자신의 본래 정체성을 잃게 하는 것이다. 사람은 원래 하나님의 형상을 따라 지음 받아서 하나님과 같은 존재인데, 마귀가 참소하고 시험한 결과로 자신의 정체성을 잃어버리게 되고 혼미한 상태에서 자기 자신에 대해 수치심을 느끼고 자기 자신을 정죄하게 되었다. 그 결과로 아담은 하나님의 낯을 피하여 숨게 되었다. 이건 오늘날도 마찬가지이다. 마귀는 거짓말하는 자요, 거짓의 아비이다.요8:44 그 거짓은 우리가 흔히 생각하는 '도덕적인 거짓' 이라기보다는 사람의 정체성을 잃게 하는 것이요, 하나님의 원래 목적을 이루지 못하게 하려는 것이다.

스가랴 3장을 보면 대제사장 여호수아가 하나님의 사자 앞에 서 있는데, 옆에서 마귀가 여호수아를 대적한다. 마귀는 여호수아를 참소했는데, 사실은 여호수아로 대표되는 하나님 백성을 참소한 것이다. 여호수아는 더러운 옷을 입고 있었다. 하지만, 하나님은 여호수아의 더러운 옷을 벗기고 아름다운 옷을 입히시고는 오히려 사탄을 책망하셨다.

"여호와께서 사탄에게 이르시되 사탄아 여호와께서 너를 책망하노라 예루살렘을 택한 여호와께서 너를 책망하노라…" 슥 3:2

앞으로도 더 살펴보겠지만, 마귀의 핵심 전략은 사람이 본래 정체성을 잃은 상태에서 혼미하게 살게 하는 것이다.고후4:4 이 책을 읽는 여러분이나 나도 타락한 이후의 세대에 태어난 사람들이다. 여러분이 이 책을 읽으면서 교묘한 마귀의 계략을 분별하길 바란다.

수치심

사람이 타락하면서 가장 먼저 스스로 감지가 된 현상, 즉 '자각 증상' 은 수치심이었다. 수치심이 생겼다는 말이나 타락했다는 말이나 같은 실체를 다르게 표현한 것뿐이다. 원래의 사람에게는 수치심이란 것이 없었다.창2:25 참조 이것은 어린 아이들이 완전히 벌거벗고 다녀도 아무런 수치심을 느끼지 않는 것을 연상하면 쉽게 이해가 갈 것이다.

하나님께서 타락하고 나서 아담에게 하신 말씀은 "누가 너의 벗었음을 네게 알렸느냐"창3:11였다. 더 정확히 말하면, 타락 이전의 아담은 수치심을 느끼지 않은 정도가 아니라, 자신이 벗고 있는지도 몰랐다. 그런데 사람이 선악을 알게 하는 나무의 열매를 먹자마자 자신의 모습을 보고 벗고 있다는 것을 알아버렸다. 그리고는 자신의 모습이 매우 잘못되었다고 느끼고 자신에 대해 수치심을 느꼈다. 선악을 알게 하는 나무의 열매를 따 먹자마자 몸이 수치스럽게 바뀐 것인가? 그렇지는 않을 것이다. 그런데도 불구하고 선악을 알게 하는 나무의 열매를 따 먹고 난 후부터는 곧바로 자신의 모습에 수치심을 느꼈다. 이건 왜 그런 것일까?

어려운 설명이 될는지는 모르겠지만, 수치심은 자의식self-consciousness에서 나온다. 수치심은 다른 존재를 '남the others'으로 인식할 때부터 생긴다. 이 세상에서도 '남'이 아닌 하나가 된 관계에서는 수치심이라는 것을 거의 느끼지 않는다는 것을 생각하면 이게 무슨 뜻인지 이해가 갈 것이다. 원래 하나님의 계획 안에서의 사람에게는 하나 됨만 있었지 '나'와 '남'을 구분한다는 개념이 없었다. 타락하기 전에 아담은 하와와 완전히 하나였고 한몸이었다. 그래서 둘 사이에는 부끄러움을 느끼지 않았다. 그리고 아직 완전하지는 않았지만, 이 둘은 하나님과도 완전히 하나가 될 수 있는 잠재력을 지닌 존재였다. 그런데 타락한 순간부터 아담은 하나님을 '남'으로 인식하게 되었고, 이때부터 하나님에 대해 수치심을 느꼈다. 그리고 하와도 '남'으로 생각하게 되어 하와를 비난하기도 하고, 간접적으로 하나님을 원망하기도 했다.창3:12 자신 외의 다른 사람들을 '남'으로 인식했다는 것을 다른 말로 표현하면 남과 구분된 자신만의 세계가 생겼다는 것이다.

앞서 마귀에 대해서 살펴볼 때에, 마귀가 하나님으로부터 독립하여 하나님과 독립적으로 자신이 주인이 되어 왕 노릇하면서 다스릴 수 있는 영역을 찾는 존재라는 것을 알아봤는데, 사람이 타락하면서 마귀의 이런 모습을 닮게 되었다. 즉, 하나님과는 독립적으로 자신이 주인이 되어서 자신만의 세계를 구축하고 살게 된 것이다. 이때부터 사람은 하나님을 떠나 각자가 자기 중심적으로 살게 되었다. 흥미롭게도, 사람의 이름은 타락한 이후부터 등장한다. 즉, 타락한 다음부터 각자의 고유의 이름이 생긴 것이다. 타락 후에 아담은 자신의 아내의 이름을 '하와' 라고 지었다.^{창3:20} 앞서 살펴본 바와 같이, '아담' 은 '사람' 이라는 뜻이므로, 이렇게 각 사람 각자에게 각각 다른 이름이 지어지게 된 것은 타락한 이후부터이다. 이 말은 사람이 타락하지 않았더라면, 사람들은 '너' 와 '나' 를 구분짓지 않았을 것이라는 뜻이다.

아담과 하와는 타락하고 나서 갑자기 자신들의 모습에 대해 수치심을 느끼고 나뭇잎이건 뭐건 간에 활용해서 자꾸 자신의 모습을 가리고자 했다. 타락한 이후 사람들의 가장 특징적인 모습이 있다면 자신의 모습을 그대로 노출하는 것에 수치심을 느끼고 자꾸 무엇이건 간에 주변의 것들을 활용해서 자신의 모습을 가리고 어딘가로 숨으려고 한다는 것이다. 이건 외적인 면으로만이 아니라 내면에서도 마찬가지이다. 그래서 그 부끄러움을 가리려고 우리는 양파껍질같이 여러 겹, 수십 겹의 벽으로 우리 내면을 자꾸 가리려고 하는 것인지도 모른다.

아담은 타락하자마자 하나님의 낯을 피하여 숨었다. 누군가의 얼굴을 피한다는 것은 그 사람을 내 안에 받아들이기 싫거나 두렵기 때문이다. 하나님을 피하여 숨어버리고, 자신을 자꾸 감추고 가린다는 것은 아담이 선악을 알게 하는 나무의 열매를 따 먹고 자신만의 세계가 생겨서 하나님께 마음을 열고 하나님과 하나가 된 교제를 하지 않으려고 했다는 뜻이다. 문제의 핵심은 항상 '사랑으로 하나가 된 관계성’이다.

비유를 하나 들어보겠다. 여러분에게 두 자녀가 있는데, 이 아이들이 같은 같은 잘못을 했다. 첫째 아이는 잘못한 행동 자체에 대해서는 제대로 잘 고쳐서 다시는 그런 잘못은 하지 않지만, 자신의 내면은 여러분에게 철저히 가리고 여러분의 눈치를 보면서 여러분 앞에서 조심조심하면서 여러분을 피해 다닌다. 그리고 밤에도 잠 못 이루고 고민하면서 산다. 이에 비해, 둘째 아이는 잘못을 했는데도 또 연약해서 그것을 반복한다. 하지만, 실수를 하더라도 그것을 즉각 인정하고 여러분에게 창피한 속내를 다 털어놓고 여러분과 좋은 관계성 안에서 살면서 밤에도 잠을 쿨쿨 잘 자고 고민도 안 하면서 산다. 여러분은 어떤 아들을 원하는가? 설사 부족하더라도 여러분과 사랑과 신뢰의 관계성을 유지하려는 자녀인가? 아니면 실수는 전혀 하지 않는데, 여러분과 사랑과 신뢰의 관계성은 깨진 자녀인가? 항상 핵심은 외적인 행동이 아니라 관계성의 문제이다. 이건 부모 자녀 간에만 그런 것이 아니라 하나님과의 관계에서도 마찬가지이다. 아래 호세아 말씀을 보기 바란다.

“내가 바라는 것은 변함없는 사랑이지, 제사가 아니다. 불살라 바치는 제사보다는 너희가 나 하나님을 알기를 더 바란다.” 호 6:6, 새번역

예수님께서는 한번은 종교심이 매우 강하고 올바른 행위를 강조하는 바리새인들에게 이런 말씀을 하셨다.

“이사야가 너희 같은 위선자들을 두고 적절히 예언하였다. 이렇게 기록되어 있다. 이 백성은 입술로는 나를 공경해도, 마음은 내게서 멀리 떠나 있다. 그들은 사람의

훈계를 교리로 가르치며, 나를 헛되이 예배한다." 막 7:6~7, 새번역

　그들의 외적인 행위를 보면 그들이 하나님을 공경하는 것처럼 보였을지 모르겠지만, 정작 그들의 마음은 하나님으로부터 멀리 떠나 있었다. 하나님이 원하시는 것은 언제나 사랑의 관계성이지, 행위가 아니다. 아담과 하와가 타락했다는 것의 가장 핵심은 자의식이 생겨서 하나님과의 사랑의 관계성에서 멀리 벗어나 버린 것이다.

　하지만, 자의식이 생겼다고 하더라도, 자신에 대한 판단과 틀이 없으면 수치심은 생기지 않는다. 즉, '내가 원래 이러 이렇게 되어야 하는 모습'에 대한 판단과 틀이 있는 사람이라야 자신이 어떤 상황에서 자신에게 기대하고 있는 그 모습과 틀에서 벗어나는 상황이 될 때 수치심을 느낀다. 예를 들면, 벌거벗은 것에 대해 수치심을 느꼈다는 것은 '나의 모습을 벌거벗은 그대로 보여주면 안 된다'는 판단과 틀이 있다는 뜻이다.(그렇다고 내가 옷을 벗고다녀야 한다는 허무맹랑한 주장을 하는 것은 결코 아니니 오해가 없기 바란다.)

　생각해보라. 현대인은 얼마나 많은 틀을 가지고 있는가? 원래 하나님의 계획 안에서의 사람은 사물에 대해서도, 상대방에 대해서도, 자기 자신에 대해서도 전혀 판단이 없었다. 우연히 거울을 보고 자신의 벌거벗은 모습을 발견했다 치더라도 그들에게는 자신의 모습이 좋은지(선) 나쁜지(악)를 판단할만한 지식도 없었고 판단할 근거도 없었고 더욱이 판단할 필요도 없었다. 그들에게는 자신을 포함하여 모든 것이 하나님이 만드신 것이고 모든 것이 쉼이고 기쁨이었다. 그 안에서는 '이건 이렇게 되어야 하고 저건 저렇게 되어야 한다.'라는 것이 아무것도 없었다. 이런 맥락에서 볼 때, 예수님께서 "진실로 너희에게 이르노니 너희가 돌이켜 어린 아이들과 같이 되지 아니하면 결단코

천국에 들어가지 못하리라"마18:3 라고 말씀하신 것은 정말 의미심장하다. 이렇게 마치 어린 아이처럼 죄와 수치심에서 자유롭고 판단도, 틀도 없는 사람이 생겨나려면 오랜 시간을 기다려야 했다.

선과 악의 지식

타락한 이후에 사람에게는 선과 악을 판단할 수 있는 지식이 생겨버렸다. 어떻게 보면 타락했다는 말이나, 선과 악을 판단하는 지식이 생겼다는 말이나 모두 같은 실체를 다르게 표현한 것뿐이다. 앞서 우리가 알아본 바와 같이 흔히 우리가 '선악을 알게 하는 나무의 열매' 라고 부르는 나무는 사실은 "선과 악의 지식 나무(tree of the knowledge of good and evil)" 이다. 그러므로, 여기에서 지식이라는 것은 선과 악을 판단하는 지식이다.

하나님의 원래 계획 상으로도, 사람에게 지식은 필요했다. 아니, 필요한 정도가 아니라 이것은 놀라운 하나님의 축복이었다. 아담에게 하나님께서 처음 시키신 일은 여러 피조물들을 잘 관찰하는 것이었다. 아담은 각 동물들을 잘 관찰하고 각 동물에 어울리는 이름을 지어 주었다.창2:19 아담은 이런 일들을 하면서 하나님의 창조 세계의 원리를 알고 하나님이 어떤 분인지, 얼마나 다양하고 기묘하고 재미있고 놀라운 생각이 있는 분인지 어렴풋이 느꼈을 것이다. 그리고 이런 알아간 것을 가지고 하나님과 교제하고 하나님을 알아가는 것들이 매우 깊고도 풍성해졌을 것이다. 이건 마치 결혼한 부부가 서로간에 관계성에서 여러 일들이 벌어지고 그런 일들 가운데서 상대방의 깊은 마음을 더 알아가면서 더욱 더 서로를 알아가고 하나가 되어가는 것과 비슷하다. 만일 이 부부 사이에 교제를 하고 서로를 알아갈 수 있는 재료들이 없다면, 이 부부가 서로를 알아가는 것은 참으로 추상적인 것이 될 것이다. 원래의 사람에게 주어진 지식은 이런 것이었다. 알면 알수록 하나님을 더 알고, 하나님의 마음과 하나님의 깊은 계획과 하나님의 깊은 것을 알 수 있는 것이었다.

그러나, 하나님과 하나가 되는 방향으로 쓰여야 할 지식이 이제는 선과 악을 판단하는 지식, 즉, 자신만의 세계를 구축하는 지식으로 바뀌어버렸다. 선과 악을 판단하는 지식은 자신이 자신만의 세계를 추구하려고 할 때 필요한 것이다. 원래 사람에게는 이런 종류의 지식은 필요가 없었다. 하나님과도, 또한 사람들과도 완전히 하나가 되어 살 때에는 뭔가를 판단할 지식이라는 것은 필요가 없다. 저 사람과의 관계는 어떻게 해야 하는가, 저 사람이 나를 어떻게 생각할까? 등등의 복잡한 여러 생각을 하느라 잠 못 자고 고민할 필요도 없었고, 세상살이를 어떻게 해야 할지 이리저리 궁리하지 않아도 되었다. 오직 하나님 안에서 하나님과 하나가 되어 살면 되는 것이기 때문이다.

지식은 자신이 자신만의 세계를 추구하려고 할 때 필요한 것이다. 내가 나만의 세계를 추구하려고 하면 여러 가지로 고민하고 머리 굴릴 일이 많다. 스스로 판단해야 하고, 자신의 힘으로 살아가려고 하다 보니 '이게 나에게 좋은 것인가? 나쁜 것인가?' 를 판단하고 결정하고자 지식이라는 것이 필수적인 것이 된 것이다. 어떻게 보면 선과 악을 판단하는 지식이라는 것은 스스로 하나님 노릇을 해야 하는 존재에게 지워진 대가이다. 선악을 알게 하는 나무 열매를 따 먹은 이후로부터 사람은 지식을 추구하고 지식을 갈망하게 되었다. 그리고 선과 악에 대한 지식이 생겨버려서 선을 행하려고 하고 악을 피하려고 하게 되었다. 이때부터 사람에게는 양심이 생겼고, 당연히 양심의 가책이라는 것이 생겼다.

앞서 알아봤지만, 선도, 악도 동일하게 하나님의 생명과는 무관한 것이다. 선악을 알게 하는 나무가 "선과 악을 알게 하는 나무"임을 기억하라. 실제로는 선도, 악도 다 한 뿌리에서 나온 것이다. 쉽게 말하면 선이건, 악이건 간에 '한통속'이다. 선을 추구하는 사람들은 자신의 의지를 믿는다. 이것은 다시 말하면, 자신을 믿고 사는 것이다. 선을 추구하고자 하면 자신이 어디까지가 선인지, 그 수준을 스스로 판단하고 정해야 한다. 그러다 보니, 자신이 정한 그 수준을 초과하면 스스로 옳다고 믿는 '자기 의self righteousness' 또는 우월감이 생기고, 그 정해진 수준에 미달하면 죄책감 또는 열등감을 느낀다. 자기 의가 있는 것도 보통 문제가 아니고, 죄책감도 보통 문제가 아니다. 기독교 역사를 포함해서 인류의 역사는 스스로 옳다고 믿는 사람이 가장 잔인하게 행하였음을 증명하고 있다. 또한, 죄책감이 사람들의 일생을 얼마나 망치는지도 우리 주변에서 흔히 볼 수 있다.

이때부터 사람들에게는 종교가 생기기 시작했다. 하나님의 원래 계획에는 '종교'라는 것은 전혀 필요가 없었다. 그러면 왜 사람들에게 종교가 필요해졌을까? 자기 의가 강한 사람, 즉 자신이 옳고 우월하다고 생각하는 사람에게는 자기 의를 드러내고자 종교가 필요하고, 죄책감이 심한 사람은 그 죄책감을 달래주고자 종교가 필요하다. 악과 마찬가지로 선도 생명나무와 아무런 상관이 없다. 선과 악은 한 뿌리인 지식에서 나오기 때문이다.

선과 악에 대한 지식이 있는 것이 뭐가 문제인가? 그것은 바로 자기가 하나님이 되어 자기 스스로의 기준으로 생각하기 때문이다. 선이든, 악이든 하나님과는 아무런 상관 없이 자기 기준을 가지고 '스스로' 하는 일들이다. 사도 바울은 이런 표현을 했다.

"…그러나 그들이 자기로써 자기를 헤아리고 자기로써 자기를 비교하니 지혜가 없도다" 고후 10:12

이렇게 자기 스스로 기준이 되어서 자신만의 세계를 추구하면서 살아가는 것이 문제이다. 사람은 원래 "I AM WHO I AM"이라고 할 수 있는 존재가 아니다. 즉, 스스로 "나는 나다"라고 선언할 수 있는 존재가 아니란 뜻이다. 그런 존재가 무슨 근거로 자기 기준을 만들 수 있겠는가? 이런 모습들은 하나님 보시기에 너무 우스운 모습이 아닐까? 예를 들어, 종이컵이 스스로 기준을 만들어서 '나는 빨간색이니까 우월하다.' 라든지, '나는 왜 빨간색이 아닐까?' 또는 '나는 왜 뚜껑이 없을까?' 등의 생각을 하면서 스스로 고민하고 있다면, 얼마나 우습겠는가? 자기 스스로 기준을 만들고 우월하게 느끼거나 자책할 것이 아니라 자신을 만든 분에게 가서 그 창조된 원래의 의도대로 쓰이면 되는 것 아닌가? 종이컵은 의도대로 쓰이는 것이 일차적인 문제이지 다른 부차적인 것은 거의 아무런 문제가 되지 않는다. 빨간색이건, 파란색이건 별 차이가 없다. 이건 사람에게도 마찬가지이다. 하나님의 원래 의도대로 산다면, 그 사람이 불구건, 뭐가 이상하건, 지금 현재 부족한 것이 있건 간에 아무 문제가 안 된다. 하지만, 하나님의 원래 의도대로 살지 않는 사람은 세상에서 아무리 성공을 했건, 인격이 아무리 고매하건, 인류 발전에 엄청나게 크게 이바지를 했건 아니건 간에 다 쓸모없는 존재이다.

사람이 타락한 모습을 어디에서 가장 특징적으로 찾을 수 있을까? 화를 내고 폭력을 쓰는 모습 또는 상처를 주고받는 모습일까? 물론 이런 모습들도 타락의 모습이지만 이게 핵심은 아니다. 핵심은 바로 사람이 하나님을 떠나서 스스로 선과 악을 판단하고 스스로의 세계를 추구한다는 데서 찾을 수 있다. 즉, 하나님을 떠나 독립하여 스스로 판단하고 살아가는 것이다.

타락한 사람들은 자신의 판단으로 살아갈 수밖에 없어서 사람들의 삶은 당연히 점점 더 자신을 믿고 자신만의 세계를 강화하는 방향으로 진행될 수밖에 없다. 아, 진실로 인간에게 가장 큰 비극은 하나님을 버리고, 하나님을 떠나서, 하나님을 모르고 자신의 세계를 추구하면서 산다는 것이다!

이렇게 스스로의 노력으로 선을 행하고 악을 피하려는 성향 탓에 법과 사회 규칙과 종교가 만들어지게 되고 더 잘 살려고 노력하게 된다. 요즘 '지식 사회'라는 말을 많이들 쓰는데, 어떤 측면으로 보면 이것은 타락의 결과이다. 지식이 늘어나면서 과학과 기술이 발전하고 인간 사회는 여러 면으로 매우 복잡한 양상을 띠게 되었는데, 이 모든 것을 한마디로 요약하면 문명civilization이라고 할 수 있다. 구약, 특히 창세기 4장을 읽어보면 인류 문명의 발전은 하나님의 사람들이 아니라 타락한 사람들에 의해서 주도된 결과라는 것을 알 수 있다. 이렇게 표현하면 이 책을 읽는 분들이 어떻게 받아들일지 모르겠지만, 사람들이 만들어놓은 문명이야말로 타락의 가장 명백한 증거인 것이다!

이렇게 사람에 의해 원래 계획으로부터 어긋난 문명이 하나님의 원래 계획대로 가게 되려면 새로운 인류가 나타나서 새로운 문명을 만들어가기를 기다려야 한다.

죽음

앞서 원래 세계에서 죽음은 생명과 하나 된 존재요, 더 넓고 더 놀라운 생명으로 나아가기 위한 관문이라는 것을 배웠다. 그러나 타락한 이후로는 죽음이 생겼다. 더 정확히 말하면, 죽음이 생명과 분리되어 독립적으로 살아났다. 역설적인 표현이긴 하지만, 죽음이야말로 아무도 죽일 수 없는 불멸의 존재가 되었다.

하나님께서는 아담에게 선악을 알게 하는 나무의 실과를 먹게 되면 정녕 죽으리라^{창2:17}고 하셨다. 그런데 아담은 선악을 알게 하는 나무의 열매를 따 먹은 이후에도 당장 죽기는커녕 구백삼십 년이나 살았다. 이건 왜 그럴까? 이건 장미 송이를 연상하면 쉽게 이해가 될 것이다. 장미 송이는 장미 넝쿨에서 잘려 나온 이후로는 사실상 생명의 근본에서 잘려나간 것이다. 즉, 당장은 생명처럼 보이긴 하지만 실제로는 죽어있고 죽음으로 가는 것이다. 이 책을 읽는 여러분이여, 생각해 보라. 여러분도 하나님 보시기에는 죽어있을 수도 있다!

죽음은 기본적으로 '분리'를 말한다. 원래 하나님의 계획과는 달리, 사람의 영혼은 죽음이라는 현상으로 말미암아 육신과, 더 나아가서는 하나님과 돌이킬 수 없이 분리되게 되었다. 타락한 이후부터 사람은 태어나면서부터 본능적으로 자신 존재의 궁극적인 종말인 죽음을 두려워하게 되었고, 죽음을 무서워하므로 일생에 매여있게 되었다.^{히 2:14~16 참조} 오늘날 세계 각지에서 사람이 매우 힘든 상황일 때 하는 말 중에 문화를 뛰어넘어서 어느 나라나 거의 공통으로 쓰는 말이 있다. 그것이 바로 "죽겠다"이다. 죽음이라는 이 궁극적인 문제가 해결되려면 죽음을 이기시고 죽음을 멸하시는 분이 오기를 기다려야 했다. 죽음에 대해서는 알아야 할 것이 아직도 많이 있다. 이것에 대해서는 3부에서 더 자세히 알아볼 것이다.

육신^{flesh}이 됨

타락한 이후에 사람은 몸이 아닌 육신^{flesh}이 되었다. 이 타락하고 변질한 사람을 성경에서는 총체적으로 '옛사람'이라고 부른다. 원래 처음 창조된 사람에게는 노화도, 질병도, 고통도 없었다. 그러나 사람에게는 이제 노화가 생겼다. 어린 아이에게서 우리는 원래 하나님이 창조하신 사람은 이런 존재였겠구나 하는 것을 어렴풋이 느끼게 된다.

아무런 걱정, 근심도 없는 천사 같은 얼굴을 대하게 된다. 그러나 이것은 잠시뿐이고 사람은 노화를 겪게 된다. 이렇게 말하면 이 책을 읽는 분들이 어떻게 받아들일지 모르겠지만, 우리가 지금 보는 사람들의 모습은 원래 하나님이 창조하신 모습이 아니다. 여러분이 매일 보는 얼굴들은 하나님의 눈에는 정상이 아니다. 아주 심하게 뒤틀리고 왜곡된 모습이다. 하나님 보시기에는, 심하게 불구가 되거나 심한 흉터가 있는 사람이나 우리가 소위 정상이라고 부르는 사람이나 매한가지다.

아담이 타락한 이후로 모든 사람들은 한 사람도 예외가 없이 타락한 존재, 즉 육신 또는 옛 사람이 되었다. 옛사람 자체가 죄다. 앞서 언급한바 하나님을 떠난 모든 것이 죄라는 것을 기억하라. 지금의 여러분은 여러분 자체가 죄이다. 흔히들 '나는 괜찮은 사람인데 내가 지은 죄가 문제가 된다.' 라고 생각하는데 천만의 말씀이다. 이게 한두 사람이 아니라 모든 사람이 이렇게 되어버렸다. 하나님의 눈으로 보실 때에 온전한 몸이 나타나기까지는 역시 오랜 시간이 걸려야 했다.

쉼이 없이 고생하는 사람들

사람의 일생을 간단히 네 글자로 줄여 '생로병사生老病死' 라고 하기도 한다. 즉 태어나서 늙고, 병들고, 죽는다는 것이다. 이 4자 성어 중, 태어나는 것 빼고는 모두 부정적이다. 그것뿐인가? 일평생을 죽도록 고생한다. 육체도 쉴 틈이 없고, 게다가 현대인은 정신적인 고통도 심하다. 어떤 사람은 고대인들보다 현대인이 육체적인 고통은 덜할지 몰라도 정신적인 고통이 훨씬 심해졌기 때문에 전반적인 고통은 더하다는 주장을 하기도 하는데 이것도 일리가 있는 것 같다. 실제로도 오늘날의 많은 사람이 정신 질환을 앓고 있다. 사람의 일생은 원래부터 이

랬던 것일까? 원래부터 이렇게 태어나면서부터 몸고생, 마음고생이다가 결국은 죽음으로 가게 되어 있었을까?

결단코 아니다. 하나님께서는 이런 일을 계획하신 적이 없다. 사람에게는 원래 고생이라는 것이 없었다. 사람은 제 육 일에 창조되었고, 바로 그 다음 날에 칠일, 즉 안식을 맞았다. 사람은 하나님과 함께 영원한 쉼을 누리는 존재였던 것이다. 그러나 타락하면서 상황은 정 반대가 되었다.

"아담에게 이르시되 네가 네 아내의 말을 듣고 내가 네게 먹지 말라 한 나무의 열매를 먹었은즉 땅은 너로 말미암아 저주를 받고 너는 네 평생에 수고하여야 그 소산을 먹으리라 땅이 네게 가시덤불과 엉겅퀴를 낼 것이라 네가 먹을 것은 밭의 채소인즉 네가 흙으로 돌아갈 때까지 얼굴에 땀을 흘려야 먹을 것을 먹으리니 네가 그것에서 취함을 입었음이라 너는 흙이니 흙으로 돌아갈 것이니라 하시니라"
창 3:17~19

원래는 아무 일도 하지 않아도 각종 실과를 저절로 아주 풍족하게 만들어내던 땅이 사람이 타락한 이후부터는 저주를 받아서 이제부터는 사람이 끊임없이 노동하고 끊임없이 수고하지 않으면 열매를 내지 않게 되었다. 원래 하나님의 계획에는 '노동'이라는 것은 없었지만, 이제는 죽도록 고생해야 하는 상황이 되었다. 땅은 한정되어 있는데, 점점 늘어나는 사람들 때문에 사람들 사이의 경쟁은 갈수록 심해졌고, 사람이 사는 날 동안에 기근, 증오, 전쟁, 학살이 끊이지 않게 되었다.

또, 수치심 때문에 아주 단순한 옷을 만들어서 자신의 수치를 가려야 했던 사람들이 이제는 경쟁심 때문에 별의별 옷을 다 만들어 입게 되었다. 원래는 사자들이 양과 뛰놀던 것이 이 세상이었다. 사11:6~7,65:25 하지만, 동물 중 일부는 사람마저 위협하는 맹수로 바뀌어 사람은 자신을 보호할 집이 필요했다. 사람은 이제 어디 가나 의식주에 대한 염려에서 벗어날 수 없었고 그가 사는 동안에는 진정한 쉼, 진정한 안식은 바랄 수 없게 되었다. 이런 상태에서 해방되려면 역시 진정한 안식일의 주인이 이 세상에 나타나시기까지 기다려야 했다.

참고로, 여러분의 이해를 돕도록 아래 그림을 참조하기 바란다. 원래 하나님의 생명이 담길 자리에 죄가 들어왔고, 따라서 죄의 영향을 받아 혼(영혼)과 육체도 검게 변형되었음을 주목하라.

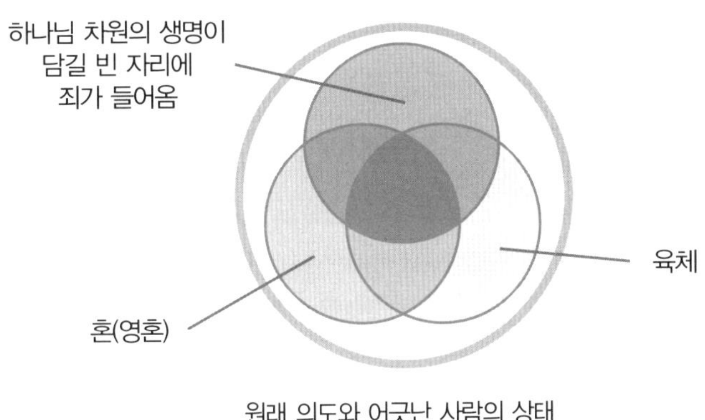

원래 의도와 어긋난 사람의 상태

2) 우주적인 변화

이 땅의 주인이 사람에게서 마귀에게로 넘어감

앞서 알아본 대로, 마귀는 스스로 하나님으로부터 독립한 존재로서 자신이 주인이 되어 왕 노릇하면서 다스릴 수 있는 곳을 찾고 있었다.

그러다가 사람이 여기에 걸려든 것이다. 이 땅을 정복하고 다스리는 이 땅의 주인인 사람을 완벽하게 사로잡았으므로, 이 땅은 자동으로 마귀의 소유가 되었다. 이런 이유 때문에 사탄은 성경에서 이 세상의 신,^{고후4:4} 이 세상 임금,^{요12:31; 14:30; 16:11} 공중의 권세 잡은 자^{엡2:2} 등으로 불린다. 나중에 예수님께서 마귀에게 테스트를 받으실 때, 마귀는 천하 만국을 다 보여주면서 다음과 같이 말했다.

> "…이 모든 권위와 그 영광을 내가 네게 주리라 이것은 내게 넘겨 준 것이므로 내
> 가 원하는 자에게 주노라" 눅 4:6

예수님께서 마귀의 이 주장에 대해서 전혀 부인하지 않으셨다는 것을 주목하라. 우리가 보는 현재 이 세상은 아담이 마귀에게 속아 넘어간 이후로부터는 마귀에게 넘어간 세상이다. 마귀는 인간보다는 상위 차원에 있는 존재이므로, 자신보다 하위 차원에 있는 인간을 쉽게 조종하고 지배할 수 있다.

> "우리가 하나님에게서 났다는 것을 우리는 압니다. 그런데 온 세상은 악마의 세력
> 아래 놓여 있습니다." 요일 5:19, 새번역

아담이 테스트에 통과하지 못하고 이 땅을 마귀에게 넘겨준 이후로, 마귀는 기고만장해졌다. 마귀가 이 땅의 왕이 된 것이다. 이 비극적인 상황이 타개되려면 마귀의 권세를 멸할 분이 오기를 기다려야 했다.

전 우주적인 타락

생선은 머리부터 썩는다고들 말한다. 사람은 원래 창조의 중심이었

다. 온 우주의 창조 중심은 지구였고, 지구의 창조의 중심은 사람이었
다. 사람은 원래 이 땅의 모든 생명체를 다스리는 존재였다. 그러나 그
중심이 되는 사람이 타락함으로써 자동으로 이 온 생명체도, 지구도,
더 나아가 우주 전체도 타락하게 되었다. 현대를 사는 우리는 더욱더
실감이 날 것이다. 타락한 사람이 얼마나 온 지구를 타락시켰는가
를…. 모든 피조물들도 이런 총체적인 타락을 벗어나서 원래 계획대
로 가게 할 새 인류를 고대하고 있다.

"피조물이 고대하는 바는 하나님의 아들들이 나타나는 것이니 피조물이 허무한 데
굴복하는 것은 자기 뜻이 아니요 오직 굴복하게 하시는 이로 말미암음이라 그 바
라는 것은 피조물도 썩어짐의 종 노릇 한 데서 해방되어 하나님의 자녀들의 영광
의 자유에 이르는 것이니라 피조물이 다 이제까지 함께 탄식하며 함께 고통을 겪
고 있는 것을 우리가 아느니라" 롬 8:19~22

이 전 우주적으로 타락한 시대를 성경에서는 '악한 세대' 라고 한다.
이제는 아래 말씀들이 달리 보일 것이다.

"이는 너희가 흠이 없고 순전하여 어그러지고 거스르는 세대(새번역: 구부러지고
뒤틀린 세대) 가운데서 하나님의 흠 없는 자녀로 세상에서 그들 가운데 빛들로 나
타내며" 빌 2:15
"그리스도께서 하나님 곧 우리 아버지의 뜻을 따라 이 악한 세대(present evil
age)에서 우리를 건지시려고 우리 죄를 대속하기 위하여 자기 몸을 주셨으니"
갈 1:4

말하자면, 이 세대 전체가 어그러지고 거스르는 세대로 어긋나고 뒤

틀린 것이다. 흔히 '구원받았다.'라는 말을 쓸 때 우리는 '악한 세상'
으로부터 구원 받은 것으로 생각하는데, 성경은 그뿐 아니라 '현재의
악한 세대present evil age'로부터도 구원을 받은 것이라고 말하고 있다.
즉, 악한 세대에서 구원을 받아서 원판인 창세 전 세계로 옮겨진 것이
다. 사람이 타락하면서 사람이 다스리는 이 땅이라는 공간뿐 아니라
시간을 포함한 전 우주가 타락한 것이다.

사람이 타락하면서 사람을 창조하신 하나님께서도 이 타락 이후로
는 쉬지 않으셨다. 요한복음 5장에서는 안식일에 병자를 낫게 하신 예
수님에 대한 이야기가 나온다. 유대인들이 안식일에 일하는 것에 대
해 그토록 민감해하는데도 불구하고 예수님께서는 일부러 병자에게
'네 자리를 들고 걸어가라'고 하셨다. 이는 당시 바리새인들이 만든
전통에 정면으로 어긋나는 일이었으므로 바리새인들은 격분했다. 그
때 예수님께서 그들에게 다음과 같이 말씀하셨다.

"예수께서 그들에게 이르시되 내 아버지께서 이제까지 일하시니 나도 일한다…"
요 5:17

왜 하나님께서 이제까지 일하시는가? 사람이 타락했기 때문이다.
사람이 타락하신 이후로는 하나님께서도 쉬지 않으신 것이다. 이 전
우주적이고도 총체적인 어긋남을 보라. 이 모든 것도 역시 타락으로
말미암은 모든 것을 다시 다 바로잡고 완성하시는 분이 오셔야 해결
된다.

하나님 계획의 우회

하나님의 목적은 자신과 같은 생명을 가지고 자신의 사랑을 받고,

자신을 사랑하고 자신과 하나 된 사람들이 생겨나는 것, 즉 하나님 자신의 생명이 넓어지는 것이었다. 불행하게도, 이 첫 사람 아담은 순수하게 하나님을 사랑하고 하나님과 하나 되기를 선택하지 않았고 마귀의 테스트에서 실패했다. 첫 사람 아담의 타락으로 말미암은 결과들이 모두 바뀌어 원래 계획대로 가려면 마귀의 테스트를 이기고 순수하게 하나님을 사랑하기를 선택하는 마지막 아담과 마지막 아담 안에 있는 사람들이 나타나기를 기다려야 했다.

하나님의 원래 계획은 아담과 하와가 하나가 된 것 같이 하나님과 사람도 하나가 되는 것이었다. 하지만, 하나님과 분리된 사람은 이제 서로 간에도 하나가 될 수 없게 되었다. 생각해보라. 사람들 사이에 규칙이 있고 법이 있고 그 법을 집행할 경찰이 있다는 것은 사람들이 하나가 아니라는 뜻이다. 만일 온 인류가 완전히 하나가 되어서 완전한 가족이었다면 법이나 경찰은 존재하지도 않을 것이다.

현대인은 어릴 적부터 '이건 저래야 하고 저건 이래야 한다.' 등의 많은 교육을 받는다. 이렇게 교육을 많이 받는다는 것은 다른 측면에서 보면 인간은 태어나면서부터 다른 사람들을 어떻게 대할지, 어떻게 다른 사람으로부터 자신을 보호할지, 또는 어떻게 다른 사람들을 이용할지를 배운다고도 볼 수 있다. 이건 사람마다 각자 자신만의 세계를 추구하고 있다는 방증이다. 여러분이 이 세상에서 살아가는 삶은 엄밀히 말하면 여러분이 다른 사람을 이용하거나 아니면 반대로 여러분이 다른 사람에게 이용당하거나 아니면 둘 다거나이다. 이것 역시 선악을 알게 하는 나무의 열매를 먹고 타락한 결과이다. 원래 하나님의 계획에서의 사람은 이렇지 않다. 원래 계획대로 갔더라면 사람은 마치 아담과 하와처럼 본능적으로 서로 하나가 되어서, 한가족이 되어서 살 수밖에 없는 존재들이었다. 선악을 알게 하는 나무의 열매를 따 먹고 하나님으로부터 독립하면서 사람들끼리도 독립하게 된 것이다.

인류 역사를 살펴보면 인류는 수많은 세월을 거치면서 서로가 평화롭게 공존할 길을 찾고 또 찾아왔다. 고금을 통틀어서 수많은 현자들이 나타나서 이것에 대해 고민하고 연구했지만, 시간이 가면 갈수록 인류는 더욱 더 위기 의식은 더욱 더 높아져만 가고 있다. 이건 앞으로도 더욱 더 심각해질 것은 자명하다. 이 세상이 이렇게 될 수밖에 없는 근본적인 원인은 본질적인 부분에서 찾아야 한다. 그 이유는 이 세상이 하나님의 원래 계획에서 벗어나서 매우 심하게 뒤틀리고 어긋나 있기 때문이다.

우리가 이렇게 어긋나 있는 세상에 태어나서 원래 그런 줄 알고 사니까 그냥 당연시하는 것이지, 원래는 이렇지 않다. 하나님과 분리된 결과로 어긋나게 된 것을 일일이 나열하자면 이루 말할 수 없을 정도로 많을 것이다. 눈에 보이는 사람들끼리도 이렇게 하나가 되지 못하는데, 어떻게 눈에 보이지 않는 하나님을 사랑하고 하나가 될 수 있겠는가? 그림으로 표현하면 쉬울까 싶어서 아래와 같은 그림을 그려 보았는데 참고하길 바란다.

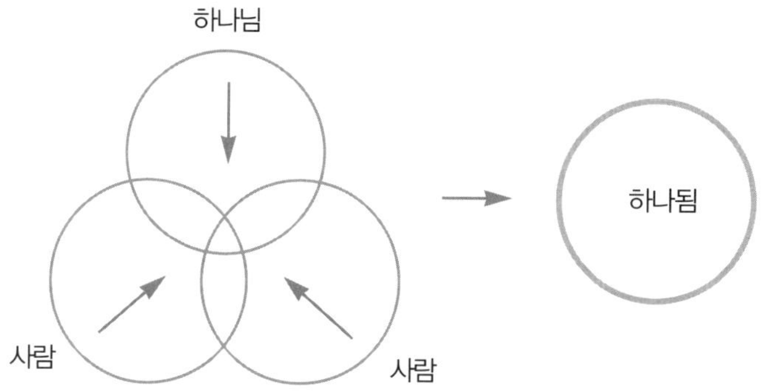

그림 1) 원래 계획: 하나님과 사람이 하나가 되어 살아가기 원하심

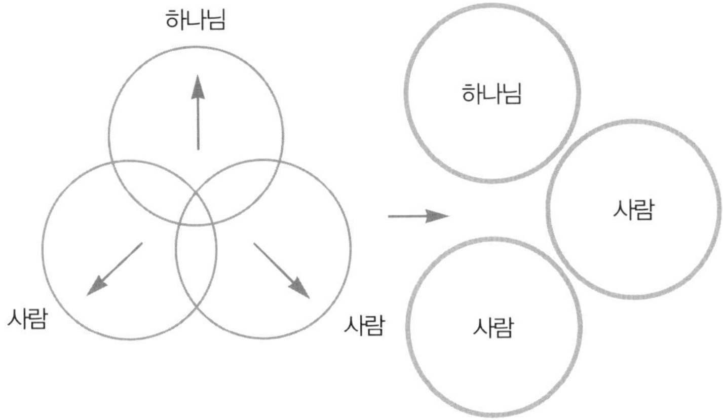

그림 2) 어긋난 계획: 사람들은 하나님을 떠나서 스스로 독립적으로 살아가게 되고, 사람들끼리도 다 각자 분리되어 나름의 세계를 추구하면서 살아감

만일, 첫 사람 아담과 하와가 생명나무 열매를 따 먹고 하나님과 하나가 되었더라면, 이 단계에서 하나님의 궁극적인 목적이 완성되었을 것이다. 그러나 아담이 선악을 알게 하는 열매를 따 먹고 타락해서 하나님으로부터 독립했으므로, 이 우회하게 된 상황을 해결하기 위해서는 성경에서 '마지막 아담'이라고 불리는 예수님께서 오셔야 했다.

3 완성된 하나님의 계획

"사망이 한 사람으로 말미암았으니 죽은 자의 부활도 한 사람으로 말미암는도다 아담 안에서 모든 사람이 죽은 것 같이 그리스도 안에서 모든 사람이 삶을 얻으리라"
(고전 15:21~22)

이번 장에서는 하나님의 계획이 어떻게 해서 완성되게 되었는지 알아볼 것이다. 더 자세히 말하자면, 이번 장은 예수님을 통해 완성된 계획에 대한 것이다. 여러분이 이번 장에서 예수님과 교회를 깊이 알게 되기를 바란다.

사. 예수 그리스도

이제부터 함께 예수님에 대해서 알아볼 것이다. 사실 성경의 주제는 예수님이다.^{요5:39} 그러니, 혹시 성경에 대해서는 잘 몰라도 예수님을 알면 성경에서 정말 알아야 할 것은 다 알았다고 볼 수 있다. 예수님은 누구 신가? 어떤 유명한 기독교 저자는 자신이 기독교 선교에 대해서도 잘 알고, 신학에 대해서도 잘 알고, 기독교 운영에 대해서도 잘 알지만 정작 예수님과 교회를 몰랐다고 고백했다고 한다. 매우 정직한 고백인 것 같다. 이 책을 읽는 여러분은 어떤가? 여러분은 예수님을 아는가? 예수님은 누구 시며 여러분과 어떤 관계인가?

예수님에 대해 알아보기 전에 먼저는 예수님을 아는 데 필요한 태도에 대해서 알아보겠다.

1) '행복을 찾아서' 에서 '진리를 찾아서' 로

언젠가 기업 교육에 관련된 어느 세미나에 갔다가 어떤 프로그램을 소개하는 시간에 그 프로그램에 참석했던 어떤 여자 분이 자신의 이야기를 고백하는 것을 들었다. 그 여자분이 하는 이야기는 이런 것이었다.

"어릴 적부터 왠지 모를 괴로움과 슬픔이 있었는데 그게 뭔지도 모르고 계속 제 마음을 짓누르고 있었습니다. 그리고 왠지 어릴 적부터 어머니에 대한 분노가 있었는데 그게 왜 그런지 이유도 모르겠고, 괴로움과 슬픔과 분노가 어떤 방법을 써서도 도저히 해결되지 않았었습니다. 그런데 이 프로그램을 통해서 어릴 적부터 무의식 속에 아주 깊이 잠재해 있던 문제가 일순간에 해결되었습니다. 이 프로그램에 참석한 후 얼마 뒤에 갑자기 2개월쯤 된 태아 적 모습이 눈앞에 떠올랐습니다. 그래서 궁금해서 여러 가지 생각을 하다가 어머니에게도 이런 얘기를 꺼냈더니 어머니가 '도대체 누가 알려줬느냐?' 하시더니 마구 화를 내시면서 뭔가를 감추려고 하셨습니다."

참석자들이 "어머니가 감추시려고 한 그게 무엇이었느냐?"라고 묻자, 그 여자분의 답변은 아래와 같았다.

"나중에 알았는데 어머니가 저를 임신 한지 2개월째 쯤부터 저를 낙태시키려고 여러 가지 노력을 하시다가 낙태에 실패해서 어쩔 수 없이 나은 게 바로 저였습니다. 내가 무의식 속에 갖고 있었던 슬픔과 괴로움의 정체가 뭔지가 너무나 명쾌하게 풀리면서 저를 어릴 적부터 얽매어온 깊은 슬픔과 괴로움에서 벗어나게 되었습니다. 지금은 그전과는 전혀 다르게 아주 자유롭고 에너지가 넘치는 행복한 삶을 살고 있습니다."

이 말을 들은 사람들의 반응은 신기해하고 흥분해 하는 것 같았다. 하지만, 나에게는 그것이 너무나도 빤한 것으로 보였다. 왜냐하면, 나는 똑같은 이야기를 기독교 집회에서도 들었고, 상담을 공부하는 사람들에서도 들었기 때문이다. 이 여자분이 나눈 것 같은 종류의 이야기는 쉽게 말하면 '활용도가 매우 좋은' 이야기이다. 기업 교육 프로그램에 대해서 홍보할 때는 그 프로그램의 효과를 선전하도록 활용되고, 상담의 유용성에 대해서 선전해야 할 때에는 상담에서도 좋은 성공 사례로 활용되고, 기독교에 가면 소위 '좋은 간증'으로 활용되는 것이다. 이게 하나님께서 하신 것인지 아닌지 어떻게 알 수 있겠는가? 이런 일들은 하나님이 아니고도 얼마든지 가능한 일 아닐까?

생각해보라. 우주를 창조하신 하나님이 사람들에게 보여주고 싶어 하시는 그 엄청난 비밀이란 게 고작 이런 것들일까? 이런 종류의 일들은 상담을 통해서도, 일반적인 프로그램을 통해서도 흉내 낼 수 있는 일들이 아닐까?

오늘날의 기독교는 어떻게 보면 '행복' 또는 '삶의 변화'라는 또 다른 우상에게 중독된 것 같다. 물론 성경에 나오는 많은 사람의 삶이 변화되었고 행복한 삶을 살았던 것은 분명하다. 하지만, 그들에게는 행복이나 삶의 변화 그 자체가 목표는 아니었다. 그들의 관심은 진리였다. 행복이나 삶의 변화는 진리를 찾는 사람들에게 덤으로 주어진 것이었지 그들의 일차적인 목표가 아니었다.

나는 지금까지 기독교에서 많은 사람이 행복을 찾는 것을 봤다. 그들은 자신의 필요를 채워줄 누군가를 찾고 있었다. 이런 사람들이 기독교를 만나면 자신이 찾던 그 필요를 하나님으로부터 찾았다고 생각하고 초반에는 매우 기뻐하고 흥분해 하는 것을 흔히 본다. 하지만, 이들이 찾는 것은 궁극적인 진리가 아니라 자신의 삶의 행복이었다. 이렇게 행복을 찾는 사람들은 기독교에서 잠시 잠깐의 행복을 찾을 수는 있다. 하지만, 이런 사람들에게서 곧잘 보이는 모습은 한동안은 열정적으로 기독교에서 행복을 찾다가도 그게 시들해지면 또 다른 것을 찾곤 한다는 것이다.

예수님께서 이 땅에 계실 때 너무나도 많은 사람이 기적을 찾았다.

이 사람들이 바란 것은 한마디로 말하면 '기적을 베풀어서 나를 행복하게 해달라' 는 것이었다. 한번은 5,000명이나 되는 사람들에게 떡을 먹이셨는데, 그 이후에 수많은 사람이 예수님께 몰려왔다. 이들은 예수님이 바다 건너편으로 건너가신 것을 알고는 배까지 타고 가서 열성적으로 예수님을 따랐다. 하지만, 예수님께서는 이런 사람들을 전혀 기뻐하지 않으셨다. 예수님께서 그런 그들에게 하신 말씀이 이것이었다.

위 말씀은 영원한 것에 대해서는 별 관심이 없고 물질적인 필요에만 관심이 있는 사람들에게는 찬물을 끼얹는 말씀이었을 것이다. 예수님께서는 진리인 자신을 찾지 않고 자신만의 만족, 자신만의 행복을 찾는 사람들을 전혀 기뻐하지 않으신다. 이 사람들은 겉으로만 보면 열성적으로 예수님을 따르는 것처럼 보이지만 실상은 예수님을 찾은 것이 아니라 자기 중심적인 행복을 찾은 것이다. 더 노골적으로 말하면 자신의 행복을 위해 예수님을 이용하려는 사람들이다. 이 사건 이후로 많은 사람이 자신의 기대에 부응하지 않는 예수님을 보고 실망하여 그를 떠나갔다. 한 때는 열성적으로 따르는 것처럼 보였던 사람들도 많은 경우 떠나갔다. 심지어 제자들도 대부분 떠나갔다. 성경을 봐도, 역사적으로 봐도 매우 비슷하다. 사람들은 자신의 기대에 부응하는 예수님이면 열성적으로 따르고, 자신의 기대에 찬물을 끼얹는 예수님이라면 언제 그랬느냐는 듯이 뒤도 안 돌아보고 떠난다. 이 사람들에게는 '예수님은 과연 진리인가?' 라는 별로 중요하지 않다. 오직 '예수님이 나의 기대를 충족시켜주는가?' 가 중요한 것이다. 오늘날은 과연 어떨까? 이때와는 조금 다를까? 아니면 이때와 똑같을까? 이 책을 읽는 여러분은 어떤가?

마가복음 4장을 보면 예수님께서 씨를 뿌리는 비유를 설명하셨다. 잘 보면 예수님께서 말씀하신 것은 모든 사람들이 다 알아들을 수 있게 뭔가를 친절하고 차근차근하게 설명하신 것도 아닌 것 같다. 그런데 이 말씀을 하시고 난 후 홀로 계실 때에 함께 한 몇몇 사람들이 있었다. 이들은 아마도 예수님의 비유가 도대체 무슨 뜻인지 매우 궁금했던 사람들이었을 것이다. 이들이 몇몇 제자들과 함께 그 비유들이 무슨 뜻이냐고 물었다. 그때 예수님께서 하신 말씀이 매우 인상적이다.

> "이르시되 하나님 나라의 비밀을 너희에게는 주었으나 외인에게는 모든 것을 비유로 하나니 이는 그들로 보기는 보아도 알지 못하며 듣기는 들어도 깨닫지 못하게 하여 돌이켜 죄 사함을 얻지 못하게 하려 함이라 하시고" 막 4:11~12

여기서 예수님께서는 '너희' 와 '외인' 을 구분하신다. 누가 '너희' 였는가? 궁금해서 남아 있던 사람들이다. 그러면 '외인' 은 누구였는가? 듣고서 그냥 간 사람들이다. 여기서 '외인' 이라고 한 표현이 영어로는 아웃사이더outsider이다. 아웃사이더는 본질적인 진리에 대해 진지하게 알아가고 올인하려는 마음이 없다. 그냥 좋은 내용을 듣고서 그것으로 만족하지, 그것이 진짜 궁극적인 진리인지? 그것이 어떤 것이며, 나와는 어떤 관계가 있으며, 내가 어떻게 살아야 하는가에 대해서는 별 관심이 없다. 그저 구경꾼일 뿐이다. 하나님께서는 하나님 나라의 비밀을 이런 구경꾼과 같은 아웃사이더에게는 절대로 보여주시지 않는다. 이런 것은 종교 생활을 한다고 알 수 있는 것이 아니다. 진리에 대해 진지한 태도가 있어서 마음속 깊숙이서 끊임없이 줄기차게 알아가려는 사람들 외에는 이 진리를 알기가 어려울 것이다.

여기서 예수님이 언급하신 '저희로 보기는 보아도 알지 못하며 듣기는 들어도 깨닫지 못하게 하여'라는 이사야 6장 10절에서 인용한 말씀이다. 뜻밖에 이 말씀은 성경 여기저기에 많이 등장한다. 사도행전 마지막 장에서는 바울이 유대인들에게 복음을 전했는데 전혀 깨달음이 없는 그들을 보고 바울이 이 말씀을 인용했다.^{행28:17~28} 요한복음 12장에서는 예수님의 공중 앞에서의 사역을 마무리하고 정리하는 장면에서 이 말씀이 등장한다.

"이렇게 많은 표적을 그들 앞에서 행하셨으나 그를 믿지 아니하니 이는 선지자 이사야의 말씀을 이루려 하심이라 이르되 주여 우리에게서 들은 바를 누가 믿었으며 주의 팔이 누구에게 나타났나이까 하였더라 그들이 능히 믿지 못한 것은 이 때문이니 곧 이사야가 다시 일렀으되 그들의 눈을 멀게 하시고 그들의 마음을 완고하게 하셨으니 이는 그들로 하여금 눈으로 보고 마음으로 깨닫고 돌이켜 내게 고침을 받지 못하게 하려 함이라 하였음이더라" 요 12:37~40

이렇게 많은 표적을 행했으나, 제대로 믿은 사람들이 거의 없음을 알려주고 있다. 진리는 항상 이렇다. 뭔가를 들어서 아는 듯해도 대부분은 모르게 되어 있다. 진리에 대해 매우 진지하고 궁금하고 그것에 삶을 올인하려는 사람, 그래서 끝까지 남는 소수의 사람만이 진리, 하나님의 깊은 비밀을 알게 된다. 이건 어느 시대나 다 통용되는 보편적인 패턴인지도 모른다. 예수님이 이 세상에 계실 때, 진리를 찾는 사람들은 항상 소수였다.^{마7:13~14; 눅13:23~24} 실제로 예수님에게 관심을 둔 대부분의 사람은 이 세상에서의 자신의 필요를 채우려고 예수님을 이용하려고 한 사람들이었지 예수님이 알려주고자 하신 궁극적인 진리에 대해서는 별로 관심을 두지 않았다. 이게 종교와 진정한 믿음의 차이이다.

이제까지 예수님을 알려면 행복을 찾으려고 할 것이 아니라 궁극적인 진리를 알려고 하는 태도가 있어야 함을 알아보았다. 이제부터 예수님이 어떤 분인지에 대해 알아볼 것인데, 여러분이 진정으로 예수님을 알고 싶다면 '내게 필요한 예수님' 또는 '내 필요를 채워주는 예수님'을 찾을 것이 아니라 궁극적인 진리를 찾으려는 태도를 견지해야 한다.

2) 예수 그리스도의 본질

예수님을 알려면 먼저 예수님이 어떤 분인지, 그분의 본질부터 알아야 한다. 1부에서도 알아봤지만, 예수님을 1세기에 살았던 역사적인 인물, 혹은 4대 성인 중 한 사람으로 생각하면 매우 큰 오해다. 아래 말씀을 잘 보자.

"그는 보이지 아니하는 하나님의 형상이시요 모든 피조물보다 먼저 나신 이시니 만물이 그에게서 창조되되 하늘과 땅에서 보이는 것들과 보이지 않는 것들과 혹은 왕권들이나 주권들이나 통치자들이나 권세들이나 만물이 다 그로 말미암고 그를 위하여 창조되었고 또한 그가 만물보다 먼저 계시고 만물이 그 안에 함께 섰느니라" 골 1:15~17

예수님은 피조물이 아니라 창조주이다. 더 정확히 말하면, 예수님은 'I AM WHO I AM'이시다. 그뿐 아니라, 예수님은 모든 우주가 그 안에서 창조된 분이다. 아니, 흔히들 '우주'라고 할 때에는 물질세계를 말하는 것인데, 보이는 것들과 보이지 않는 것들이 다 예수님 안에서 창조된 분이다. 어마어마한 분이다. 기독교에 익숙하고 종교성이 많은 사람은 위의 표현을 대수롭지 않게 그냥 상징적인 표현으로 생각하는 경향이 있다. 내 경험상, 이런 말씀들은 종교인이 아닌 사람들에게 설명했을 때 오히려 더 진지하게 듣고 생각하는 모습을 보았다. 바울은 뜬구름 잡는 멋진 미사여구를 적어놓은 것이 아니라 자신이 깨달은 정확한 사실을 적어놓은 것이다. 이 우주 만물은 무엇인가? 다 예수님 안에서 예수님을 위하여 창조된 것이다. 말하자면, 이 우주는 흔히 잘 아는 문구처럼 '그리스도의, 그리스도에 의한, 그리스도를 위한(of Christ, by Christ, for Christ) 온 우주 만물'인 것이다.

예수님은 하나님이시다. 그러니 당연히 예수님은 영적인 세계와도 통하고, 물질적인 세계와도 통하는 분이다. 실제로 이 세상에 계실 때 예수님은 시간을 초월해서 사셨다. 즉, 미래에 어떤 일이 있을지 다 아셨고, 사람의 마음속에 있는 것들도 다 아셨다. 예를 들어, 베드로가 자신을 세 번 부인할 것도 미리 아셨다. 베드로에게 이 말씀을 하실 때에는 마치 예수님께서 미래로 가서 베드로가 부인한 것을 보고 말씀하신 것 같은 느낌이 들 정도이다. 예수님께서 이렇게 시간을 초월하셨지만, 공간에는 제한을 받으셨음이 분명하다. 왜냐하면, 사람의 몸이라는 한정된 육체를 입고 오셨기 때문이다. 이제 이 부분에 대해서 더 자세히 알아보자.

3) 보이게 나타나신 하나님

예수님의 본질은 창세 전 세계에 계신 하나님이시지만, 사실 이 땅에 오실 때의 예수님은 창세 전 차원의 영적인 존재, 즉 우리가 볼 수도, 만질 수도, 알 수도 없는 존재로 오신 것이 아니라 구체적으로 보이고 만져지는 물리적인 몸을 가진 사람으로 오셨다. 우리 인간은 이런 일이 어떻게 가능한지 알지 못하지만, 창세 전 차원의 존재가 물리적 차원의 존재 안으로 들어오신 것이다.

"그러므로 주께서 세상에 임하실 때에 이르시되 하나님이 제사와 예물을 원하지 아니하시고 오직 나를 위하여 한 몸을 예비하셨도다" 히 10:5

요한복음과 요한일서를 보면 요한은 이 두 성경을 같은 패턴으로 시작하고 있다.

"태초에 말씀이 계시니라 이 말씀이 하나님과 함께 계셨으니 이 말씀은 곧 하나님이시니라…말씀이 육신이 되어 우리 가운데 거하시매 우리가 그의 영광을 보니 아버지의 독생자의 영광이요 은혜와 진리가 충만하더라…본래 하나님을 본 사람이 없으되 아버지 품 속에 있는 독생하신 하나님이 나타내셨느니라" 요 1:1,14,18

"태초부터 있는 생명의 말씀에 관하여는 우리가 들은 바요 눈으로 본 바요 자세히 보고 우리의 손으로 만진 바라 이 생명이 나타내신 바 된지라 이 영원한 생명을 우리가 보았고 증언하여 너희에게 전하노니 이는 아버지와 함께 계시다가 우리에게 나타내신 바 된 이시니라" 요일 1:1~2

요한이 전하는 바는 '우리가 볼 수도, 감지할 수도 없는 창세 전 세계에 속하신 하나님의 아들이 아주 구체적으로 볼 수 있고 만질 수 있고 그 품에 안길 수 있는 형태로 우리에게 나타나셨다.' 라는 것이다. 이와 비슷한 아래 말씀들도 잘 보자.

> "그는 보이지 아니하는 하나님의 형상이시요…" 골 1:15
> "이는 하나님의 영광의 광채요 그 본체의 형상(exact representation)이시라…" 히 1:3

> "예수께서 외쳐 이르시되 나를 믿는 자는 나를 믿는 것이 아니요 나를 보내신 이를 믿는 것이며 나를 보는 자는 나를 보내신 이를 보는 것이니라" 요 12:44~45

위의 말씀들을 정리한다면, 예수님은 '보이지 아니하는 하나님' 이 아니라, '구체적으로 볼 수 있게 나타나신 하나님' 이라는 것이다. 아래 요한복음 말씀도 보자.

> "빌립이 이르되 주여 아버지를 우리에게 보여 주옵소서 그리하면 족하겠나이다 예수께서 이르시되 빌립아 내가 이렇게 오래 너희와 함께 있으되 네가 나를 알지 못하느냐 나를 본 자는 아버지를 보았거늘 어찌하여 아버지를 보이라 하느냐 내가 아버지 안에 거하고 아버지는 내 안에 계신 것을 네가 믿지 아니하느냐 내가 너희에게 이르는 말은 스스로 하는 것이 아니라 아버지께서 내 안에 계셔서 그의 일을 하시는 것이라 내가 아버지 안에 거하고 아버지께서 내 안에 계심을 믿으라 그렇지 못하겠거든 행하는 그 일로 말미암아 나를 믿으라" 요 14:8~11

빌립은 예수님께 '하나님을 보여달라' 고 했다. 이건 많은 사람의 소원일지 모른다. 그러나 하나님은 눈에 보이는 분이 아니다. 빌립의 답변에 예수님께서는 무슨 말씀을 하신 것인가? 예수님께서는 겉으로 보이는 껍데기밖에 보지 못하는 빌립에게 '내 안에 하나님께서 계시는 것을 보라' 고 하신 것이다. 즉, 예수님이라는 육신의 껍데기만 보지 말고 그 안에서 진정으로 역사 하시는 분이 누구이신지를 잘 보라는 말이다. 즉, 예수님이야말로 보이게 나타나신 하나님이라는 뜻이다.

마태복음에서는 예수님의 이름을 '임마누엘' 이라고 한다.^{마1:23} '임마누엘' 이란 뜻은 '하나님이 우리와 함께 계시다.' 라는 뜻이다. 즉, 하나님이 이제부터는 막연하게 '사람들이 알 수도 없고 감지할 수도 없는 멀고도 먼 저기 저 너머에 계신 분' 이 아니라 '구체적으로 볼 수 있게 나타나신 형태로 사람들과 함께 계신 분' 이라는 뜻이다. 이것은 예수님을 알아가는 삶에서 매우 중요한 부분이다. 예수님에 대해 알아가는 사람 중에도 많은 경우 영적인 삶이란 것이 볼 수도 없고 감지할 수도 없는 멀고도 먼 저기 저 너머에 계신 어떤 분과 뜬구름 잡는 매우 추상적인 관계를 맺어나가는 것처럼 생각하는 경향이 있는데, 실제로는 그렇지 않다. 영적인 것은 그 실체가 매우 구체적이고 매우 분명한 것이다. 이것에 대해서는 2권 마지막까지 아주 구체적으로 알아볼 것이다.

4) 예수 그리스도께서 사람으로 오신 이유

예수님께서 왜 사람으로 오셔야 했는가? 사람으로 오셔야 하나님의 원래 계획을 완성하실 수 있기 때문이다. 원래 계획으로부터 우회하게 된 것은 사람이 선악을 알게 하는 나무의 열매를 먹고 타락했기 때문이다. 그러므로 사람이 당한 일을 회복시키려면 당연히 같은 사람이 와서 해결해야 했다. 이것이 성경에서 예수님을 '마지막 아담'이라고 부르는 이유이다. 첫 사람 아담이 생명나무를 선택하지 않고 선악을 알게 하는 나무의 열매를 따 먹어서 비롯된 어긋난 일들을 마지막 아담이 오셔서 다 해결하신 것이다. 이제 아래 말씀이 무슨 뜻인지 이해가 갈 것이다.

"사망이 한 사람으로 말미암았으니 죽은 자의 부활도 한 사람으로 말미암는도다 아담 안에서 모든 사람이 죽은 것 같이 그리스도 안에서 모든 사람이 삶을 얻으리라" 고전 15:21~22

쉽게 말하면 하나님의 계획이 어긋난 것은 사람이 저지른 일이니 푸는 일도 결국은 사람이 풀어야 한다. 즉 결자해지結者解之해야 한다는 뜻이다. 이런 이유로 예수님께서는 당연히 사람으로 오실 수밖에 없으셨던 것이다. 이제 예수님께서 공중 앞에서의 사역을 시작하시기 전에 마귀에게 테스트를 받으신 것도 이해가 갈 것이다. 아담이 마귀의 테스트에서 속아 넘어갔기 때문에 마지막 아담은 마귀의 테스트를 이기셔야 한다. 여러분은 이제 마귀의 시험에서 마귀와 예수님 사이에 오간 다음의 대화가 무슨 뜻인지 감이 올 것이다.

마귀: "네가 만일 하나님의 아들이어든 명하여 이 돌들이 떡 덩이가 되게 하라"
예수님: "사람이 떡으로만 살 것이 아니요 하나님의 입으로 나오는 모든 말씀으로 살 것이라 하였느니라"

마귀가 한 말을 구체적으로 풀어쓴다면 이것이다. "너 하나님의 아들이잖아! 이 돌들을 명하여 떡 덩이가 되게 해봐라!" 즉, '사람으로 살지 말고 하나님의 아들로만 살아라!' 라는 뜻이다. 예수님께서 하신 말씀의 핵심은 이것이다. "나는 사람이야. 사람이 떡으로만 살 것이 아니야!" 예수님에 대해 복음서에서 자주 '인자(사람의 아들)' 로 표현되고, 예수님 자신도 많은 경우 이 표현을 자주 쓰셨는데 여기에는 이런 배경이 있는 것이다.

오. 예수 그리스도를 통해 바로 잡힌 계획

우리는 1, 2부에서 첫 사람 아담이 생명나무 열매를 따 먹지 않고 선악을 알게 하는 나무의 열매를 따 먹고 타락하게 된 것과 그 타락이 어떤 결과들을 불러와서 오늘날에 이르렀는가에 대해 살펴보았다. 이제는 마지막 아담인 예수님이 오셔서 어떻게 해서 다시 하나님의 계획을 바로잡으셨는지를 알아볼 것이다.

1) 예수 그리스도: 진정한 생명나무

1부에서 우리는 에덴동산에 있던 생명나무가 무엇인지를 살펴보았다. 이 생명나무의 본질이 무엇인지도 살펴보았다. 생명나무의 열매를 따 먹게 되면 하나님과 하나가 되어 영원한 사랑의 관계 안으로 들어가게 된다는 것도 배웠다. 이미 살펴봤다시피, 예수님이야말로 생명나무의 실체, 곧 진짜 생명나무다. 하나님의 아들이 생명의 떡으로서 사람들이 먹을 수 있도록 자신의 몸을 내어주신 것이다. 이제 아래 말씀들을 보면 아마도 다르게 보일 것이다.

“…나는 생명의 떡이니 내게 오는 자는 결코 주리지 아니할 터이요 나를 믿는 자
는 영원히 목마르지 아니하리라” 요 6:35

“내가 곧 생명의 떡이로라” 요 6:48

“나는 하늘에서 내려온 살아 있는 떡이니 사람이 이 떡을 먹으면 영생하리라 내가
줄 떡은 곧 세상의 생명을 위한 내 살이니라 하시니라” 요 6:51

“…내가 진실로 진실로 너희에게 이르노니 인자의 살을 먹지 아니하고 인자의 피
를 마시지 아니하면 너희 속에 생명이 없느니라” 요 6:53

예수님을 먹고 예수님을 마신다는 것이 무슨 뜻일까? 먹는다는 것
은 아주 실제적인 의미를 지닌다. 음식을 먹으면 그 음식이 내 안으로
들어와서 내 안에서 소화되어 흡수된다. 이렇게 흡수된 다음부터는
어디까지가 내 몸이고 어디까지가 음식인지 구별이 안 된다. 당연하
다. 음식이 내 속으로 흡수되어 온몸 전체로 퍼졌기 때문이다. 그러니,
음식을 먹는다는 뜻은 음식이 내 몸의 일부가 된다는 뜻이다. 결국, 나
의 몸은 내가 먹은 음식들로 구성되어 있다. 그러므로 궁극적으로 ‘먹
는다’ 는 것은 ‘먹은 대상과 그것을 먹은 사람이 하나가 된다’ 는 뜻이
다. 결국 ‘예수님을 먹는다’ 는 것은 ‘예수님과 하나가 된다’ 는 뜻이
다.

1부에서, 보이는 이 세상의 모든 것의 실체는 창세 전 세계에서 찾아
야 한다고 했다. 그러면 우리가 매일 먹는 음식의 실체는 무엇일까?
그건 바로 예수 그리스도이다. 위의 말씀들에서 ‘떡bread’ 이라고 번역
된 것은 조금 문제가 있다. 왜냐하면, 떡은 우리나라에서는 가끔 먹는

간식에 해당하기 때문이다. '주식' 또는 '양식'이라고 번역해야 예수님께서 말씀하신 의도가 전달될 수 있다. 주식은 그것이 없으면 생명이 존속될 수 없는 것을 말한다.

따라서 예수 그리스도가 생명의 주식이라는 말은 예수님이 없으면 우리의 영적 생명이 존속될 수 없다는 뜻이고, 우리가 그분에게 항상 전적으로 의존해야 한다는 뜻이다. 예수님이야말로 영적인 양식이요, 진정한 생명나무다. 생명나무와 선악을 알게 하는 나무의 본질이 무엇인지에 대해서는 1, 2부에서 이미 다뤘기 때문에 더 긴 설명은 하지 않겠지만, 진정한 생명나무의 실체인 예수님과 하나가 되면, 다시 말해서 예수님과 연합하여 죽고 부활하게 되면 하나님과 하나가 되어 영원히 사는 존재가 된다.

여기에 안타까운 현실이 있다. 많은 사람이 생명나무 열매를 따 먹고 생명나무와 하나가 되기보다는 생명나무를 연구하고, 분석하는 데에 더 집중하고 있다. 여러분은 사과를 먹어보지 않고도 사과에 '대해서' 많은 것을 알 수 있다. 사과의 성분이 어떤지, 조성이 어떤지, 사과가 몸의 어디에 좋고 어디에 안 좋은지 알 수 있다. 그러나 진정 사과를 알려면 사과를 먹어봐야 한다. 사과는 실제로 먹어봐야 알 수 있지 조사하고 연구한다고 알 수 있는 것이 아니다. 예수님도 마찬가지이다. 나는 이 책을 읽는 여러분이 예수님에 '대하여' 연구하고 분석하는 게 아니라 예수님과 하나가 되기를 바란다. 예수님과 하나가 되는 것에 대해서는 할 말이 많지만, 여기서는 이 정도만 알아보고 나머지 구체적인 부분에 대해서는 제2권에 가서 더 살펴보겠다.

2) 예수 그리스도의 십자가

몇 년 전에 〈The Passion of the Christ(그리스도의 수난)〉라는 영화가 화제가 된 적이 있었다. 나도 그 영화를 주의 깊게 보았다. 하지만, 그 영화를 본 사람 대부분이 십자가의 영적인 의미는 잘 모른 채, 예수님께서 얼마나 끔찍한 수난을 당하셨는지에 대해서만 관심이 있었던 것 같다.

십자가, 즉 예수님의 죽음은 왜 필요한 것인가? 이건 너무나도 유명해서 굳이 기독교인이 아니라도 많은 사람이 이것을 정답처럼 알고 외워버렸다. '인류의 죄를 위해서 죽으셨다'는 것이다. 맞는 말이다. 하지만, 하나님의 궁극적이고도 영원한 계획을 알았다면, 하나님의 궁극적인 계획 안에서 생각해야 옳지 않을까? 하나님의 입장에서 보려고 한다면 어떤 답이 나올까?

예수님께서 십자가에 달리신 이유는 아담이 선악을 알게 하는 나무의 열매를 따 먹고 난 이후에 어긋나게 된 모든 것을 바로잡고 원래 하나님이 계획하셨던 목적으로 가시기 위함이다. 즉, 아담으로 말미암아 잠시 어긋난 계획을 완성하려고 돌아가신 것이다.

예수님의 죽음의 의미를 설명하기 전에 먼저 하나님의 원래 계획이 무엇이었고, 어떻게 해서 이 계획이 우회하게 되었는지 잠깐 정리해 보겠다. 하나님의 원래 계획을 한마디로 말한다면, 하나님의 생명이 넓어지는 것이다. 즉, 자신과 똑같은 생명을 가지고 하나님과 하나가 되어 살아가는 생명이 넓어지는 것이다. 이 계획을 하나님은 첫 사람 아담을 통해 이루어가려고 하셨다. 그러나 안타깝게도 아담은 하나님과 하나가 되기를 거부하고 하나님을 떠나서 자신의 세계를 추구하면서 살기를 선택했다. 그래서 아담으로부터 지금까지 모든 인류가 하나님을 떠나 독립적으로 살게 되었고, 죽음이 생명과 분리되어 살아났고, 이 세상의 주인이 사람에게서 마귀로 넘어갔다.

예수님께서 왜 죽으셨는가? 물론 죄의 문제를 해결하고자 죽으셨다. 전적으로 맞는 말이다. 하지만, 예수님께서 죽으신 궁극적인 이유는 하나님과 같은 생명을 가지고 하나님과 사랑의 관계성 가운데에 하나가 되어 살아가는 사람들이 생겨나도록 하려는 것이다. 이 사람들을 교회라고 부르는 것이다. 그러므로 교회야말로 하나님의 궁극적인 목적이요, 하나님의 궁극적인 계획의 완성이다. 1부에서 언급한 아래의 말씀을 다시 잘 읽어보라.

> "그러므로 사람이 부모를 떠나 그의 아내와 합하여 그 둘이 한 육체가 될지니 이 비밀이 크도다 나는 그리스도와 교회에 대하여 말하노라" 엡 5:31~32

이게 결혼식장에서나 언급되는 내용이 아닌 교회에 대한 내용임은 앞서 설명했다. 아담이 창조되었을 때 아담은 혼자였다. 하지만, 아담 안에는 아담의 신부가 들어 있었다. 더 정확히 말하면 아담은 혼자가 아니라 하나 안의 둘$^{2 \, in \, 1}$의 형태로 있었던 것이다. 이 신부가 언제 아담에게서 꺼내지는가? 아담이 죽음 같은 깊은 잠을 잘 때, 더 정확히 말하면, 죽을 때이다.

이제 아담의 진정한 실체인 예수님을 잘 생각해보라. 예수님도 이 세상에 오실 때 혼자였다. 하지만, 예수님은 그 안에 자신의 신부를 가지고 계셨다. 그 신부는 언제 세상에 태어나는가? 첫 사람 아담과 동일하게 예수님이 죽을 때이다. 즉, 예수님은 자신 안에 있는 자신의 신부를 꺼내고자 죽으신 것이다. 아래 말씀을 보라.

> "그는 그 앞에 있는 기쁨을 위하여 십자가를 참으사 부끄러움을 개의치 아니하시

더니” 히 12:2

예수님 앞에 있는 즐거움, 십자가 이후에 예수님 앞에 있을 즐거움이 뭐였겠는가? 바로 그의 신부인 교회였다! 요한복음 14~16장은 예수 그리스도께서 십자가를 앞두고 제자들과 교제한 내용이다. 다른 복음서와는 달리, 요한복음을 읽어보면 예수님께서는 십자가를 앞두고 고민하시기보다는 오히려 매우 기뻐하고 뭔가를 기대하고 설레는 마음이신 것처럼 보인다.

“여자가 해산하게 되면 그 때가 이르렀으므로 근심하나 아기를 낳으면 세상에 사람 난 기쁨으로 말미암아 그 고통을 다시 기억하지 아니하느니라” 요 16:21

십자가는 잠시의 고통이지만 그 뒤에 탄생할 교회는 영원한 기쁨이다. 예수님은 이런 기쁨으로 충만하셨던 것이다. 그러므로 십자가는 기쁘고 감사하고 흥미진진하고 로맨틱한 것이지 슬픔이고 고통만이 아니다. 이런 면에서 앞에서 언급한 〈The Passion of the Christ(그리스도의 수난)〉라는 영화는 십자가의 극히 일부분만을 본 것이라고밖에 볼 수 없다.

아담의 타락으로 말미암은 나머지 결과는 사람이 타락한 이후에 육신, 즉 옛사람이 되었고, 죽음이 살아났고, 이 세상의 주인이 사람에게서 마귀로 넘어갔다는 것이다. 십자가와 이것들은 무슨 관련이 있을까? 이것도 하나님의 궁극적인 목적을 이해하면 다 풀리는 문제이다.

첫째, 예수님은 죽음을 죽이셨다. 십자가는 죽이는 형틀이다. 이것은 영적인 의미에서도 마찬가지이다. 예수님은 죽음을 죽이셨다. 이 말이 좀 이상할지 모르겠지만, 성경은 분명히 이것을 말하고 있다. 성경의 아래 표현들을 주목하여 보라.

"맨 나중에 멸망 받을 원수는 사망이니라" 고전 15:26

"…이 죽을 것이 죽지 아니함을 입으리로다 이 썩을 것이 썩지 아니함을 입고 이 죽을 것이 죽지 아니함을 입을 때에는 사망을 삼키고 이기리라고 기록된 말씀이 이루어지리라" 고전 15:53~54

"그(그리스도)는 사망을 폐하시고 복음으로써 생명과 썩지 아니할 것을 드러내신지라" 딤후 1:10

"또 죽기를 무서워하므로 한평생 매여 종 노릇 하는 모든 자들을 놓아 주려 하심이니" 히 2:15

예수님을 믿는 사람, 예수님을 먹고 마신 사람, 예수님과 하나가 된 사람에게는 죽음이 없다. 물론 우리의 육신은 죽는다. 그러므로 죽음이 없다는 것은 철저히 영적인 의미에서, 즉 하나님의 눈으로 본 입장에서 하는 말이다. 하나님 보시기에는 예수님 안에서 죽은 사람들은 죽었으나 살아있는 사람들이다. 반면에 하나님 보시기에는 예수님 안에 있지 않은 사람들은 살았으나 죽은 사람들이다. 죽음이 독자적으로 살아난 이후에 사람들은 태어나면서부터 영원한 죽음으로 가는 것이다. 예수님께서는 자신의 죽음을 통해서 이렇게 독자적으로 살아난 죽음을 없애셨다.

예수님께서는 왜 십자가에서 죽음을 죽이셨을까? 그것은 그의 신부인 교회 때문이다. 교회는 십자가 이후에 탄생한다. 그러므로 교회가 탄생할 시점에는 죽음이라는 것이 존재하지 않게 되었다. 이건 하나님의 눈에 그렇다는 말이다. 하나님의 눈으로 본 것이 더 진짜이다. 예수님께서는 자신의 신부가 죽음을 맛보지 않게 하신 것이다. 자신의 짝을 찾으려고 영원을 기다렸으므로, 일단 사랑이 시작되면 그 사랑은 절대로 끝나지 않도록 한 것이다. 예수 그리스도께서는 그의 신부를 너무나도 사랑해서 그녀와 영원을 함께 보내려고 하신 것이다. 쉽게 말하면 이건 '영원한 허니문'인 것이다!

둘째, 십자가를 통해 예수 그리스도는 타락한 사람들, 즉 옛사람을 멸망시키셨다. 사람은 아담이 타락한 이후로 한 사람도 예외가 없이 모든 사람들이 타락한 존재, 즉 육신, 다른 말로 하면 옛 사람이 되었다. 옛사람 자체가 죄다. 지금의 여러분은 여러분 자체가 죄이다. 이게 한두 사람이 아니라 모든 사람이 이렇게 되어버렸다. 흔히들 '예수님께서 우리의 죄를 짊어지고 죽으셨다'고 말하는데, 더 정확히 말하면 우리가 지은 죄를 없애신 것이 아니라, 죄 자체인 우리 옛사람을 죽이신 것이다. 이러고자 예수님은 죄의 화신, 즉 죄 자체가 되셨다. 아래 말씀을 잘 보라.

"하나님이 죄를 알지도 못하신 이를 우리를 대신하여 죄로 삼으신 것은…"
고후 5:21

물론 예수님은 모든 사람을 위해 이 일을 하셨다. 하지만, 실제로 옛사람이 죽게 되는 것은 예수님과 함께 연합된 사람들, 다시 말하면 예수님을 믿는 사람들, 즉 교회에 해당하는 일이다. 이것에 대해서는 제2권에서 구체적으로 알아보겠다.

셋째, 예수님께서는 타락한 세상, 즉 옛 창조세계를 멸망시키셨다.

사실 믿거나 말거나 하나님의 눈으로 보기에는 이 세상은 이미 끝난 세상이다. 언제 끝났는가? 예수님께서 십자가에 죽으실 때 아담에 속한 타락한 옛 세상은 철저히 멸망 당했고 철저히 파괴되었다.

넷째, 예수님께서는 아담을 머리로 하는 이 세상을 타락시킨 장본인이자 이 세상의 주인인 마귀를 멸하셨다.

"…죽음을 통하여 죽음의 세력을 잡은 자 곧 마귀를 멸하시며" 히 2:14

"…하나님의 아들이 나타나신 것은 마귀의 일을 멸하려 하심이라" 요일 3:8

"그리고 모든 통치자들과 권력자들(마귀)의 무장을 해제시키시고, 그들을 그리스도의 개선 행진에 포로로 내세우셔서, 뭇 사람의 구경거리로 삼으셨습니다."
골 2:15, 새번역

실제로 마귀는 하나님의 보시기에는 무력화된 존재다. 예수 그리스도께서는 자신의 죽음을 통하여서 자신의 신부를 방해하는 모든 존재들을 모조리 멸망시킨 것이다! 이게 십자가의 진정한 의미이다.

3) 십자가: 회복이 아닌 완성

위의 내용을 돌아보라. 예수님은 자신의 죽음을 통하여 아담이 타락하여 어긋난 모든 것을 모두 다 바로잡으셨다. 아담의 타락으로 말미암아 죽음이 들어오고, 사람도 타락하여 죄 자체인 옛사람육체이 되고, 이 세상도 타락하여 마귀에게로 넘어갔다. 십자가는 이 모든 것을 다 멸망시켰다. 하지만, 이것만이 전부가 아니다.

사람들은 흔히 '회복'이란 말을 사용하는데, 예수님께서 오셔서 하신 일들은 '회복' 정도가 아니다. 회복이란 말은 원래대로 돌아간다는 것인데 만일 예수님께서 이 세상을 아담이 타락하기 전의 상태로 돌아가게 하셨다면, 다시 우리 앞에는 선악을 알게 하는 나무와 생명나무가 있게 될 것이다. 예수님께서 하신 일은 이 정도가 아니라, 자신이 생명나무가 되어서 이 세상 사람들에게 자신을 내어주신 것이다. 사람들이 그 생명나무 열매를 먹고 원래 하나님이 원하시는 계획대로 가게 된 것이다. 이 이야기는 예수님께서 아담이 생명나무의 열매를 따 먹었더라면 가게 될 그 세계로 우리를 이끄셨다는 뜻이다.

신약 성경을 보면 "그리스도 안에서"라는 표현이 매우 자주 나온다. 이게 무슨 뜻일까? 첫 사람 안에서 현재의 모든 인류가 태어났으므로, 첫 사람 아담은 모든 인류의 근원이다. '아담'이라는 말도 사실은 '사람', 즉 '인류'라는 뜻이다. 첫 사람 아담 안으로 들어온 사람들, 즉 자연인에게는 모든 것이 다 완전히 타락한 것이요, 마지막 아담인 예수님 안으로 들어온 사람들에게는 모든 것이 완성된 것이다. 왜 그런가? 마지막 아담은 생명나무 열매를 따 먹은 정도가 아니라 아예 생명나무 그 자체이기 때문이다.

"아담 안에서 모든 사람이 죽는 것과 같이, 그리스도 안에서 모든 사람이 삶을 얻을 것입니다." 고전 15:22

보라! 예수님은 '회복'이 아니라 '완성'을 하신 것이다! 이런 면에서 예수님께서 십자가에서 "다 이루었다"고 외치신 것요19:30은 매우 의미심장하다. 교회는 예수님께서 모든 것을 다 마치시고 나서 탄생했다는 것을 기억하라. 이건 마치 하나님께서 6일까지 모든 창조를 다 마치시고 나서 사람을 창조하셨고, 그다음에는 바로 안식하셔서 사람을 영원한 안식으로 이끄신 것과 같다. 결국, 이 안식이라는 것도 그림자이고 실체는 예수님이셨다.

십자가는 하나님이 원래 의도하셨던 계획으로 가게 하는 유일한 도구이며, 교회는 하나님께서 원래 의도하셨던 계획의 결정판이다. 이 십자가에 대해서는 구체적으로 더 알아야 할 것이 너무나도 많다. 이런 실제적인 부분에 대해서는 제2권에서 더 다룰 것이다.

육. 교회

이제부터 하고자 하는 이야기는 완성된 하나님의 계획에 대한 것이다. 이것은 다른 말로 하면, 교회에 대한 것이다. 교회가 예배당 건물을 말하는 것이 아니라는 정도는 이 책을 읽는 사람들은 다 알 것이라 믿는다. 교회야말로 하나님의 비밀 중의 비밀이요, 궁극적인 하나님 계획의 완성이다. 사실 이 책에서 진짜로 하고 싶은 이야기는 이제부터 시작된다고 봐도 무방하다. 이 교회에 대해서 알아보기에 앞서, 진리를 알아보는 데 필요한 태도에 대해 더 알아보겠다. 진리를 알려면 대가를 치러야 한다.

1) 진리를 찾아 떠나는 여행에서 치러야 할 대가

역사가 윌 듀란트는 아주 냉철하게 기독교의 역사를 고찰한 후에 다음과 같이 말했다.

"1,600년 동안 기독교는 두 가지 부류의 사람들을 핍박했다. 한 부류는 예수님을 따르지 않는 사람들이고, 다른 부류는 예수님을 따르는 사람들이다."

명문이다. 이 말의 뜻을 잘 풀어 보면 기독교가 유일하게 핍박을 하지 않은 사람들은 '예수님을 따르는 것처럼 보이는' 사람들이라는 것이다. 나는 이 말에 아주 깊이 공감한다. 기독교 역사를 제대로 연구해 본다면, 여러분도 역시 같은 결론에 도달할 것이라고 확신한다. 궁극적이고 이 세상을 초월한 절대 불변의 진리를 찾는 사람들은 거의 항상 이 세상에 집착하는 사람들에게 핍박을 받아 왔다. 이건 역사를 보면 항상 반복되는 패턴이다. 여러분이 궁극적인 진리를 찾기로 한다면, 여러분 대부분은 두 가지 유형의 어려움에 맞닥뜨리게 될 수도 있다.

첫 번째 유형의 어려움은 고난이다. 여러분이 매우 신뢰했던 사람들로부터 배신을 당할 수도 있을 것이고, 세상적인 불이익을 당할 수도 있다. 예수님께서도 이것에 대해 정확히 언급하셨다.

"세상이 너희를 미워하면 너희보다 먼저 나를 미워한 줄을 알라 너희가 세상에 속하였으면 세상이 자기의 것을 사랑할 것이나 너희는 세상에 속한 자가 아니요 도리어 내가 너희를 세상에서 택하였기 때문에 세상이 너희를 미워하느니라"
요 15:18~19

이제 말하고자 하는 두 번째 유형의 어려움이 어떤 사람들에게는 더 견디기 어려운 것일 수도 있다. 그것은 여러분이 철썩 같이 믿고 고수하고 있던 뭔가를 벗어버리는 것이다. 말은 쉽지만, 사람은 누구나 자신이 고수하던 것이 나중에 알고 보니 그렇지 않았다는 것을 알게 될 때에는 충격을 받는다. 이런 것은 어떤 때는 마치 망치 맞는 것 같은 경험일 수도 있다. 아마도 자신이 고수하는 정도가 강하면 강할수록 더 큰 충격을 받을 것이다. 사도행전을 보면 반복되는 패턴이 하나 있다. 그것은 궁극적인 진리를 알아간다는 것은 자신이 고수하고 집착하고 있는 틀을 깨지 않고는 불가능하다는 것이다.

사도행전 1장에서 제자들은 "주께서 이스라엘 나라를 회복하심이 이 때니이까?"행1:6 라고 묻는다. 이때만 해도 제자들은 메시아에 대해 유대인의 메시아, 즉 이스라엘 나라를 회복하는 메시아로 알고 있다. 이스라엘에서 자라난 유대인인 제자들은 아직도 유대인의 메시아에 대한 개념에서 벗어나지 못하는 것이다.

사도행전 2장에는 베드로의 메시지가 나오는데 이때 메시지를 들은 유대인들은 전혀 분노하지 않았다. 분노하기는커녕 이 메시지를 듣고 마음에 찔림을 받아서 3,000명이나 회개했다. 왜냐하면, 그 메시지의 내용은 유대인들이 '유대인의 메시아'를 몰라보고 죽였다는 것이었으므로, 유대인들을 그리 크게 자극하지 않는 내용이었기 때문이다. 이때 베드로가 전한 메시아의 개념은 유대인의 메시아를 벗어난 개념은 보여주지 않는다.

이와는 대조적으로, 사도행전 7장에서는 스데반이 공회 앞에서 변론하다가 유대인들에 의해 죽게 되는 장면이 나온다. 이 변론에서 스데반은 유대인들이 그토록 집착하던 세 가지를 여지없이 부숴버린다. 그것은 유대인의 선민의식과 시오니즘, 율법, 예루살렘 성전이 그것이었다. 유대인이 그 당시 자랑스럽게 생각하는 그들의 주장은 아래와 같았다.

- '우리에게는 살아계신 하나님이 계시는 성전이 있다.'
- '우리에게는 하나님의 시온성 예루살렘이 있다.'
- '우리에게는 다른 민족이 갖고 있지 않은 율법이 있다.'
- '그러므로 우리는 선택 받은 하나님 백성이다.'

스데반은 유대인이지만, 외국에서 자라난 헬라파 또는 소위 디아스
포라 유대인이라고 불리는 사람이었다. 그런 그가 소위 '국내파' 또는
'정통파'라고 자부하는 유대인 지도자들 앞에서, 그것도 그들이 너무
나 잘 아는 구약을 이용해서 그들의 주장이 전혀 맞지 않음을 알려준
것이다. 그가 전한 내용은 이것이다.

- 너희 조상의 역사를 보면 그들의 대부분은 하나님과 하나님의
  사람들을 저버리고 거역하던 백성이었다. (7:25~28, 39~44)
- 너희가 자랑하던 시온, 예루살렘만이 아니라 이방인의 땅(메소
  보다미아, 하란, 이집트, 미디안)에서도 하나님은 임재하셨다.
  (7:2~33)
- 하나님은 너희의 손으로 만든 성전에 계시지 않는다. (7:48~49)
- 너희 역시 조상과 다르지 않다. 예언대로 오신 예수님을 거역
  하고 죽인 사람들이다. (7:51~53)
- 결국, 너희는 천사들이 전해 준 율법도 안 지켰다. (7:53)

사람들은 뜻밖에 행동의 변화, 의지적인 변화에는 순응하여 잘 따를
때가 잦다. 또한, 고난이나 핍박도 잘 견디는 경우도 많다. 하지만, 정
작 어려운 것은 자기 자신이 철썩 같이 옳다고 믿고 집착하던 것이 사
실이 아니라는 것이 밝혀질 때 그것을 그대로 인정하는 것이다. 유대
인들은 자신들이 믿고 있던 것이 여지없이 무너지자 충격을 받고 분
노가 극에 달해 귀를 막고 스데반에게 달려들어 그를 돌로 쳐 죽인다.
하지만, 이 스데반의 죽음은 무의미하지 않았다. 그 죽음의 현장에
있던 사울이라는 청년이 나중에 바울로 변화된 것이다. 바울은 교회
를 핍박하러 다메섹으로 가는 길에 예수님을 만난다. 이때 그가 받은

충격은 말도 못할 정도였을 것이다. 철썩 같이 그게 진리인 줄로 믿고 있던 것들이 완전히 아님을 알게 되었으니 말이다. 그가 만난 예수님은 예수님의 제자들이 3년 동안 알았던 '육체로 오신 예수님'이 아니라 '부활하신 예수님'이었다. 바울은 이 땅에 사셨던 육체로서의 예수님은 보지 못했지만, 이때의 경험을 통해서 예수님에 대해 그 이전의 사도들이 알지 못했던 전혀 다른 깨달음에 도달하게 된다.

위에 나오는 일관된 패턴을 보라. 마치 우물 안 개구리처럼 자신에게 익숙하고 편안한 영역 안에 안주하고 있으면서 자신이 아는 것만이 진리라고 생각하는 사람은 고집스럽게 되고, 그뿐 아니라, 진정한 진리를 알아가는 사람들을 핍박하게 된다. 반면에, 끊임없이 진리를 찾으며, 그게 진리라면 언제든지 자신에게 익숙하고 편안한 영역을 훌훌 떨쳐버리고 일어나 진리를 향해 나아가는 사람들이 진정 진리를 알게 된다. 유대교에 안주하고 있던 그 당시 학식이 많은 유대인보다 예수님의 부르심을 받고 모든 것을 훌훌 털어버리고 떠난 예수님의 제자들이 훨씬 더 놀라운 하나님을 알게 되고, 유대인의 메시아의 개념에서 벗어나지 못한 예수님의 제자들이 아니라 육체로 오신 예수님을 보지도 못한 스데반과 사도 바울이 더 놀라운 궁극적인 진리에 더 많이 도달하게 된다. 마치 번데기가 이제까지 자신이 입고 있던 고치를 과감히 벗어버려야 그다음 단계로의 성장이 가능한 것처럼, 궁극적인 진리를 알아간다는 것은 자신이 집착하고 있는 틀을 깨지 않고는 불가능하다. 그것도 한두 번이 아니라 평생을 거쳐 깨달아야 할 것이다.

2,000년 전에 예수님께서 이 세상에 오셨을 때, 소위 하나님 백성이라는 사람들은 메시아에 대한 틀이 있었다. 그들은 메시아를 고대하긴 했지만, 자신들이 원하는 모습의 메시아가 오기를 기대했다. 그리

고는 자신들의 기대와 틀을 여지없이 무너뜨린 메시아가 나타나자 죽여버렸다. 그들이 예수님이 메시아인 것을 정말 몰랐을까? 나는 전혀 아니었으리라 생각한다. 하지만, 사람 대부분은 진리와는 무관하게, 자신들이 기대하는 모습으로 오지 않는 예수님은 배척한다. 이건 2,000년 전에만 있는 일이 아니라 모든 역사 속에서 대부분의 사람에게 반복적으로 나타난 현상이다. 역사는 같은 일의 반복이다. 전도서를 쓴 사람의 말처럼 '해 아래는 새것이 없다.' 전1:9 진리대로 살아가는 사람들을 죽여대는 이 사람들을 보라. 이런 사람들은 하나님을 모르는 사람들이 아니었다. 역사를 잘 살펴보면, 스스로 하나님을 잘 알고 있다거나 스스로 옳다고 생각하던 사람들이 역설적으로 가장 잔인한 일들을 했던 것을 볼 수 있다.

자신이 가진 틀에 집착한다는 것의 내면성을 잘 살펴보면 결국 자기중심적이라는 데 그 뿌리가 있다는 것을 알 수 있다. 자신이 마음속에 기대하고 있는 무언가가 있고 그려놓은 그림이 있다. 그리고 거기에 예수님을 끼워 맞춘다. 누군가가 그게 아니라고 알려주면 그 사람을 핍박한다. 그 사람의 말이 자신이 기대하는 것에 부응하지 않는 것이 문제이지, 그 사람의 말이 진리인가 아닌가는 별로 상관없다. 여러분은 예수님이 지금 오신다면 여러분이 예수님에 대해 어떻게 반응하리라 생각하는가? 물론 상황은 다르지만, 예수님께서 오셨을 때 예수님을 받아들인 사람들은 극히 소수였다. 대부분은 자신의 기대와 맞지 않았기 때문에 예수님을 배척하고 죽였다. 나는 지금도 여전히 이 상황은 그리 크게 다르지 않으리라 생각한다. 기독교인 인구가 너무나도 많은 오늘날, 너무나도 많은 사람이 자신은 예수님을 받아들였다고 생각하고 있는 것 같다. 하지만, 오늘날이라고 뭐가 다를까?

결론은 이것이다. "진정으로 진리를 찾고자 할 때는 자기를 부인해야 한다." 혹시 그 진리가 내가 원하고 기대해왔던 것에 상반된다 하더라도 자신이 원하는 것을 부인하고 진리를 따르는 사람이 진정으로 진리를 찾는 사람이다. 자신의 구미에 맞고 자신의 틀에 맞는 것만 받아들이는 사람은 진리를 찾는 것이 아니라 교묘하게 포장된 자신의 욕심을 추구하는 사람이다.

여러분이 이렇게 진정 진리를 찾는 태도를 견지했으면 한다. 만일 이런 태도가 없다면 이쯤 해서 이 책을 덮는 것이 더 나을지도 모른다. 이제부터 교회가 뭔지에 대해서 알아볼 터인데, 이런 태도가 없다면 앞으로 설명할 내용은 여러분을 매우 혼란스럽게 할 수도 있기 때문이다.

그러면 이제부터 교회가 뭔지, 왜 교회가 완성된 하나님의 계획과 직접적인 연관이 있는지 알아보겠다. 교회에 대한 비유를 풀어가다 보면 하나님의 궁극적인 계획에 대해 더 실제적으로 접근하게 될 것이다. 성경에 주로 언급된 교회에 대한 비유는 크게 네 가지로 되어 있다. 예수 그리스도의 신부, 예수 그리스도의 몸, 하나님의 가족, 하나님의 집이 바로 그것이다. 이제부터 알아보자.

2) 예수 그리스도의 신부

교회가 예수 그리스도의 신부라는 것에 대해서는 아담과 하와를 중심으로 앞에서 알아봤기 때문에 여기서는 몇 가지만 더 언급하고자 한다.

여러분은 사랑에 빠져본 적이 있는가? 남녀 간의 사랑에서 벌어지는 형언할 수 없는 많은 상호 작용과 현상들은 실은 창세 전의 예수님과 교회를 비춰주는 그림자일 뿐이다. 예를 들어, 어떤 남자가 여자를 정말로 깊이 사랑하면 그 여자가 이 세상에서 가장 아름다워 보인다. 객관적으로 그 여자의 미모가 어떤지는 결코 중요하지 않다. 그 여자의 어떤 결점도 보이지 않는다. 주변에서 아무리 그 여자에 대해 나쁜 점을 들추어내고, 심지어는 그 말들이 사실이라 할지라도 그 남자 귀에는 전혀 들리지 않는다. 아래 말씀을 잘 보라.

"…그리스도께서 교회를 사랑하시고 그 교회를 위하여 자신을 주심 같이 하라 이는 곧 물로 씻어 말씀으로 깨끗하게 하사 거룩하게 하시고 자기 앞에 영광스러운 교회로 세우사 티나 주름 잡힌 것이나 이런 것들이 없이 거룩하고 흠이 없게 하려 하심이" 엡 5:25~27

"또 그들의 죄와 그들의 불법을 내가 다시 기억하지 아니하리라 하셨으니"
히 10:17

왜 예수님께서 교회를 흠이 없이 보시는가? 이건 교리상으로, 신학적으로 풀 문제가 아니다. 교회를 너무나도 끔찍이 사랑하기 때문에 눈이 멀어 버리신 것이다. 물론 교회는 흠이 없다. 예수님께서 옛 창조 세계를 모두 멸망시키신 이후에 교회가 탄생했기 때문에 교회는 타락의 흔적도 없는 존재이다. 하지만, 혹시 흠이 있다고 할지라도 예수님은 그것을 전혀 보지도 못한다. 너무나도 깊이 우리와 사랑에 빠졌기 때문이다. 막말로 하면 예수님께서 우리에게 '뿅 가신' 것이다. 복음성가 중에 "나는 주님과 사랑에 빠지고 또 빠져 사랑에 또 빠졌네"라는 노래가 있다. 우리 형제 자매들은 이 노래를 "주는(주님) 우리와 사랑에 빠지고 또 빠져 사랑에 또 빠졌네"로 바꿔서 부른다. 나는 이게 진실이라고 생각한다. 우리가 먼저 사랑한 것이 아니라 주님이 먼저 우리를 사랑하신 것이다.요일4:19 어떻게 보면 교회로 살아간다는 것은 예수님과의 영원한 사랑, 영원한 허니문에 빠져서 사는 것이 아닐까?

부모 자식간의 사랑이나 인류애, 형제애 등과는 달리, 남녀간의 사랑은 그 대상이 한 사람이다. 물론, 세계 여러 곳의 나라와 문화에서 일부다처제도 있는 곳이 있지만, 남녀간에 서로를 깊이 사랑하고 평생을 함께 하는 진정한 사랑의 관계성은 한 사람과만 가능하다. 이건 바로 인간이 예수님의 형상을 지니고 태어났기 때문이다. 인간의 원판인 예수님이 여러 사람이 아닌 오직 한 사람, 즉, 자신의 신부인 교회를 사랑하시기 때문이다.

예수님께서는 끔찍하리만큼 강렬하게 자신의 신부를 사랑하신다. 이런 관점으로 성경을 한번 살펴보면 아마도 많은 것을 깨닫게 될 것이다. 예를 들어, 아가서를 보자. 아가서를 쓴 사람은 솔로몬인 것으로 알려졌다. 이 솔로몬이 술람미 여인과 사랑에 빠졌다. 솔로몬은 위대한 왕이고 술람미 여인은 가난한 시골 처녀이다. 하지만, 왕은 신분의 차이를 넘어서 이 소녀와 사랑에 빠졌다. 그게 어느 정도였는가 하면 '사랑하므로 병이 날' 정도였다.아2:5,5:8 예수님의 마음이 이런 것이 아닐까? 신분의 차이를 넘어서 사랑에 빠지고, 게다가 병이 날 정도가 아니라 그녀를 위해 죽을 정도로 그녀를 사랑하신 분이 예수님이시다.

솔로몬은 또한 아가에서 술람미 여인을 사랑하는 자신의 마음을 생생하게 표현한다. 솔로몬은 그의 사랑하는 여인의 몸의 각 부분에 대한 자신의 사랑과 감탄을 생생하게 묘사하고 있다. 이게 바로 예수님의 마음이 아닐까? 솔로몬을 통해 보인 모습은 교회를 이루는 각 지체인 각각의 형제 자매들에 대한 예수님의 강렬한 사랑의 그림자 정도가 아닐까?

교회는 예수님과 서로 사랑하는 신랑 신부의 사이이다. 신랑과 신부 사이는 사랑의 관계이지 다른 아무것도 아니다. 이 책을 읽는 분들이 이것을 잘 알게 되기를 바란다. 교회는 예수님의 노예도 아니고 예수님의 하녀도 아니고 예수님의 신부이다. 예수님의 신부는 하나님의 사랑을 받으려고 노력하거나 애쓰지 않는다. 왜? 그녀는 바로 지금 그의 사랑을 받고 있으니까! 예수님은 지금 그대로의 교회를 너무나 사랑하신다.

이제 여러분은 예수님께서 왜 아래와 같은 말씀을 하셨는지 이해할 수 있을 것이다.

"내가 진실로 너희에게 말하노니 여자가 낳은 자 중에 세례 요한보다 큰 이가 일어남이 없도다 그러나 천국에서는 극히 작은 자라도 그보다 크니라" 마 11:11

세례(침례) 요한은 너무나도 대단한 사람이다. 그런데도 왜 천국에서는 극히 작은 자라도 세례 요한보다 더 클 수가 있는가? 세례 요한은 성경에서 자신을 '신랑의 친구' 요3:29로 표현한다. 결혼을 앞둔 신랑에게 친구가 더 소중한가? 아니면 신부가 더 소중한가? 이건 물어볼 필요도 없는 당연한 질문이 아닌가? 나는 여러분이 이런 말씀들을 아주 진지하게 생각해보기 바란다. 세례 요한은 자신은 철저히 망하고 예수님만 드러나도록 산 사람이다. 요3:30 세례 요한은 자신의 제자들이 예수님께 가서 예수님의 제자가 되도록 했고, 예수님께서 무대 위로 등장하시자 자신은 감옥에 들어갔다. 어떻게 보면 세례 요한은 예수님의 공생애 기간에 예수님의 마음을 가장 잘 이해한 오직 한 사람이었을 것 같기도 하다. 그런 세례 요한보다도 더 큰 사람이 바로 교회이다. 왜냐고? 교회는 예수님의 친구정도가 아니라 예수님의 신부이니까….

사실 신약 성경을 잘 보면 교회라는 예수 그리스도의 신부의 실체가 드러난 이후로는 '순종하라' 는 말씀도 그렇게 많지 않다. '순종하라' 는 명령은 주로 교회라는 것을 잘 모르는 구약 시대에 많이 쓴 표현이다. 신약 성경의 주된 가르침은 '순종' 이라기보다는 '하나 됨' 이다. '순종' 이라는 것은 일단 나와는 다른 '남' 의 말을 듣는 것을 전제로 한다. 이건 아무리 뛰어나게 순종을 잘하더라도, 하나 됨과는 차원이 다른 것이다. 진짜 아내를 사랑하는 남편이라면 아내가 자신에게 잘 순종하기를 원할까? 아니면 완전한 사랑의 관계 안으로 들어와서 아내의 마음이 자신의 마음과 하나가 되기를 원할까?

예를 들어, 여러분이 집에서 강아지를 기르고 있다고 생각해보라. 그 강아지도 여러분을 알아갈 수는 있다. 여러분이 언제 일하러 가는지, 언제 돌아오는지, 여러분의 발걸음 소리가 어떤지, 어떻게 행동하면 여러분이 자기를 귀여워해 주는지, 어떨 때 여러분이 밥을 주는지, 여러분이 공을 던지면 어떻게 해야 하는지 등등의 것들을 알아갈 수도 있고 주인의 말에 아주 충성스럽게 잘 순종할 수도 있다. 그러나 강아지는 주인의 마음은 알 수 없다. 강아지는 주인과 진짜 자신의 깊은 속마음을 나누는 온전한 교제는 할 수 없다는 이야기이다. 종교적인 편견에 빠져 있으면 우리도 마치 이런 강아지처럼 하나님을 알아가려 할 수 있다. 하나님이 어떤 분이고, 하나님의 마음속 깊은 곳에는 뭐가 있는지를 깊이 알아가고 이런 것을 가지고 하나님과 깊은 교제를 나누기보다는 어떻게 행동을 하면 하나님이 기뻐하실지, 어떻게 행동을 하면 하나님이 복을 주는지, 어떻게 하면 하나님이 벌을 주는지 등등의 것을 알아가는 식으로 말이다. 그리고 하나님의 말씀에 아주 충성스럽게 순종하는 삶을 살 수 있다. 이런 식으로 사는 것이 나쁘다는 것이 아니다. 나쁘기는커녕 이것도 너무나 중요한 일이다. 하지만, 이런 식으로만 사는 것은 큰 문제이다. 우리는 이런 수준에서 안주하면 안 되고 거기서 더 나아가야 한다. 하나님은 사랑으로 하나가 되는 관계성을 원하시는 것이지 마치 강아지처럼 하나님이 편하게 부릴 수 있는 존재를 원하시는 것이 아니다.

사랑엔 두려움이 없다.요일4:18 하지만, 불행히도 제도화된 기독교는 많은 경우 하나님의 사랑을 받으려면 뭔가 노력을 해야 할 것 같은 분위기를 만든다. 어떤 경우는 매우 엄숙하고도 위압적인 분위기에서 두려운 마음으로 자신을 포장하고 나아가야 할 것처럼 느껴지게 한다. 이건 마치 자신을 너무나 사랑하는 남편과 결혼한 여자가 자신이 그 남자가 가장 사랑하는 아내임을 잘 모르고 남편과는 눈도 못 마주친 채로 남편에게 사랑을 받고자 열심히 노력하면서 하녀나 노예처럼 살아가는 것과 비슷하다. 남편의 입장에서 보자. 진정 아내를 사랑하는 남편이라면 아내에게 과연 이런 것을 원할까? 마치 아내가 막말로 하면 '기쁨조' 처럼 지내는 것일까? 마음속에는 두려움을 가지면서도 남편 앞에서는 억지로 자신을 포장하고 웃으면서 남편을 즐겁게 해주고, 남편을 기쁘게 해주려고 열심히 노력하는 것일까? 과연 그럴까? 요한은 "사랑 안에 두려움이 없고 온전한 사랑이 두려움을 내쫓나니 두려움에는 형벌이 있음이라 두려워하는 자는 사랑 안에서 온전히 이루지 못하였느니라" 요일4:18라고 썼다.

이 남편이 원하는 것은 아내가 마음을 열고 정직하게 남편과 사귀고, 남편을 알아가고, 남편의 뜨거운 사랑을 그대로 받고 기뻐하는 것이 아닐까? 사랑이라는 것은 사랑을 받아야 나오게 되어 있다. 남편이 이 아내에게 원하는 것은 아내가 남편을 진정으로 알아가고 또 아내가 자신의 그 뜨거운 사랑을 받고 나서 그 사랑에 대한 자연스러운 반응으로 이제는 아무런 두려움도 없고 가식도 없이, 완전히 자유롭게 마음껏 남편을 사랑하고 남편과 하나가 되는 것이 아닐까?

하나님의 궁극적인 목적은 하나님을 사랑하고 하나님과 하나가 되어 살아가는 생명이 확장되는 것이다. 교회가 완전히 자유로운 상태에서 예수님을 알아가다 보면 예수님의 사랑을 알고 그 안에 푹 잠겨 예수님과 하나가 될 수밖에 없다. 그러니 바로 교회가 하나님의 궁극적인 목적의 완성이다.

3) 예수 그리스도의 몸

머리와 몸의 의미

성경에는 의외로 몸이라는 말이 자주 나온다. 몸과 함께 등장하는 말이 머리이다. 머리와 몸은 성경에서 무슨 뜻이 있는 것일까?

먼저 머리가 무슨 뜻인지 알아보자. 일반적으로, 기독교에서는 많은 경우 몸과 대조되는 머리에 대해서 '머리는 몸의 상위 개념이다' 또는 '머리는 몸의 필요를 감지하고 몸에 대해 지시하고 통제하고 몸을 대표하는 곳이다' 는 식으로 가르치는 곳이 많은 것 같다. 여러분이 이제까지 이렇게 배우고 또 이런 식으로 예상했다면, 앞으로 설명할 내용은 그것과는 상당히 다를 것이다. 물론 이런 식으로 가르친다고 해서 그 자체가 잘못된 것은 아니지만, 정확한 설명은 아니다. 성경에서 가르치는 '머리' 라는 개념은 이런 것이라기보다는 근원source 또는 근본beginning을 의미한다. 예를 들어, 여자의 머리가 남자라는 뜻은 남자가 여자보다 상위의 위치에서 리더십을 행사하라는 뜻이 아니라 '여자의 근원은 남자이다.' 라는 뜻이다. 즉, 여자가 남자에게서 나왔다는 뜻이다. 이제 아래 말씀을 보면 이해가 갈 것이다.

"···각 남자의 머리는 그리스도요 여자의 머리는 남자요 그리스도의 머리는 하나님
이시라" 고전 11:3

이 말씀을 내가 다시 알기 쉽게 풀어쓴다면 다음과 같이 될 것이다.
"여자는 남자에게서 나왔으며, 남자는 그리스도에게서 나왔고, 그
리스도는 하나님께로부터 나왔습니다."
이 말씀 다음에 나오는 고전 11:8~9 도 비슷한 맥락에서 이해할 수
있다.

"남자가 여자에게서 난 것이 아니요 여자가 남자에게서 났으며 또 남자가 여자를
위하여 지음을 받지 아니하고 여자가 남자를 위하여 지음을 받은 것이니"
고전 11:8~9

머리라는 표현이 '근원'을 말하는 것이라는 것을 염두에 두면 이제
아래 말씀들이 이해가 갈 것이다.

"그는 몸인 교회의 머리시라 그가 근본(beginning)이요···" 골 1:18

"···온 몸이 머리로 말미암아 마디와 힘줄로 공급함을 받고···" 골 2:19

"···그는 머리니 곧 그리스도라 그에게서 온 몸이 각 마디를 통하여 도움을 받음으
로 연결되고 결합되어 각 지체의 분량대로 역사하여 그 몸을 자라게 하며 사랑 안
에서 스스로 세우느니라" 엡 4:15~16

정리하면, '교회의 머리가 예수님이다.' 라는 의미는 예수님이 교회의 근원이요, 근본이요, 시작이요, 교회가 살아가는 데 필요한 전부라는 뜻이다.

이제는 몸이 무슨 뜻인지 알아보자.

몸은 그 몸 안에 담는 인격과 생각을 겉으로 드러내어 표현해주고, 또한 다른 사람과 커뮤니케이션 하고 교제할 수 있게 해주는 구실을 한다. 예를 들어, 어떤 남녀가 사랑을 한다 치자. 이 둘에게 몸이 없다면, 서로에게 자신의 감정을 표현할 수도 없을뿐더러 아예 서로 확인할 수도 없을 것이다. 구체적인 몸이 없는 어떤 인격person을 마음속으로 그려내기란 거의 불가능하다. 예를 들어, 우리가 대통령을 연상한다면, 우리는 대통령이라는 분명한 대상의 몸을 연상하게 된다. 아무리 숭고한 인격과 위대한 사상을 가진 사람이 있다 치더라도, 그 사람의 몸이 없다면 어떻게 그 사람과 커뮤니케이션이 되고 교제가 되어서 그 사람의 인격과 사상이 밖으로 드러날 수 있을 것인가? 몸이 없다면 그건 유령과 같은 존재가 아니겠는가?

머리와 몸의 개념을 컴퓨터로 이해하면 쉬울 것이다. 컴퓨터를 보면 본체가 있고, 모니터와 마우스, 키보드 등 주변 장비가 있다. 본체에 아무리 놀라운 내용이 담겨 있더라도, 모니터가 없는 이상은 본체 안에 있는 내용이 밖으로 드러날 수 없고, 키보드나 마우스가 없는 이상은 외부의 내용이 본체 안으로 입력될 수도 없다. 즉, 본체 없는 외부 장치는 아무 소용도 없고, 외부 장치 없는 본체도 아무 소용이 없다. 본체나 외부 장치나 다 혼자 있으면 아무 쓸모가 없다. 이와 비슷하게 예수님이라는 머리, 즉 근원source이 없이는 교회는 존재할 수도 없고, 교회라는 몸이 없이는 머리인 예수님이 자신을 외부로 표현할 길이 없다. 그러므로 몸과 머리는 상호 의존적인interdependent 관계이다.

식물을 보자. 대개 식물의 절반 정도는 뿌리이다. 뿌리는 땅 밑에 감추어져 있어서 볼 수 없지만, 뿌리가 식물의 근원source이다. 줄기가 없어도 뿌리만 있으면 생존할 수 있는 식물들은 꽤 있지만, 뿌리 없이 몸만 있다면 그 식물은 금방 죽어버리게 마련이다. 어떻게 보면 식물에서 뿌리라는 것은 우리가 이제까지 이야기한 머리의 개념과 비슷하다. 이 뿌리의 생명력으로 말미암아 땅 위에 드러나 있는 부분인 식물의 몸이 나오게 된다. 비록 우리가 식물의 뿌리는 볼 수 없어도 몸을 통해 식물을 알아볼 수 있다. 즉, 뿌리가 가진 생명은 식물의 몸을 통해 외부로 드러나는 것이다.

교회가 예수님의 몸이라는 것도 이와 같은 맥락에서 이해할 수 있다. 오늘날 우리는 머리인 예수님을 직접 볼 수는 없다. 하지만, 예수님의 몸인 교회는 아주 구체적으로 볼 수 있다. 이 예수님의 몸인 교회를 통해서 예수님의 생명이 드러나게 되는 것이다. 앞에서 이 땅에 오실 때의 예수님은 추상적인 존재로 오신 것이 아니라 구체적으로 보이고 만져지는 몸을 가진 사람으로 오셨다는 것을 알아보았다. 이와 마찬가지로, 예수님은 지금도 살아계시고, 전 세계에서 자신을 드러내신다. 그것은 교회라는 자신의 몸을 통해서이다.

교회 = 예수님

'교회 = 예수님' 라는 제목을 보고 의아해하는 분들이 있을지 모르겠지만, 이제부터 하는 설명을 잘 읽어보기 바란다.

나는 성경을 알아가면서 한가지 궁금한 점이 있었다. 그것은 '예수님께서 잠시 잠깐 이 땅에 나타나셨다가는 왜 도로 하늘로 올라가셨느냐?' 라는 것이다. 어떤 사람이 예수님을 알아가고 싶다고 한다면, 뭐니 뭐니 해도 아마도 가장 좋은 방법은 예수님을 직접 만나서 얼굴을 마주 대하고 그분과 교제하면서 그분을 알아가는 것이 가장 좋을 것이다. 나는 그렇다면, 예수님께서 이 땅에 계신 1세기 중 삼십여 년 정도의 기간, 그것도 예수님께서 공생애를 사신 마지막 3년에 팔레스타인 지역에 살던 사람들은 그래도 예수님을 만날 기회가 있었으니, 이런 면에서 매우 특권이었겠구나 라는 생각이 들었다. 그런데 여기까지 오면 안 풀리는 문제가 있었다. 앞에서도 알아본 바와 같이 '임마누엘의 하나님' 이란 뜻은 하나님이 이제부터는 '구체적으로 볼 수 있게 나타나신 형태로 사람들과 함께 계신 분' 이라는 뜻이다. 그러면, '구체적으로 볼 수 있게 나타나신 형태로 사람들과 함께 계신 분' 이 아주 잠시 잠깐 사람들과 함께 있고 그 후로는 다시 사람들이 도저히 다가갈 수도 없고 알 수도 없는 멀고도 먼 저기 저 너머의 세계로 다시 가신 것인가? 왜 하나님께서는 이랬다 저랬다 하시는가?

그러다가 나는 교회가 뭔지를 알게 되면서 이 질문이 일순간에 다 풀려버렸다. 그래서 이제부터 예수님이 지금도 1세기와 똑같이, 아니, 오히려 훨씬 더 '구체적으로 볼 수 있게 나타나신 형태로 사람들과 함께 계신 분' 이라는 것을 설명하고자 한다. 이게 예수님의 몸인 교회이다.

예수님과 교회는 하나이다. 이것을 다른 말로 하면, 교회가 곧 예수님이라는 뜻이다. 우리는 자꾸 뭔가를 구분하는 데에 익숙해져 있다. 하나님의 원래 의도는 '하나 됨' 인데 타락한 이후로 사람들은 그 방향과 반대 방향으로 가고 있어서 그런지 자꾸 뭔가를 분석하고 분해하고 나누고 분류하기를 좋아하는지도 모르겠다. 몸과 머리는 서로 떼려야 뗄 수 없는 존재이다. 머리 없는 몸이나 몸이 없는 머리를 생각해 보라. 아주 끔찍한 장면이 연상될 것이다.

사실 하나님의 눈으로 본다면 예수님과 교회는 구분할 수 없다. 예수님과 교회는 떼려야 뗄 수 없는 존재이니까…. 예를 들어, 요한복음 15장의 포도나무와 가지의 비유를 생각해보라. 예수님 자신은 포도나무요, 교회는 가지라고 하셨다. 예수님께서 다른 나무가 아닌 포도나무를 언급하신 것도 흥미롭다. 포도나무는 넝쿨 식물이다. 그러니 포도나무를 잘 보면 어디서부터 어디까지가 나무이고 어디서부터 어디까지가 가지인지 구분하기가 매우 어렵다.

바울이 다메섹 도상에서 부활하신 예수님을 만났을 때 예수님께서 바울에게 한 말은 이것이었다. "…네가 어찌하여 나를 핍박하느냐?"^{행 9:4} 바울은 분명히 교회를 핍박하고 있었는데 예수님께서는 그게 자신을 핍박하는 것이라고 하신 것이다. 잘 보면 예수님께서 "…네가 어찌하여 '내 몸'을 핍박하느냐?"라고 하시지 않고 "…네가 어찌하여 '나'를 핍박하느냐?"^{행9:4}라고 하셨다. 이 시점이 아마 바울에게 있어서 예수님에 대한 계시가 열리기 시작한 시점이 아닐까 싶다. 바울은 교회가 곧 예수님이라는 것을 깨달은 것이다. '교회가 예수님의 몸'이라는 것은 무슨 뜬구름 잡듯이 추상적인 신학의 이론이나 교리가 아니라 매우 현실적이고 구체적인 사실이다. 몸이 핍박을 당하고 있는데 안 아픈 머리가 어디 있겠는가? 이 땅에 있는 교회와 하늘의 예수님은 사실상 구분이 없이 유기적인 한 생명으로 이어진, 실상은 완전히 하나인 존재이다.

마태복음의 다음 구절도 이런 맥락에서 이해할 수 있다.

"…내가 진실로 너희에게 이르노니 너희가 여기 내 형제 중에 지극히 작은 자 하나에게 한 것이 곧 내게 한 것이니라…" 마 25:40

예수님에게 한 것이 그 형제에게 한 것이다. 예수님은 하늘에 계신 예수님과 땅에 있는 예수님의 형제, 즉 예수님과 같은 생명을 가진 형제 사이를 '너는 너고 나는 나다' 는 식으로 구분하지 않는다. 내 손가락이 아프면 내가 아픈 것이지 손가락은 아프고 나는 괜찮은 것이 아니다. 예수님과 교회에는 하나 됨만 있지 '너와 나' 의 구분이 없다.

이런 맥락에서 보면 하나님께서 교회를 사랑하시는 것도 아주 실제적으로 이해할 수 있다. 하나님께서 교회를 사랑하시는 것은 더 정확히 말하면 하나님께서 예수님을 사랑하시기 때문이다. 즉, 그 예수님 안에 교회가 있기 때문이고 다른 말로 하면 교회가 예수님과 하나이기 때문이다. 그러므로 우리가 하나님께 사랑을 받을 수 있는 단 하나의 조건은 우리가 예수님 안에 있는 그것뿐이다. 우리가 예수님과 연합해있다면, 하나님은 우리와 예수님을 구분하시지 않는다. 우리를 자신이 사랑하는 아들인 예수님과 똑같이 대하시는 것이다. 우리가 예수님과 어떻게 연합하는지는 제2권에서 더 살펴보겠다.

앞에서 언급한 요한복음 12:24을 다시 보자.

"내가 진실로 진실로 너희에게 이르노니 한 알의 밀이 땅에 떨어져 죽지 아니하면 한 알 그대로 있고 죽으면 많은 열매를 맺느니라" 요 12:24

식물을 키우다 보니 이 말씀이 어떤 것인지 실제로 이해할 수 있게 되었다. 나는 식물을 관찰할 때마다 감탄하게 된다. 식물은 수분도 있고 싱싱하고 활력 있어 보이는데, 그에 비해 식물의 씨를 보면 바싹 말라서 마치 죽은 것으로 보인다. 특히 아몬드나 땅콩 같은 것들을 보면 색깔도 마치 시체처럼 느껴진다. 이런 씨들을 보면 이렇게 바싹 말라 있는 것들이 과연 생명이 있는 것들일까? 하는 의문이 들 정도였으니 말이다. 씨를 땅에 심을 때의 모습도 마치 장사 지내는 모습과 비슷하다. 마치 시체를 땅에 묻는 것처럼 땅을 파고 거기에 씨를 안치한 다음에 그 위에 다시 흙을 덮는다. 그런데 얼마 지나면 그 죽은 것으로 보였던 씨에서 원래 씨와는 완전히 다른 차원의 모습을 한 새로운 생명이 솟아나서 씨의 껍질을 뚫고서 자신을 덮었던 땅까지 다 뚫고 땅 위로 솟아 올라와서 햇빛을 본다. 땅 위로 솟아나온 식물의 모습은 원래의 씨만 보면 도저히 연상할 수 없는 모습을 하고 있다. 나는 이런 모습을 볼 때마다 예수님의 죽음과 부활과 교회의 탄생을 연상하게 된다. 예수님께서도 죽어서 장사 되셨다. 그분은 며칠 후에 부활하셨는데, 그 부활한 몸은 원래의 한 분의 개인인 예수님과는 전혀 차원이 다른 예수님의 새로운 몸인 교회이다.

신약 성경에서 '영광' 이라고 번역되는 단어의 원래 뜻은 '어떤 존재가 자신의 최고 수준으로 활짝 핀 상태' 를 나타내는 말이다. 예를 들어, 꽃이 활짝 피었을 때를 보고 '영광스럽다' 고 한다. 여자는 남자의 영광이다.^{고전11:7} 앞에서도 고린도전서 11장에 표현한 '남자와 여자' 는 이 표현을 빌려서 결국 예수님과 교회를 설명하고 있다는 것을 알아봤듯이, '여자는 남자의 영광이다.' 라는 말은 '교회는 예수님의 영광이다.' 라는 말이다. 교회가 예수님의 영광이라는 말은 예수님이 활짝 꽃이 핀 상태가 교회라는 것이다. 예수님께서 이 땅에 오셔서 한 알의 밀알이 되어 죽으신 이후에 부활하여 이제는 '교회' 라는 새로운 몸을 입고 활짝 꽃을 피운 것이다.

이제 요한복음 14:12도 살펴보자.

"내가 진실로 진실로 너희에게 이르노니 나를 믿는 자는 내가 하는 일을 그도 할 것이요 또한 그보다 큰 일도 하리니 이는 내가 아버지께로 감이라" 요 14:12

위의 구절을 보면 이제 아하! 하고 감이 오지 않는가? 어떻게 예수님을 믿는 자들이 예수님보다 더 큰 일을 할 수 있을까? 이 구절을 이해할 수 있는 핵심은 뒷부분의 "이는 내가 아버지께로 감이니라"라는 표현에 있다. 요한복음 14~16장에서 주로 말하고자 하는바 가운데 하나는 성령이다. 예수님께서 아버지께로 가면 성령을 보내어주실 것이다. 즉, 예수님께서 아버지께로 가면 이제는 다른 형태, 즉 영의 형태로 제자들 안에 계시며, 제자들과 함께한 몸을 이루고 계시게 되는 것이다. 이 땅에서 개인 혼자의 몸인 예수님은 몸에 제한을 받으셨다. 즉, 예수님께서 갈릴리에 계시면 유대에 있을 수 없고, 유대에 있으면 사마리아에 있을 수 없었다. 하지만, 예수님께서 죽고 부활해서 아버지께로 갔다가 다시 오신 이후의 확장된 몸, 다른 말로 하면 예수님의 생명을 가진 많은 사람으로 이루어진 또 다른 예수님, 즉 교회는 점점 온 세상으로 퍼져 나갔다. 예수님의 몸이 확장된 것이다. 이건 다른 말로 하면 하나님의 몸이 확장된 것이고 더 정확히 말하면 하나님의 생명이 넓어진 것이다. 이렇게 넓어진 몸이 원래 몸보다 당연히 더 큰 일을 하게 된 것이다. 이게 바로 하나님의 궁극적인 목적이다. 하나님과 똑같은 생명이 넓어지는 것…. 그러므로 교회는 하나님의 궁극적인 계획의 완성이다. 앞서 내가 예수님께서 구체적인 몸을 가지고 이 땅에 오셨다가는 다시 머나먼 아버지께로 가셨다는 것이 풀리지 않았다는 질문은 이 구절에서 완전히 풀리게 되었다. 지금은 기독교와 기독교 유사 종교가 전세계에 퍼져 있기 때문에 잘 모르는 사람들이 멀리서 보면 예수 그리스도께서 1세기에 이 세상에 오셔서 매우 대단하고 위대하고 주목할만한 업적을 남기신 줄로 아는데, 사실 복음서를 잘보면, 예수 그리스도께서 하신 일이 의외로 세상 일반 사람들이 보기에는 대단한 일처럼 보이는 일들이 아니었다는 것을 알 수 있다. 예수

님은 인류 역사에 길이 남을 거창한 역사적인 일들을 하려는 것에도
관심이 없으셨던 것 같고, 책이나 기록을 남기는 일에도 무관심하셨
던 것 같고, 더더욱이 새로운 종교를 창시하려는 것이 아니라 오히려
기존의 종교 세력을 경계하셨던 것 같다. 그리고는 3년여의 짧은 공생
애를 마치고 죽으셨다. 그럼에도 불구하고 예수님은 "다 이루었다"요
17:4; 19:30라는 말씀을 두 번이나 하셨다. 이 말씀은 '개인 신앙' 이나
'개인 구원' 을 강조하는 사람들은 이해하기 힘든 말씀일 것이다. 도대
체 예수님께서 이 이 땅에 계신 동안 몇 사람이나 구원을 받았겠는가?
그러면, 예수님은 도대체 무슨 근거로 이런 말씀을 하실 수 있었겠는
가? 그건 예수님이 남기고자 한 것은 책도 아니요, 대단한 업적도 아
니요, 더더욱이 종교도 아닌, 살아있는 생명을 가지고 움직이는 살아
있는 그리스도의 몸인 교회였기 때문이다. 더 쉬운 말로 하자면, 예수
님께서는 이 땅에 '자기 자신의 분신' 또는 더 정확히 말하면 아예 '자
기 자신' 을 남기신 것이다. 교회야말로 보이지 않는 하나님이 이 땅에
볼 수 있게 나타난 그리스도의 몸인 것이다. 사도 바울도 "하나님은
우리 각 사람에게서 멀리 떠나 계시는 분이 아니다"행17:27라고 했다.
사도 바울이 이 말을 한 시점은 그리스도께서 승천하신 이후였다. 도
대체 사도 바울은 무엇을 보고 사람들에게 자신 있게 이런 말을 할 수
있었겠는가? 그건 그리스도의 몸인 교회가 있기 때문이었다.

그러므로 오늘날도 예수님을 구체적으로 만날 수 있다. 어떻게? 예
수님의 몸인 교회를 통해서이다. 앞에서 예수님을 '구체적으로 볼 수
있게 나타나신 하나님' 이라고 표현했는데, 이렇게 보면 교회는 '구체
적으로 볼 수 있게 나타난 예수님' 인 것이다!

이제 위에서 설명한 요한복음 14:12 바로 앞에 무슨 내용이 나오는
지 한번 짚어보자.

"예수께서 이르시되 빌립아 내가 이렇게 오래 너희와 함께 있으되 네가 나를 알지 못하느냐 나를 본 자는 아버지를 보았거늘 어찌하여 아버지를 보이라 하느냐 내가 아버지 안에 거하고 아버지는 내 안에 계신 것을 네가 믿지 아니하느냐 내가 너희에게 이르는 말은 스스로 하는 것이 아니라 아버지께서 내 안에 계셔서 그의 일을 하시는 것이라 내가 아버지 안에 거하고 아버지께서 내 안에 계심을 믿으라 그렇지 못하겠거든 행하는 그 일로 말미암아 나를 믿으라 내가 진실로 진실로 너희에게 이르노니 나를 믿는 자는 내가 하는 일을 그도 할 것이요 또한 그보다 큰 일도 하리니 이는 내가 아버지께로 감이라" 요 14:9~12

우리가 교회가 뭔지 그 실체를 알고, 진정한 교회가 뭔지를 알았다면 이 구절의 형식을 활용해서 오늘날의 교회와 예수님의 관계를 이 말씀의 개념과 같게 이해해도 무방할 것이다. 즉, "여러분이 이렇게 교회와 오래 함께 있었는데도 예수님을 알지 못하십니까? 교회는 예수님 안에 있고 예수님은 교회 안에 계신 것을 믿지 않습니까?"라고 말이다. 하나님과 예수님의 관계와 예수님과 교회의 관계는 똑같은 것이기 때문이다.

성경과 교회사의 예들

교회가 '구체적으로 볼 수 있게 나타난 예수님'라는 것을 안 상태에서 성경을 보면 많은 것을 아주 실제적으로 이해할 수 있다. 대표적으로 사도행전, 고린도전후서, 에베소서, 골로새서를 살펴보겠다.

사도행전을 보면 예수님이 하시던 똑같은 일을 예수님의 확장된 몸이 그대로 하는 것을 알 수 있다. "나를 믿는 자는 나의 하는 일을 저도 할 것이요 또한 이보다 큰 것도 하리니"라는 예수님의 말씀이 그대로 실현된 것이다. 사도행전을 잘 보면 예수님께서 하시던 것과 똑같은 패턴의 일들이 마치 예수님께서 다른 형태로 이 사람 저 사람 안에 사신 것처럼 계속해서 벌어지는 것을 볼 수 있다. 스데반은 진리를 외치다가 동족이자 하나님 백성이라고 자부하는 유대인들에게 핍박을 받고 죽는다. 스데반이 죽기 전에 자신을 핍박하는 사람들에 대해 한 말은 "주여 이 죄를 저들에게 돌리지 마옵소서."였다. 사도 바울은 열심히 복음을 전하다가 동족에게 가장 심하게 핍박을 받고 결국 이방인인 로마인에 의해 로마로 끌려가서 재판을 받고 죽는다. 어디서 많이 들어본 얘기들 아닌가? 이건 예수님의 이야기가 아닌가?

사도행전에 자주 나오는 표현이 '기쁨과 성령이 충만하다' 는 것이다. 행2:46,8:8,13:52 이것도 예수님께서 하신 아래 말씀을 연상시킨다.

"내가 이것을 너희에게 이름은 내 기쁨이 너희 안에 있어 너희 기쁨을 충만하게 하려 함이라" 요 15:11

"지금 내가 아버지께로 가오니 내가 세상에서 이 말을 하옵는 것은 그들로 내 기쁨을 그들 안에 충만히 가지게 하려 함이니이다" 요 17:13

잘 보라. 사도행전에 나오는 이 사람들, 즉 교회는 막말로 껍데기만 이 사람들이지 그 안에 약동하고 있는 것은 예수님의 생명이다. 즉, 예수님께서 다른 몸을 입고 더 큰 일을 하고 계신 것이다. 이건 오늘날도 마찬가지이다.

이제 고린도전서를 살펴보자. 고린도 교회는 교회의 분열이라는 심각한 문제를 안고 있었다. 그런 고린도 교회에 바울이 한 말을 보자.

"…너희가 각각 이르되 나는 바울에게, 나는 아볼로에게, 나는 게바에게, 나는 그리스도에게 속한 자라 한다는 것이니 그리스도께서 어찌 나뉘었느냐…”
고전 1:12~13

잘 보라. 이제 뭔가 감이 오는가? 교회가 나뉜 문제에 대해 바울은 ‘교회가 어찌 나뉘었느냐?’ 라고 한 것이 아니라 ‘그리스도께서 어찌 나뉘었느냐?’ 라고 한다. 바울이 보기에 교회가 나뉜다는 것은 예수님이 나뉜 것과 같은 것이었다. 이제는 아래 구절도 이해가 잘 갈 것이다.

“몸은 하나인데 많은 지체가 있고 몸의 지체가 많으나 한 몸임과 같이 그리스도도 그러하니라” 고전 12:12

뒷부분에 ‘교회도 그러하니라’ 라고 쓰지 않고 ‘그리스도도 그러하니라’ 라고 쓴 것을 보라. 이 구절을 알기 쉽게 풀어쓰면 아래와 같을 것이다.

“몸은 하나인데 많은 지체로 구성되어 있고 몸의 지체가 매우 많으나 결국은 한몸인 것처럼, 그리스도도 한 분이지만 그 몸은 많은 지체로 구성된 분입니다.”

예수님을 1세기에 살았던 한 개인으로 알고 있다면 큰 오해다. 물론, 이 땅에 오신 예수님은 처음에는 한 개인이었지만 육신의 예수님께서 죽고 부활하신 이후의 예수님은 그 몸에 많은 지체를 가진 ‘집합적인 한 사람’ 이다. 그게 바로 교회이다. 고린도후서에서 바울은 “…비록 우리가 그리스도도 육신을 따라 알았으나 이제부터는 그같이 알지 아니하노라”고후5:16라고 했는데 이 말씀도 이런 맥락에서 이해해야 한다.

우리는 구약의 여기저기에서 하나님께서 하나님 백성 전체를 한 사람으로 묘사하는 모습을 꽤 보게 되는데, 이와 마찬가지로, 하나님의 눈에는 교회는 한 사람이다. 한 사람인데 그 사람 안에는 여러 지체로 구성된 것이다. 바울이 에베소서 2:15에서 표현한 '한 새 사람(one new man)'도 교회, 즉 '집합적인 한 사람'을 말하는 것이다. 아담이라는 머리로 말미암아 타락한 인류를 옛사람이라고 부르는 것처럼, 예수님이라는 머리를 가진 집합적인 몸 안으로 들어온 새 인류를 '한 새 사람'이라고 부르는 것이다.

이제 골로새서와 에베소서를 보겠다. 나는 골로새서와 에베소서를 읽으면 다른 성경과는 매우 다른 느낌을 받게 된다. 바울은 이들 편지에서 예수님에 대해서 너무나도 우주적이고 광대하게 그리고 있다. 바울의 다른 편지들은 대부분 그 교회의 특수한 상황에서 벌어진 문제들을 해결하고자 보낸 편지였는데, 이 두 편지는 전혀 그런 느낌을 주지 않고 오히려 하나님의 영원한 목적^{엡3:11}을 알려준다. 바울이 골로새서에서 "이 편지를 너희에게서 읽은 후에 라오디게아인의 교회에서도 읽게 하고 또 라오디게아로부터 오는 편지를 너희도 읽으라"^{골4:16}고 한 것도 이해가 간다. 골로새서와 에베소서야말로 바울이 예수님을 알아간 것이 최고 절정기에 있을 때 쓰인 것이다.

골로새서는 머리이신 예수님을, 에베소서는 몸인 예수님을 잘 보여준다. 골로새서에서는 하나님의 비밀이 예수님임을^{골2:2}보여주고 있지만, 에베소서에는 예수님의 비밀이 교회^{엡5:32}임을 보여준다. 어중이떠중이 누구나 다 알 수 있는 것을 가지고 '비밀'이라고는 누구도 말하지 않는다. 비밀이라고 했을 때는 오랫동안 아무도 모르게 감추어졌다가 어느 순간에 나타난 것을 말한다. 예수님은 창세 전부터 아버지 품에 감추어져 있다가 역사의 어느 순간에 사람들이 볼 수 있고 만질 수 있는 존재로 이 세상에 나타나셨다. 그러니, 예수님은 하나님 안에 감추어있던 비밀이다.

아담이 이 세상에 태어났을 때 아담 안에 하와가 들어 있는 형태, 2 in 1의 형태로 창조되었다. 그리고 아담이 죽고 나서야 하와가 꺼내어 진다. 그러므로 여자는 남자 안에 감추어진 비밀이다. 이와 마찬가지 로, 교회라는 존재는 창세 전부터 예수님 안에 감추어져 있었다가 예 수님께서 죽으시고 부활하실 때에 예수님으로부터 꺼내어져서 세상 에 그 모습을 드러냈다. 그러니, 교회는 예수님 안에 감추어있던 비밀 이다.

하나님의 모든 비밀은 예수님이다. 하나님을 열어보면 그 안에는 하 나님의 비밀인 예수님이 나오고, 예수님을 열어보면 그 안에는 예수 님의 비밀인 교회가 나온다. 하나님은 보이지 않는 분이시다. 하지만, 예수님은 잠시 잠깐이긴 하지만 이 세상에 보이고 만져지는 존재로 계셨다. 그리고 예수님의 몸인 교회는 복음이 전해져서 교회가 세워 지는 곳 어디에서나 사람들이 아주 구체적으로 볼 수 있는 존재이다. 이 흐름을 잘 보라. 하나님의 한결같은 의도와 목적은 이 세상에, 아 니, 이 온 우주에 자신의 생명을 충만하게 드러내고 나타내시려는 것 이다. 이제는 아래 말씀이 달리 보여야 한다.

> "곧 내가 그들 안에 있고 아버지께서 내 안에 계시어 그들로 온전함을 이루어 하
> 나가 되게 하려 함은 아버지께서 나를 보내신 것과 또 나를 사랑하심 같이 그들도
> 사랑하신 것을 세상으로 알게 하려 함이로소이다" 요 17:23

에베소서 3장의 바울의 기도의 맨 마지막에 나오는 표현을 보면 이 제 다르게 보일 것이다.

아마 바울이 이렇게 적을 때는 이런 의미가 아니었을까? ‘교회 안에서, 곧 그리스도 예수 안에서’라고 말이다. 즉, ‘그리스도 예수 안에서’라는 말은 구체적으로는 ‘교회 안에서’라는 말이나 마찬가지이다.

나는 여러분이 이 책을 읽고 난 다음이나 아니면 지금이라도 당장 에베소서와 골로새서를 정독해보길 바란다. 에베소서와 골로새서는 사도 바울이 쓴 편지 중 개인들에게 쓴 편지들을 제외하고 교회들에 대해 쓴 편지로서는 거의 마지막에 쓴 편지이다. 즉, 바울이 예수님을 알아간 것이 가장 성숙했을 때 쓴 편지들이다. 아마도 여러분이 직접 성경에서 확인해본다면, 예수님과 교회에 대해서 완전히 다른 차원의 시각으로 훨씬 더 많은 것을 깨닫게 될 것이다.

성경의 예는 이쯤에서 마무리하기로 하고, 교회사로 넘어가겠다. 이 책을 읽는 분들이 역사와 교회사에 대해 얼마나 잘 알고 있는지는 잘 모르겠지만, 여러분이 교회사를 깊이 알아가다보면 예수님께서 이 땅에 육신으로 계셨던 1세기 이후에도 여전히 진정으로 예수님과 하나가 되어 예수님의 몸을 이룬 사람들 안에서 더 큰 몸을 입고서 넘치게 약동하는 생명으로 살아 계셨다는 것을 알 수 있다. 이 짧은 책에 교회사의 그 수많은 일들을 다 기록할 수는 없지만, 1세기에 예수님께서 계셨을 때와 전혀 다르지 않은 일들이 그 이후에도 계속 벌어졌다. 진실로 예수님은 사람들을 진정으로 자유하게 해주는 명쾌한 가르침 속에, 세상적인 종교 지도자들의 속을 뒤집어 엎는 열정과 과격함 속에, 아무런 저항도 하지 않고 자신을 대적하는 사람들의 손에 이끌려서 조용히 죽어간 사람들 속에, 죽음마저 모두 감당할 수 있는 진정한 부활에 대한 믿음으로 인한 완전한 평온과 자유와 사랑 속에 아주 강인

한 생명력으로 살아계신다. 이건 오늘날도 마찬가지이다. 나는 이 책을 읽는 분들이 시간이 난다면 교회사를 깊이 연구해볼 것을 권한다. 만일 여러분이 예수님께서 다른 몸을 입고서 어떻게 이 땅에 자신을 드러내오셨는지에 대한 시각을 가지고 교회사를 본다면 아마도 전에 보지 못했던 많은 것들을 보게 될 것이다.

'개인 신앙'에서 '교회'로

오늘날 대부분의 제도화된 기독교는 너무나도 개인 신앙에 빠져 있다. 개인의 영성, 개인 성경 연구, 개인의 삶, 개인의 적용, 개인이 무엇을 성취해야 하는 등등 개인의 변화에 관심이 많다. 물론 개인들도 중요하다. 하지만, 성경에서 주로 말하고자 하는 바는 개인 신앙이 아니다. 교회가 몸이고 각각의 개인은 몸의 각 지체일 뿐이다. 앞서 요한복음 15장의 포도나무 비유를 들었는데, 일반적으로는 이것을 '포도나무는 예수님이요, 가지는 교회이다.'로 가르치지 않고 '포도나무는 예수님이요, 가지는 여러분 개개인이다.'로 가르치는 경향이 많은 것 같다. 여기서 더 나아가서 예수님 안에 거하려면 개인이 열심히 성경을 읽고, 개인이 열심히 성경을 연구하고, 개인이 열심히 기도하고, 개인이 열심히 QT를 하라고 가르치는 경우도 많다. 물론 이렇게 성경 읽고, 성경 연구하고, 기도하고, QT를 하는 것 자체는 좋은 것이다. 문제는 교회라는 집합적인 몸으로 사는 삶에 대해서 무지하다는 것이다.

신약 성경, 특히 바울의 서신에서 여러분은 개인 신앙에 대한 내용을 얼마나 찾아볼 수 있는가? 바울이 개인이 성경을 읽고 변화되고, 개인이 QT하고 묵상해서 영성을 배워나가고, 개인이 영적으로 승리하고, 개인이 열심히 전도하고 선교하라고 권한 내용을 얼마나 찾아볼 수 있는가? 오히려 바울의 서신은 교회 전체가 한 몸을 이루어서 살아가면서 발생하는 실제적인 문제들을 다루고 있지 않은가?

여러분이 자신을 드러내려면 여러분의 눈, 코, 손가락, 발가락 정도가 아닌 온전한 몸이 필요하다. 뛰어난 눈과 잘 생긴 코와 손가락, 발가락들이 아무리 많더라도, 한 몸과 한 생명으로 이어져 있지 않고 각각 흩어져서 떨어져 있다면 아무 소용도 없다. 아니, 아무 소용이 없는 정도가 아니라 실상 이것은 아주 끔찍한 장면이다. 이건 예수님으로서도 마찬가지이다. 예수님은 이 세상에서, 아니, 온 우주에 자신을 충만하게 드러내고 싶어하신다. 예수님께는 각각 흩어져있는 지체가 아니라 온전한 예수님의 몸이 필요한 것이다.

예수님을 알아간다는 면에서도 오늘날의 기독교는 너무나도 개인 신앙에 빠져있다. 예수님을 알아가는 것은 개인이 알아가는 것이라기보다는 교회가 집합적인 한 사람으로서 알아가는 것이다. 개인이 알아가는 예수님은 매우 제한적이다. 앞에서 얘기한 '하나님의 생명' 이라는 것도 교회가 있어야 온전하게 설명이 된다. 생각해보라. 여러분의 생명은 여러분의 전 인격적인 전체의 생명을 말하는 것이다. 여러분의 눈, 코, 입, 귀, 손, 발이 따로 각자 생명을 가졌는가? 절대 그렇지 않다. 눈, 코, 입, 귀, 손, 발은 전체의 몸과 한 생명으로 하나의 몸을 이루는 것이다. 이건 교회에도 그대로 적용된다. 엄밀히 말하면 예수님의 생명이 교회의 생명이다. 그리고 교회의 생명은 교회를 구성하고 있는 각 지체, 즉 각 형제 · 자매들의 생명이 서로 연락하고 상합하여 한 생명으로 살아가는 것이다. 이들은 분리해서 떼어놓고 생각할 수 없다.

예수님의 몸인 교회와 교회 안의 집합적인 삶을 모른 채 개인 신앙에 빠져 있으면 성경의 많은 내용들이 왜곡되게 받아들여질 수밖에 없다. 예를 들어, 성령을 예로 들어보자. 기독교에서는 많은 경우 성령에 대해서 매우 복잡한 내용을 가르치는 경향이 있는 것 같다. 그러나, 교회가 뭔지를 안다면, 성령에 대한 이해도 매우 온전해진다. 성령이 하시는 일은 예수님을 영화롭게 하고, 예수님의 영광을 드러내는 일이다.요16:13~14 무엇이 예수님을 영화롭게 하는 것이겠는가? 예수님의 영광이 과연 무엇이겠는가? 앞에서도 살펴본 바와 같이, 교회야말로 예수님의 영광이다. 예수님이 활짝 꽃이 핀 상태가 교회이다. 우리는 이 책에서 줄기차게 하나님의 궁극적인 목적이 무엇인지를 알아보았다. 그건 하나님의 생명이 넓어지는 것이며, 구체적으로는 교회이다. 당연히 성령이 하시는 일도 이와 같아서, 드러나는 양상은 다양할지 모르지만, 결국은 교회가 세워지는 방향으로 일을 하신다. 그러므로, 이런 맥락에서 성령을 이해하면 별 무리 없이 많은 것이 이해가 되어진다. 하지만 불행히도, 오늘날의 기독교에서 보여지는 모습을 보면 성령에 대해서 가르칠 때 하나님의 궁극적인 목적과 예수님의 몸인 교회에 대한 이해가 부족한 상태에서 아주 제한적이고 지엽적인 내용에 초점을 두어서 가르치는 것 같다. 이런 현상을 만드는 중요한 원인 중 하나는 바로 대부분의 기독교인들이 교회라는 예수님의 몸 안에서 집합적으로 사는 삶에 대해서는 무지한 채, 개인 신앙에 빠져있기 때문이다.

　예수님이 교회의 머리라는 것도 아주 실제적인 의미가 있다. 교회에서의 모임이나 모든 것은 예수님의 주관 하에 성령께서 이끄시는 것이다. 이런 면에서 예배 순서를 정해 놓고 소수의 사람이 일방적인 설교를 하고 대부분 일방적으로 프로그램이 진행되는 오늘날의 기독교의 모습은 하나님의 원래 계획인 교회와는 너무나도 동떨어져 있다고 볼 수 있다. 여러분의 몸이 손이나 입만 왕성하게 활동을 하면서 기능을 하고 있고 몸의 다른 부분은 전혀 활동을 하지 않고 가만히 구경만 하고 있다고 생각해보라. 그건 괴물 같은 몸이거나 심한 장애가 있는 몸이지 정상적인 몸이 아니다.

너무나도 오랫동안 기독교는 교회라는 하나님의 비밀 중의 비밀에 대해 무지 해왔던 것 같다. 기독교는 교회라는 집합적인 한 생명에 대해서는 무지한 채, 흩어져있는 각각의 지체들이 생명으로 살아가는 데에 치중한 것 같다. 눈 따로, 귀 따로, 손 따로, 발 따로…. 이런 식으로 각자 흩어진 상태에서 살아간다는 것 자체가 매우 이상한 것이다. 이 책을 읽는 분들이 개인 신앙이 아니라 교회, 즉 개인이 아닌 집합적인 삶을 알고 그런 삶을 살아가게 되기를 바란다. 2권에서는 이런 삶에 대해 아주 구체적으로 이야기할 것이다.

4) 하나님의 가족

누가 진짜 가족인가?

셋째로 알아볼 교회에 대한 비유는 하나님의 가족이다. 가족이라는 제도를 만드신 분이 하나님이신 것을 생각해보라. 가족이라는 것의 실체야말로 창세 전 세계의 원판에서 찾아야 할 것이다. 창세 전에 아버지와 아들이 있었다. 창조 후에는 아들의 신부가 생긴다. 성경, 특히 신약 성경을 잘 보면 형제, 자매, 자녀 등등 가족에 대해 쓰는 표현들이 가득하다. 심지어 예수님에 대해서도 '맏아들' 이라고 표현되어 있다. 롬8:29; 히1:6

앞에서 하나님은 여러분이 예수님 안에 있는 한, 여러분을 자신이 가장 끔찍하게도 사랑하시는 아들인 예수님과 똑같이 취급하신다는 것을 알아봤다. 교회는 집합적으로 보면 예수님의 신부이지만, 교회 안의 각각의 형제 자매들은 예수님의 형제이다. 신랑과 신부, 자녀, 형제 자매 모두 한 가지 실체를 여러 측면에서 본 것이다. 그 실체는 사랑으로 하나가 된 가족이다.

"거룩하게 하시는 이와 거룩하게 함을 입은 자들이 다 한 근원에서 난지라 그러므로 형제라 부르시기를 부끄러워하지 아니하시고 이르시되 내가 주의 이름을 내 형제들에게 선포하고 내가 주를 교회 중에서 찬송하리라 하셨으며 또 다시 내가 그를 의지하리라 하시고 또 다시 볼지어다 나와 및 하나님께서 내게 주신 자녀라 하셨으니" 히 2:11~13

예수님께서는 이 땅에 계실 때에 자신의 진정한 가족이 누군지에 대해 매우 분명한 시각을 갖고 계셨다. 예수님의 육신의 가족이 자신을 찾았을 때 아래와 같은 말씀을 하신 것을 보라.

"…누가 내 어머니이며 동생들이냐 하시고 둘러 앉은 자들을 보시며 이르시되 내 어머니와 내 동생들을 보라 누구든지 하나님의 뜻대로 행하는 자가 내 형제요 자매요 어머니이니라" 막 3:33~35

이 질문은 우리에게도 적용된다. 누가 진짜 가족인가? 흔히들 종교 생활을 하는 사람들에게는 일요일에 한번 만나는 사람들을 형제니 자매니 하고 부르는 것이 사실은 매우 어색하게 들릴 수 있다. 하지만, 하나님의 입장에서 보면 전혀 다르다. 하나님의 눈으로 보면 진짜 가족은 교회이다.

교회는 아주 실제적인 의미에서 가족이다. 가족의 필수적인 요소는 사랑과 하나 됨이다. 가족은 먼저 한 남자와 한 여자가 사랑해서 하나가 되어 함께 살게 됨으로 시작된다. 그리고 그 남녀 사이에 사랑이 넘쳐서 그 사랑의 열매인 새로운 생명이 태어남으로 인해 확장된다. 교회도 마찬가지로, 예수님과 교회가 사랑해서 하나가 되어 함께 살게 됨으로 시작된다. 그리고 예수님과 교회의 사랑이 깊어질수록 그 사랑이 넘쳐서 새로운 생명이 태어나고 그 범위가 점점 확장된다. 가족은 사랑이라는 관계성 안에서 살아가면서 함께 여러 가지 경험을 한다. 어떤 때는 즐겁고 기쁜 경험들도 있고, 어떤 때에는 괴롭고 아픈 경험도 있을 것이지만 이런 일들을 겪으면서 가족들은 점점 더 하나가 된다. 이건 어떤 의미로 보면 생명이 넓어질 뿐 아니라, 깊어진다고도 볼 수 있다.

물론 정상적인 가족에 한정된 이야기이긴 하지만, 육신의 가족 관계에서도 가족 중 누가 스스로 감당할 수 없는 매우 힘든 상황에 부닥쳐 있다면 발벗고 나서서 돕는 것이 가족이다. 이건 교회도 마찬가지이다. 이 땅에서의 가족이라는 것은 어떻게 보면 세상에 사는 동안에 창세 전의 세계를 경험할 수 있는 가장 중요한 소재가 아닐까?

하나님의 궁극적인 목적은 사랑의 관계성 가운데 하나님과 하나가 되어 살아가는 사람들이 늘어나는 것이었다. 그러니, 하나님의 가족인 교회는 그 자체가 하나님 목적의 완성이다.

교회사를 조금만 공부해보면, 초기의 몇 세기까지의 기독교는 철저히 가족과 같은 공동체 운동이었다는 것을 알 수 있다. 그 당시의 기독교에는 오늘날처럼 신약 성경이 확립되어 있지도 않았고, 일요일마다 모여서 설교를 듣는 것도 아니었다. 그 당시의 그리스도인들이 모여서 하는 일은 마치 피를 나눈 진짜 가족처럼 함께 음식을 먹고, 교제하는 것이었지, 어떤 엄숙하고 거창한 의식을 행한 것이 아니었다. 모이는 장소도 대부분 교회의 형제나 자매의 집 중 어느 한 집이었지, 오늘날의 제도화되고 대형화된 종교처럼 종교 의식을 행하는 장소가 구별되어 있었던 것도 아니다. 즉, 초기 기독교는 가족과 같은 공동체였지, 제도화된 종교가 아니었다. 초기에 기독교가 놀랍게 빨리 퍼진 것에는 여러 요인이 있겠지만, 그 중에서도 가장 중요한 것은 기독교가 교회라는 공동체를 이루어서 가족과 같이 사랑하면서 하나가 되어 살아갔다는 것이었다. 예수님께서도 "너희가 서로 사랑하면 이로써 모든 사람이 너희가 내 제자인 줄 알리라"요13:35 고 하셨지, "너희 교세가 확장이 되고 종교 건물이 커지고 신도 수가 늘어나면 이로써 모든 사람이 너희가 내 제자인 줄 알리라"고 하지 않으셨다. 기독교의 핵심은 '한 몸이 된 공동체 안에서의 가족과 같은 깊은 사랑의 관계성' 이지, '교세 확장' 이나 '대형화' 또는 '제도화' 가 아니다. 하지만, 불행히도, 콘스탄틴 황제가 기독교를 공인한 시점을 정점으로 기독교는 서서히 대형화되고 제도화되어서 차츰 '제도화된 종교' 로 변질되기 시작했고, 그 후로도 그리 큰 변화 없이 오늘에 이르게 되었다. 개혁파(프로테스탄트)들도 이러한 틀에 있어서는 사실상 큰 변화는 만들지 못했다. 오늘날 교회가 뭔지를 제대로 알아보고자 하는 사람이라면 이러한 것을 아주 깊이 인식해야 한다. 이 부분에 대해서는 이제부터 '하나님의 집' 을 다루면서 더 알아보도록 하겠다.

5) 하나님의 집

마지막으로 알아볼 교회에 대한 성경의 비유는 하나님의 집이다.고전3:9; 딤전3:15 이걸 다른 말로 하면 하나님의 거하실 처소이고,엡2:22 또 다른 말로 하면 하나님의 성전고전3:16~17이다. 각각의 표현은 조금씩

달라도 다 같은 실체인 내용이다. 교회야말로 '하나님이 거하시는 곳'
이라는 뜻이다.

하나님의 집의 변천사

사도행전 7장을 보면 스데반이 유대인 공회 앞에서 변론한 내용이
나온다. 다소 긴 이 사도행전 7장을 잘 보면 마치 구약 전체가 한 장에
정리된 것 같은 느낌이 들 정도이다. 여기서 스데반이 말한 중심 메시
지 중 하나는 "하나님께서 과연 어디에 계시는가?"이다. 성경은 어떤
관점으로 본다면, '자신이 거할 곳을 찾기 위한 하나님의 기나긴 여
정'이라고도 볼 수도 있다. 이제부터 하나님의 집이 어떻게 변천해왔
는지 풀어갈 테니 다소 장황하더라도 이해해주기 바란다. 나중에 나
오는 설명들의 기초가 되기 때문이다.

하나님께서는 처음에 에덴동산에서 아담과 함께 계셨다.^{창3:8} 만약
아담이 생명나무 열매를 따 먹었더라면, 이 지구의 모든 인류 전체가
교회가 되었을 것이다. 교회가 하나님의 집이므로, 이 지구 전체가 하
나님의 집이 되었을 것이다. 그러다가 아담이 타락하면서 마귀가 이
땅 전체를 차지하게 되었다. 하나님으로서는 집을 잃으신 것이다.

그러다가 다시 한참 뒤에 하나님께서는 아브라함을 부르셨다. 아브
라함은 갈대아 우르 사람이었다. 갈대아 우르는 바벨론에 있는 곳이
다. 하나님께서 아브라함에게 하신 명령은 "본토 친척 아비 집을 떠나
서 내가 지시할 땅으로 가라"는 것이었다. 하나님께서는 아브라함을
통해서 자신이 거하실 곳을 만드시려는 것이다. 하나님께서 자신이
거하실 곳을 만드실 때에는 항상 이전에 얽매였던 모든 영향을 완전
히 다 버린 상태에서부터 시작해서 완전히 새로운 것을 만드신다. 그
러니 당연히 하나님의 부름을 받은 사람들은 자신이 익숙하던 모든

것을 다 버리고 하나님이 이끄시는 새로운 땅으로 가서 나그네로 산다. 창세기에 유독 '땅'에 대한 이야기가 많이 나오는 이유는 이런 배경에서 찾아야 한다. 히브리서에서는 이런 사람들에 대해서 이렇게 표현했다.

"이 사람들은 다 믿음을 따라 죽었으며 약속을 받지 못하였으되 그것들을 멀리서 보고 환영하며 또 땅에서는 외국인과 나그네임을 증언하였으니 그들이 이같이 말하는 것은 자기들이 본향 찾는 자임을 나타냄이라 그들이 나온 바 본향을 생각하였더라면 돌아갈 기회가 있었으려니와 그들이 이제는 더 나은 본향을 사모하니 곧 하늘에 있는 것이라…" 히 11:13~16

하나님의 집은 '본향을 찾는 사람들이 이전의 땅을 완전히 떠나서 간 새로운 땅'에서 이루어지는 것이다. 이것에 대해서는 같은 패턴이 한결같이 계속 반복되는 것을 앞으로도 확인할 수 있을 것이다.

아브라함 이후에 이스라엘 자손들은 이집트에서 400년간 노예 생활을 하다가 모세에 의해 이집트를 빠져나와 가나안 땅으로 가게 된다. 가나안 땅에서 모세는 성막^{휘막}을 만든다. 그것은 하늘에서 보여준 그대로 만든 것이다. 성막은 금과 나무로 구성되어 있다. 모세가 성막을 완성했을 때에 성막에 여호와의 영광이 충만했다.^{출40:34~35} 성막은 뜰, 성소, 지성소의 세 부분으로 되어 있는데 그중에 지성소가 핵심이다. 지성소는 정육면체의 방이다. 지성소 안에는 법궤^{증거궤 또는 언약궤}가 있는데 이 법궤야말로 하나님이 거하는 곳이었다. 법궤는 황금으로 입힌 나무상자이다. 법궤나 성막이나 동일하게 금과 나무로 구성되어 있다는 것을 눈여겨보라. 금은 하나님의 신성^{Divinity}을, 나무는 인성^{humanity}을 나타낸다. 이것은 정확히 예수님을 나타낸다. 법궤와 성막의 세세한 부분이 무엇을 의미하는지는 수많은 책과 그림들이 있으므로 더 자세히 알고 싶은 분들은 다른 책들을 참고하길 바란다.

이후에 다윗은 하나님이 거하실 곳, 그 당시 말로 바꿔 말하면 하나님의 법궤가 거할 곳을 지으려는 소원이 있었다. 하나님께서는 이것을 너무나도 기뻐하시고 다윗에게 놀라운 약속을 주신다. 이 약속은 결국 예수님에 대한 것이었다. 삼하7; 대상17 하나님의 마음에는 하나님의 집을 가지고 싶다는 궁극적인 소원이 있으신 것이다. 다윗은 '하나님 마음에 합한 자' 행13:22라고 불린다. 하나님의 마음에 합한 사람들은 이렇게 하나님의 마음과 하나님께서 원하시는 것이 어떤 것인지를 헤아리려고 했던 사람들이지, 사람들 보기에 뭔가 대단한 일을 한 사람들이 아니다.

좌우지간 다윗 자신은 결국은 하나님의 집을 지으려는 뜻을 이루지 못하고 그 아들 솔로몬이 하나님의 성전을 짓게 된다. 솔로몬이 성전을 지은 다음 법궤를 성전에 들여놓으니, 모세가 성막을 완성했을 때와 마찬가지로, '여호와의 영광이 여호와의 성전에 가득했다' 왕상8:11고 기록되어 있다. 법궤와 성전은 모두 이 당시에는 실제로 하나님이 거하시는 집이었던 것이다.

그 후 수백 년이 지나서 바벨론이 예루살렘으로 쳐들어와서 도시를 파괴하고 성전을 무너뜨린다. 이스라엘 민족은 70년 동안 바벨론에서 노예생활을 했다. 그 기간에 하나님은 자신이 거하실 집을 잃으셨다. 70년이 지난 후에, 하나님은 바사페르시아 왕 고레스를 통해서 하나님 백성을 부르셔서 하나님 백성이 그곳을 떠나 예루살렘으로 돌아와서 하나님의 집성전을 다시 짓게 하셨다. 유감스럽게도, 매우 소수의 사람만 이 하나님의 메시지에 반응하여 성전을 짓고자 예루살렘으로 돌아왔다.

그 뒤 약 400년간 침묵의 기간이 있은 후, 드디어 예수님께서 역사에 등장하신다.

예수님 : 진정한 하나님의 집

하나님의 집의 진정한 실체는 예수님이다.

"말씀이 육신이 되어 우리 가운데 거하시매 우리가 그의 영광을 보니 아버지의 독생자의 영광이요 은혜와 진리가 충만하더라" 요 1:14

위 말씀의 표현 중 '우리 가운데 거하시매' 가 원문에는 '우리 가운데 장막 또는 성막tabernacle이 되시다' 이다. '은혜와 진리가 충만하다' 는 표현도 위에서 살펴본 하나님의 장막과 하나님의 성전에 하나님의 영광이 충만한 모습을 연상시킨다. '은혜와 진리' 는 구약 성경에서 하나님을 지칭하는 말이다. 즉, 예수님 안에 하나님이 충만하게 거하신다는 뜻이다. 예수님이야말로 하나님의 집의 실체였던 것이다. 다음 말씀에서 예수님은 너무나 선명하게 자신이 성전임을 알려주셨다.

"예수께서 대답하여 가라사대 '너희가 이 성전을 헐라 내가 사흘 동안에 일으키리라' 유대인들이 가로되 '이 성전은 사십육 년 동안에 지었거늘 네가 삼 일 동안에 일으키겠느뇨?' 하더라 그러나 예수는 성전 된 자기 육체를 가리켜 말씀하신 것이라" 요 2:19~21

성전은 무엇인가? 성전은 바로 예수님이다. 예수님께서 나다나엘에게 하신 아래 말씀도 매우 인상적이다.

"또 이르시되 진실로 진실로 너희에게 이르노니 하늘이 열리고 하나님의 사자들이 인자 위에 오르락 내리락 하는 것을 보리라 하시니라" 요 1:51

이것은 창세기에 나오는 야곱이 꿈을 꾼 장면을 연상시킨다. 길을 가던 야곱이 어느 날 돌 베개를 베고 자고 있는데 꿈에서 사다리가 하늘에서 땅으로 내려오고 하나님의 천사들이 사다리로 오르락내리락 하는 것을 본다.창28:12 이 사다리는 보이지 않는 세계와 보이는 세계를 연결하고 있던 것이다. 말하자면, 두 세계의 교집합이다. 야곱은 깨어나서 이렇게 말했다.

"'주님께서 분명히 이곳에 계시는데도, 내가 미처 그것을 몰랐구나.'..."이 얼마나 두려운 곳인가! 이곳은 다름 아닌 하나님의 집이다. 여기가 바로 하늘로 들어가는 문이다." 창 28:16~17, 새번역

보이는 세계와 보이지 않는 세계를 연결하는 사다리, 하나님의 집, 하늘로 들어가는 문 등 야곱이 본 이 모든 것의 실체는 예수님인 것이다.

교회 : 진정한 하나님의 집

성경에 보면 의외로 건축에 대한 표현들을 즐겨 쓰는 것을 볼 수 있다. 예수님에 대해서만 봐도, 머릿돌, 모퉁이 돌, 산돌, 반석 등 건축에 쓰이는 돌과 연관된 표현들이 셀 수 없이 많다. 예수님은 하나님의 집이시다. 하지만, 예수님께서 죽고 부활하신 이후에는 예수님의 몸인 교회가 하나님의 집이다. 즉, 예수님은 그 자신이 하나님의 집일 뿐 아니라 확장된 하나님의 집의 머릿돌이 되신 것이다.

성경에는 교회가 하나님의 집이라는 관점에서 셀 수도 없이 많은 표현이 나오니, 이 중 두 가지만 알아보겠다.

"너희는 사도들과 선지자들의 터 위에 세우심을 입은 자라 그리스도 예수께서 친히 모퉁잇돌이 되셨느니라 그의 안에서 건물마다 서로 연결하여 주 안에서 성전이 되어 가고 너희도 성령 안에서 하나님이 거하실 처소가 되기 위하여 그리스도 예수 안에서 함께 지어져 가느니라" 엡 2:20~22

"주님께 나아오십시오. 그는 사람에게는 버림을 받으셨으나, 하나님께는 택하심을 받은 살아 있는 귀한 돌(the living Stone)입니다. 살아 있는 돌(living stones)과 같은 존재로서 여러분도 집 짓는 데 사용되어 신령한 집이 됩니다…"
벧전 2:4~5, 새번역

여기서 예수님은 '산 돌'the living Stone로, 교회의 형제 자매들은 '산 돌들' living stone로 표현된다. 동질의 재질로 된 것이다. 이것은 앞서 교회가 예수님과 같은 생명, 같은 본질로 되어 있다는 것과 동일하다. 하나님의 집은 살아있는 돌들living stones로 이루어진다. 돌이 어떻게 집이 되는가? 함께 모여서 집의 모양에 맞추어서 깎아지는 과정을 통해서 집이 되어가는 것이다. 돌들이 아무리 많아도, 흩어져있는 돌들이 한 군데로 모여서 함께 '지어져 가는' 과정이 없으면 결코 집이 될 수 없다. 개인 신앙에 익숙해 있는 사람이라면 이것을 명심해야 할 것이다. 하나님의 관심은 개인이 아니라 하나님께서 거하실 수 있는 처소인 교회이다.

하늘나라란?

이쯤 해서 하늘나라에 대해 이야기해볼까 한다. 하늘나라를 죽은 뒤에 가는 어떤 특정한 '장소place'로 생각하는 것은 큰 오해다. 앞에서도 살펴본 바와 같이, 창세 전 세계는 시간과 공간을 초월한 세계이다. 그런 곳에서 '장소'라는 말이 무슨 의미가 있겠는가? 아래와 같은 말씀은 성경을 읽다 보면 약간의 궁금함을 갖게 하는 말씀인 것 같다.

"바리새인들이 하나님의 나라가 어느 때에 임하나이까 묻거늘 예수께서 대답하여 이르시되 하나님의 나라는 볼 수 있게 임하는 것이 아니요 또 여기 있다 저기 있다고도 못하리니 하나님의 나라는 너희 안에 있느니라" 눅 17:20~21

여기서, "하나님의 나라는 너희 안에 있느니라"라는 말은 깊이 생각해볼 필요가 있다. 앞서도 살펴봤듯이, 사람의 내면세계라는 것이 하나님의 형상이기 때문에 하나님의 나라라는 것도 그 실체를 우리 인간의 내면세계에서 찾아야 한다는 것은 절대적으로 맞는 말이다. 하지만, 이 말씀을 잘 보면 뭔가 다른 뜻도 있다는 생각이 든다. 이 말씀의 직접적인 대상은 이 질문을 던진 바리새인들인데, 그렇게 생각한다면 '하나님의 나라는 너희 안에 있다'는 얘기는 '하나님의 나라는 너희 바리새인들의 마음 안에 있다'는 얘기가 되는데, 이건 조금 이상하지 않은가? 이 말씀은 '하나님의 나라는 너희 가운데에among 있느니라'로 볼 수도 있다. 바리새인들 가운데에 있는 하나님의 나라…. 이것은 이 말씀을 하고 계신 예수님 자신을 가리키는 것이다. 이 말씀을 하실 당시 예수님이 바리새인들에게 둘러싸여 있었기 때문이다.

예수님이 하늘나라이다. 하늘나라는 장소place가 아니라 인격person인 것이다. 즉, 인격을 가진 살아있는 분과의 관계성에서 하늘나라의 실체를 찾아야지 죽은 뒤에 가게 될 어떤 장소를 생각하게 되면 거기서부터 큰 오해가 생긴다. 예수님께서도 영생은 유일하신 참 하나님과 예수님을 아는 것이라고 하셨다.^{요17:3} '안다' 는 것이 무슨 뜻인가? 예를 들어, 어떤 사람이 '이순신 장군을 안다' 고 말하는 것의 '안다' 와 '내 아내를 안다' 의 '안다' 는 단어야 같지만, 실제 내용은 완전히 다르다. 전자는 단순히 그 사람이 누구인지를 인지^{aware}하고 있다는 뜻이고, 후자는 그 사람과의 인격적인 관계성이 있다는 것을 말하는 것이다. 영생은 이렇게 하나님을 '인지하는' 상태를 말하는 것이 아니라 하나님과의 인격적인 관계성을 말하는 것이다. 예수님과 깊은 관계를 맺고 예수님과 함께 있는 곳이면 어디나 하늘나라이다. 우리가 흔히 부르는 다음 찬송가는 이런 것을 아주 잘 표현하고 있는 것 같다.

높은 산이 거친 들이 초막이나 궁궐이나 내 주 예수 모신 곳이

그 어디나 하늘나라

이런 맥락에서 요한복음 14장을 살펴보자.

"내 아버지 집에 거할 곳이 많도다 그렇지 않으면 너희에게 일렀으리라 내가 너희를 위하여 거처를 예비하러 가노니 가서 너희를 위하여 거처를 예비하면 내가 다시 와서 너희를 내게로 영접하여 나 있는 곳에 너희도 있게 하리라" 요 14:2~3

위 구절은 주로 장례식에서 자주 거론된다. 이 구절 중 '내가 다시 온다' 는 말씀은 흔히 세상의 종말에 있을 예수님의 재림으로 해석되는 경우가 많고 이 말씀의 '처소' 는 죽은 뒤에 가는 하늘나라로 해석되는 경우가 많다. 하지만, 과연 그럴까? 이제부터 풀어갈 테니 잘 읽기 바란다. 14장 뒷부분에 가면 예수님께서 이 말씀과 비슷한 말씀을 한 번 더 하신다.

> "내가 갔다가 너희에게로 온다 하는 말을 너희가 들었나니 나를 사랑하였더라면
> 내가 아버지께로 감을 기뻐하였으리라 아버지는 나보다 크심이라 이제 일이 일어
> 나기 전에 너희에게 말한 것은 일이 일어날 때에 너희로 믿게 하려 함이라"
> 요 14:28~29

이 구절을 보면서도 이 뜻을 세상의 종말에 있을 재림으로 해석할
수 있을까? 이 구절을 다시 한번 주의 깊게 읽어보라. 만일 '내가 갔다
가 너희에게로 온다'는 것을 세상의 종말에 있을 재림에 대한 이야기
로 해석한다면 이 말씀의 뜻이 뭔가 앞뒤가 맞지 않는다.

'일이 이루기 전에 너희에게 말한다'고 하셨는데, 여기에서 '일'은
문맥상, '내가 갔다가 너희에게로 오는 것'을 말씀하신 것이 분명하
다. 그러면 위 말씀을 간단히 다른 표현으로 하면, "내가 갔다가 너희
에게로 다시 오게 될 때라야 너희가 믿게 될 것이다."이다. 여기서 '예
수님이 다시 오시는 것'을 세상 종말에 있을 예수님의 재림으로 해석
하면 이 말씀의 전체의 뜻을 이해하기가 매우 곤란해진다. 이렇게 되
면 이런 뜻이 되어버린다. "내가 세상의 종말에 재림할 때라야 너희가
믿게 될 것이다." 뭔가 이상하지 않은가? 이 말씀을 들은 제자들이 믿
게 되려면 세상 끝날까지 살아 있어야 할 것이 아닌가? 이게 말이 된
다고 생각하는가? 이 말씀에서의 '다시 온다'는 내용을 세상 종말에
있을 예수님의 재림으로 해석하지 않고 단순히 예수님이 죽고 부활하
셔서 다시 제자들에게 오신 것으로 해석해야 그때부터 앞뒤가 맞게
술술 풀리게 된다.

요한복음 14장의 핵심은 '거할 곳'이라는 말을 어떻게 이해하느냐

에 달렸다. 요한복음에서 아주 많이 나타나는 단어가 '거할 곳', '거한다' 등으로 표현되는 말이다. 14장에 자주 나오는 '거할 곳'과 '거처'와 '처소'는 원문에서 같은 단어이다. 이 구절을 이해하려면 요한복음 14장 전체의 문맥을 이해한 상태에서 봐야 한다. 그렇지 않고 14:2~3만 뚝 떼어서 보면 많은 오해를 불러일으킬 수 있다. 2권에서 더 자세히 설명을 하겠지만, 성경을 볼 때 전후 문맥과 상관없이 그중에서 한두 구절만 뚝 떼어서 보는 것은 매우 위험한 일이다. 많은 이단이 이런 과정을 통해서 생겼다. 이제 아래 말씀을 보자.

"내가 너희를 고아와 같이 버려두지 아니하고 너희에게로 오리라 조금 있으면 세상은 다시 나를 보지 못할 것이로되 너희는 나를 보리니 이는 내가 살아 있고 너희도 살아 있겠음이라 그 날에는 내가 아버지 안에, 너희가 내 안에, 내가 너희 안에 있는 것을 너희가 알리라" 요 14:18~20

위 말씀에서도 "너희에게로 오리라"라는 표현이 있다. 그러면서 "그 날에는 내가 아버지 안에, 너희가 내 안에, 내가 너희 안에 있는 것을 너희가 알리라"라고 하셨다. "아들이 아버지 안에, 믿는 자들이 아들 안에, 아들이 믿는 자 안에" 있는 게 도대체 무엇이겠는가? 이건 요한복음 14~16장에 줄기차게 나오는 성령을 이해해야 알 수 있는 말이다. 예수님께서 죽고 부활하시고 다시 아버지께로 가시면 그다음부터는 다른 형태로 제자들과 함께 계시게 된다. 즉, 영의 형태로 제자들과 함께 계시는 것이다. 제자들의 이후의 행적을 보면 육신의 예수님과 함께 있을 때보다 오히려 예수님께서 승천하시고 이후에 성령으로 제자들과 함께 있을 때가 더 능력 있게 살게 된다. 이전의 두렵고 이기적인 그들의 모습을 별로 찾아보기가 어려워서 정말 이 사람들이 같은 사람들이 맞나 싶을 정도이다. 왜 이렇게 되었을까? 예수님께서 육신으로 계실 때는 '제자들 곁에서 함께' 계신 수준이었으나, 영으로 계실 때는 '제자들 안에' 계시기 때문이다.

"예수께서 대답하여 이르시되 사람이 나를 사랑하면 내 말을 지키리니 내 아버지께서 그를 사랑하실 것이요 우리가 그에게 가서 거처(거할 곳)를 그와 함께 하리라" 요 14:23

여기에 거처(거할 곳)가 뭔지가 아주 정확히 드러나 있다. 예수님을 사랑하는 사람에게 아버지와 아들이 와서 함께 거한다는 뜻이다. 이게 위에서 말한바 "아들이 아버지 안에, 믿는 자들이 아들 안에, 아들이 믿는 자 안에 있는" 곳이다. 이게 무엇을 말하는 것이겠는가? 이건 바로 교회를 말하는 것이다. 알기 쉽게 표현하면 "그리스도가 하나님 안에, 교회가 그리스도 안에, 그리스도가 교회 안에" 있는 것이다. 우리는 흔히 죽은 후에 하늘나라에 간다는 생각에 익숙해져 있지만, 이 말씀은 그런 뜻이 아니다. 이미 이 땅에 살 때부터 아버지와 아들이 오셔서 우리와 함께 사는 것이다. '우리가 하늘로 가는 것'이 아니라 '아버지와 아들이 우리에게 오시는 것'이라고 말씀하신 것을 보라. 하늘나라는 '내가 죽은 이후에 가는 어떤 곳'이 아니라 이 땅에서부터 하나님과 아들과 함께 사는 삶이다. 이게 바로 교회의 실체이다.

다시 한번 잘 보자. 처음 언급한 "…가서 너희를 위하여 처소를 예비하면 내가 다시 와서 너희를 내게로 영접하여 나 있는 곳에 너희도 있게 하리라"는 뜻은 예수님께서 승천하셔서 저 머나먼 하늘나라 어디로 가셔서 거기에 믿는 자들이 거할 처소를 만드시고 그곳을 다 만드신 이후에 다시 와서 너희를 그곳으로 데려가겠다는 뜻이 전혀 아니다. 이 구절을 더 잘 살펴보면 "너희를 '하늘나라로' 영접하겠다"라고 하신 것이 아니라 "너희를 '내게로to myself' 영접하겠다"고 하셨다. 사람들은 하늘나라 하면 자꾸 어떤 장소를 생각하는 것 같다. 예수님의 제자인 도마도 "주여 주께서 어디로 가시는지 우리가 알지 못하거늘 그 길을 어찌 알겠사옵나이까"요14:5 라고 물었다. 이에 대한 예수님의 답변이 아래와 같다.

"예수께서 이르시되 내가 곧 길이요 진리요 생명이니 나로 말미암지 않고는 아버지께로 올 자가 없느니라" 요 14:6

길, 진리, 생명, 이건 모두 동일한 한가지 실체를 표현만 다르게 한 것이다. 그것은 예수님이다. 하늘나라가 무엇인가? 하늘나라는 예수님이다. 더 구체적으로는 이제 예수님의 몸인 교회, 그 안에 아버지와 아들과 아들 안에 있는 사람들이 함께 있는 그곳이 바로 하늘나라이다. 하늘나라는 장소가 아니라 인격, 즉 예수님과 예수님 안의 교회이다. 위에서 나온 '거할 곳', '거처' 또는 '처소' 는 사실상 교회를 가리키는 것이다. 이제는 아래의 말씀이 달리 보여야 한다.

"너희도 성령 안에서 하나님이 거하실 처소가 되기 위하여 그리스도 예수 안에서 함께 지어져 가느니라" 엡 2:22

여기 나오는 '처소' 야말로 교회를 가리킨다. 교회야말로 하나님이 거하실 진정한 처소, 하나님의 집이다.

에덴동산과 새 예루살렘

이제부터는 창세기 1~2장에 나오는 에덴동산과 요한계시록 21~22장에 등장하는 새 예루살렘에 대해서 살펴보겠다. 이 둘이 성경의 맨 앞의 두 장과 맨 뒤의 두 장을 장식하고 있는 것은 결코 우연이 아닌 것 같다.

에덴동산은 사람이 창조된 이후에 존재했다가 아담이 타락한 이후에는 사람이 접근할 수 없는 곳이 되어버렸다. 즉, 이 에덴동산은 타락이나 죄의 영향을 전혀 받지 않은 곳이다.

이 에덴동산에 어떤 요소들이 있었는가를 살펴보자. 동산 한 가운데에는 생명나무와 선악을 알게 하는 나무가 있었다. 또한, 아담과 하와가 있었다. 타락 전의 아담과 하와는 죄의 영향을 전혀 받지 않은 사람들이었다. 그러니, 이 사람들에게는 수치심이란 아무리 눈을 씻고 살펴봐도 찾을 수가 없었다. 마치 어린아이와 같이 벌거벗었으나 수치심은 없었다. 앞에서도 살펴본 바와 같이, 수치심은 타락의 산물이다.

이제 새 예루살렘을 살펴보자. 이 책을 읽는 분들도 흔히 많은 사람이 생각하는 것처럼 새 예루살렘을 '종말 이후에 이 세상에 도래할 하나님의 나라'로 생각하는 경우가 많을 텐데, 그건 큰 오해다. 새 예루살렘은 교회라는 실체를 비유적으로 그리는 것이기 때문이다. 이제 하나하나 살펴보자.

"또 내가 새 하늘과 새 땅을 보니 처음 하늘과 처음 땅이 없어졌고 바다도 다시 있지 않더라" 계 21:1

새 예루살렘은 처음 하늘과 처음 땅, 즉 처음의 창조 세계가 다 없어진 다음에야 태어난다. 이는 십자가에서 옛 창조세계를 멸하신 이후에야 교회가 탄생했다는 내용과 일치한다. 교회는 이 온 우주에서 타락과 상관없는 유일한 존재이다. 타락 이전의 에덴동산과 마찬가지로, 새 예루살렘도 타락과 상관없는 곳이다.

> "또 내가 보매 거룩한 성 새 예루살렘이 하나님께로부터 하늘에서 내려오니 그 준비한 것이 신부가 남편을 위하여 단장한 것 같더라" 계 21:2

새 예루살렘은 하늘에서 내려온다. 바벨탑은 하늘로 올라가려는 인간의 노력을 나타내지만, 새 예루살렘은 하늘로 올라가는 것이 아니라 하늘에서 내려온다. 이건 앞서 살펴본 대로 하늘나라는 우리가 찾아 올라가는 곳이 아니라 아버지와 아들이 내려와서 우리와 함께 거하시는 곳이라는 내용과 일치한다.

요한계시록을 보면 새 예루살렘에는 생명나무는 있지만 아무리 눈을 씻고 뒤져봐도 선악을 알게 하는 나무는 없다. 새 예루살렘은 이미 생명나무 열매를 따 먹은 사람들이 들어간 세계이다. 더 정확히 말하면 생명나무 그 자체이신 예수님과 연합한 사람들이 들어간 세계이다. 그러므로 새 예루살렘은 '회복'이 아니다. 회복이란 말은 원래대로 돌아간다는 것인데 에덴동산에는 선악을 알게 하는 나무가 있었지 않은가? 그러니 이것은 회복이 아니라 완성이다.

에덴동산과 마찬가지로, 새 예루살렘에도 신랑과 신부가 있다. 신랑과 신부는 그 멤버가 바뀐다. 신랑은 예수님이요, 신부는 교회이다. 이게 아담과 하와의 실체이다.

> "또 내가 새 하늘과 새 땅을 보니 처음 하늘과 처음 땅이 없어졌고 바다도 다시 있지 않더라 또 내가 보매 거룩한 성 새 예루살렘이 하나님께로부터 하늘에서 내려

오니 그 준비한 것이 신부가 남편을 위하여 단장한 것 같더라" 계 21:1~2

이제 아래 말씀을 눈여겨보기 바란다.

"내가 들으니 보좌에서 큰 음성이 나서 이르되 보라 하나님의 장막이 사람들과 함께 있으매 하나님이 그들과 함께 계시리니 그들은 하나님 백성이 되고 하나님은 친히 그들과 함께 계셔서 모든 눈물을 그 눈에서 닦아 주시니 다시는 사망이 없고 애통하는 것이나 곡하는 것이나 아픈 것이 다시 있지 아니하리니 처음 것들이 다 지나갔음이러라 보좌에 앉으신 이가 이르시되 보라 내가 만물을 새롭게 하노라 하시고 또 이르시되 이 말은 신실하고 참되니 기록하라 하시고" 계 21:3~5

　새 예루살렘에는 타락의 영향이 아무것도 없다. 슬픔, 눈물, 고통, 죽음으로 상징되는 것들은 타락한 세계의 모습을 가리키는 것이다. 새 예루살렘에서 이런 것들은 아예 자취를 찾아볼 수 없다. "처음 것들이 다 지나갔음이러라…보라 내가 만물을 새롭게 하노라" 라는 말씀은 유명한 "…이전 것은 지나갔으니 보라 새것이 되었도다"^{고후5:17}는 말씀을 연상시킨다. 예수님 안에 있다는 것은 옛 사람에게 속한 모든 것은 다 지나갔다는 뜻이다. 예수님 안에 있으면 이전의 나의 모든 것, 그게 죄가 되었건, 상처가 되었건 고통스러운 기억이 되었건 간에 다 취소된 것이다. 사실 하나님의 눈으로 보면 새 예루살렘인 교회는 타락을 알지도 못하는 존재이다. 이런 삶이 어떻게 구체적으로 실현되는지는 2권에서 자세히 알아보겠다.
　새 예루살렘은 장가로, 광세로, 고높이가 같다.^{계21:16} 이 표현은 정육면체로 되어 있는 구약의 지성소를 연상시킨다. 구약의 지성소의 실체는 새 예루살렘, 즉 교회였던 것이다. 이 표현은 또한 사도 바울이 에베소서에서 "그리스도의 사랑의 넓이와 길이와 높이와 깊이가 어떠함을 깨닫게 해 달라고 기도한 것"엡3:18~19을 연상시킨다.

잘 보라. 성경의 맨 앞의 두 장과 맨 뒤의 두 장은 성경 전체에서 유일하게 타락의 영향을 받지 않은 곳이다. 선악을 알게 하는 나무가 사라졌다는 것을 빼놓고 이 둘은 너무나도 일치하는 모습을 보인다. 문득 이런 생각이 든다. 성경에서 앞 2장과 마지막 2장 외에 성경 대다수를 차지하는 중간의 부분은 하나님의 눈으로 보면 우회한 계획 때문에 생긴 삽입 장 정도가 아닐까?

교회 : 믿는 자들이 거할 곳

이 지구상의 모든 생명체는 자신이 어디에 거해야 하는지를 아주 민감하게 감지한다. 예를 들어, 강에서 사는 민물고기를 바다에 넣어주면 그 물고기는 살 수가 없다. 강이나 바다나 둘 다 물인 것은 같지만, 그 물고기가 원래 사는 거주지가 아니기 때문이다. 식물도 그늘진 곳에서 잘 자라는 식물과 햇볕이 잘 드는 곳에서 자라는 식물이 확연하게 나뉘어서, 그늘진 곳에서 잘 자라는 식물을 강한 햇볕이 드는 곳에 두면 말라서 죽고, 반대로 햇볕이 잘 드는 곳에서 잘 자라는 식물을 그늘에 두면 시들해져서 죽는다. 자신의 원래 거주지가 아니기 때문이다. 이처럼, 하나님의 생명체인 믿는 자들도 자신이 어디에 거해야 하는지를 잘 알고 올바른 곳에 거해야 한다. 구약 성경을 잘 보면 하나님은 하나님의 사람들이 어디에 거하고 있는지를 매우 민감하게 주목하신다. 하나님이 거하시는 곳이 바로 예수님도, 교회도 함께 거하는 곳이다. 즉, 교회는 믿는 자들이 거하는 거주지이다.

마태복음 6장에서 예수님께서는 "의식주에 대해 염려하지 말라"고 하신다. 많은 사람들은 이 말씀을 전체적인 맥락 안에서 보지 않으므로, 이 약속이 예수님께서 믿는 사람들에게 이 세상에서 의식주에 대해 완전히 보장을 해주신 것처럼 생각하는데, 이 말씀을 그런 식으로 이해하면 아주 일부분만 보고 오해한 것이다. 생각해보라. 예수님을 믿는다고 굶어 죽지 않는가? 그러면 역사상 예수님을 믿었는데도 불구하고 굶어 죽은 사람들도 많을 텐데, 그런 사람들에 대해서는 우리가 어떻게 이해해야 하는가? 이 말씀은 이 말씀에 곁들여서 드신 비유들과 함께 잘 살펴봐야 예수님께서 전체적으로 어떤 의도로 이 말씀을 하신 것인지에 더 다가갈 수 있다. "공중의 새를 보라",^{마6:26} "들의 백합화를 보라"^{마6:28} 등의 비유는 모두 '자신이 거할 곳에 올바로 거하면 하나님께서 모든 것을 채워준다' 는 말씀이다. 새는 공중에서 날아다니면서 살게 되어 있다. 새가 갑자기 물속에 가서 살려고 한다면, 그다음부터는 비극이 초래될 것이다. 백합화는 들에 있다. 백합화가 들에 있지 않고 콘크리트 위에 가서 살려고 한다면, 역시 비극이 초래될 것이다. 새나 백합화는 자신이 원래 살 거주지에 있을 때에는 모든 것이 채워진다. 하지만, 그 거주지를 떠나면 비극이 된다. 이와 마찬가지로, 믿는 자들에게는 고유한 거주지가 있다. 그 거주지에서 살 때 모든 것이 채워진다. 그 거주지를 떠나면 마치 민물고기가 바닷물에 들어간 것과 같은 비극이 된다. 이제는 아래 말씀이 새롭게 보일 것이다.

"너희는 먼저 그의 나라와 그의 의를 구하라 그리하면 이 모든 것을 너희에게 더하시리라" 마 6:33

우리가 찾고 구해야 할 '그의 나라', 즉 하나님의 나라가 어디인가? 하나님의 생명을 가진 존재가 살아야 할 거주지인 교회를 말하는 것이다. 그러니 이 말씀은 하나님의 원리에 순응하면서 자기가 마땅히 거할 곳인 교회 안에서 살아가는 사람들에게 주신 말씀이라고 봐야 적절하다. 즉, 이 말씀은 "이 세상 살 동안에 의식주를 다 해결해주겠다."라는 장밋빛 약속이 아니라, "다른 것은 염려하지 말고 네가 정말 살아야 할 삶을 살아라. 하나님의 궁극적인 목적인 교회로 살아라."라고 하신 말씀으로 봐야 더 적절하다.

하나님의 생명을 받은 사람들은 하나님의 생명의 본능이 있다. 이건 가르치고 훈련한다고 될 수 있는 영역이 아니다. 하나님의 생명은 본능적으로 자신이 어디에 거해야 하는지를 안다. 올바른 곳에 거하지 않으면 큰 문제가 된다. 예를 들어, 야생의 호랑이를 동물원 안에서 키우면 그 호랑이는 물론 겉모양은 호랑이이지만, 진짜 호랑이로서의 본능과 야생성이 있는 것이 아니다. 원래 야생 호랑이는 힘들더라도 여기저기 뛰어다니면서 살아있는 동물들을 잡아먹고 사는데, 동물원에서 오랫동안 '길든' 호랑이는 주는 먹이밖에 먹지 못한다. 올바른 곳에 거하지 않았기 때문에 생명으로서의 본능을 거의 잃어버린 것이다. 이와 마찬가지로, 하나님의 생명을 받은 사람들은 자신이 거할 곳에 있어야 하나님의 생명이 왕성하게 꽃을 피우게 된다. 하지만, 그렇지 않고 잘못된 곳에서 거하게 되면 계속 이건 뭔가 아닌 것 같은 답답함을 느끼면서 마치 살아 있긴 하지만 죽은 것처럼 살게 된다. 마치 동물원에서 길든 호랑이처럼 믿는 자들에게서 생명의 본능을 잃게 하는 잘못된 '거할 곳'이 있는데 이제부터 그것에 대해서 알아보겠다.

바벨론의 정체

위에서 '하나님의 집의 변천사'에서 잠깐 바벨론에 대해 언급했다. 바벨론에 사는 동안에 그 당시 하나님 백성인 유대인들은 그들 스스로 회당synagogue을 만들었다. 구약을 아무리 눈을 씻고 찾아봐도 하나님은 한 번도 회당 같은 것을 세우라는 말씀을 하신 적이 없다. 그러면 유대인들은 왜 회당을 세웠겠는가? 회당은 하나님 자신의 집인 성전을 대체하여 하나님을 예배하려는 인간적인 시도에서 나온 것이다.

이 바벨론의 전체적인 그림이 어떤지를 주의 깊게 볼 필요가 있다. 그 안에서는 하나님 백성이라는 사람들이 열심히 '자기 나름대로' 회당도 짓고 '자기 나름대로' 하나님께 예배도 드리고 있다. 그리고 원래 것들은 아니지만 원래 것들을 대체할 수 있는 '비슷한' 것들을 만들어 놓고는 열심히 하나님을 섬기고 있다. 하지만, 정작 하나님은 거할 곳이 없다. 이곳은 겉모양은 비슷해 보일지 몰라도 하나님이 거하시고 하나님이 통치하시는 곳이 아니라, 하나님의 원수가 통치하는 곳이다.

성경 여기저기를 잘 들여다보면 바벨론에 대한 메시지들이 있다. 요한계시록에는 새 예루살렘과 반대되는 개념으로 바벨론이 등장한다. 이 '바벨론'이라는 이름은 고대에 인간들이 쌓았던 '바벨탑'에서 유래한다.^{창11:1~9} 바벨탑은 인간들이 하나님이 아닌 자신들의 이름을 내려고 지은 것이다. 이 바벨론이 무엇을 뜻하겠는가? 그건 바로 제도화된 종교이다. 이건 열심히 하나님을 예배하고 섬기려는 인간의 노력이다. 제도화된 종교를 잘 들여다 보면, 그것은 하나님의 이름을 들먹이지만, 실제로 그 안에는 자신의 이름을 내려는 인간들로 가득 차 있다는 것을 알게 된다. 새 예루살렘은 하늘로부터 내려오지만, 바벨탑은 땅에서부터 하늘로 올라간다. 이건 바로 인간의 노력을 말하는 것이다. 종교는 사람들이 노력해서 쌓아가는 것이지만, 생명은 위에서, 즉 하늘로부터 내려와야 탄생하는 것이다. 하나님과의 관계에서 인간의 노력은 무익하다.^{요6:63; 고전15:50} 인간의 노력은 기껏해야 '자기 의'일 뿐이다.^{사64:6} 자기 의를 가지고 사는 것은 생명나무 열매를 먹고사는 삶의 정 반대의 삶이다. 제도화된 종교야말로 선악을 알게 하는 나무의 열매를 따 먹은 사람들이 들어가서 사는 세계이다. 앞에서도 살펴봤듯이, 종교라는 것은 선악을 알게 하는 나무의 열매를 따 먹은 사람들에게나 필요한 것이다.

바벨탑은 돌이 아니라, 벽돌로 만들어졌다.^{창11:3} 벽돌은 빠른 시간에 대량 생산이 가능하다. 그리고 벽돌은 그 모양이 획일적으로 같다. 아마도 바벨탑은 그 크기에 비하면 매우 빨리 세워졌을 것이다. 제도화된 종교는 마치 대량 생산된 벽돌과도 같이, 사람들의 신앙과 삶을 획일화시킨다. 그리고 매우 빨리 자신의 세력을 확장하여 매우 대형화되고 조직화한다. 이에 비해, 진정한 하나님의 집은 돌로 지어진다. 돌로 집을 지으려면 자연 여기저기에 있는 여러 돌을 한데 모아서 각각의 돌들을 집이 지어지는 모양에 맞도록 깎아내는, 수고스럽고 힘들고 시간이 많이 드는 과정을 거쳐야 한다. 실제로 교회가 세워지려면, 집합적인 한 몸으로 살면서 서로 깊은 관계성 안에서 하나님의 집에 맞도록 서로 깎여나가야 한다. 그 안에는 획일화되지 않으면서도 질서가 있고, 조화가 있으면서도 다양성이 있다. '획일화' 와 '하나됨' 은 완전히 다른 것이다. 하나됨은 다양성이 있으면서도 질서와 조화와 균형이 있는 상태를 말한다. 예를 들어, 우리 몸을 보라. 각각의 부분이 다 다른 모양을 가지고 있지만 신비롭게도 몸 전체가 하나로 반응하면서 살고 있다. 반면에, 획일화에는 다양성이 없다. 이건 외형은 하나가 되어 있는 것처럼 보일지 모르겠지만, 하나됨과는 정 반대의 자리에 있는 것이다. 진리를 추구하는 사람들은 결국은 예수님 안에서 하나가 되어가지만, 자신의 이름을 내고자 하는 인간들이 모여서 예수님가 계셔야 할 자리를 인간들이 차지하고 있으면 결국은 하나가 될 수 없고, 겉으로 보기에 하나인 것처럼 보이는 획일화의 방향으로

갈 수밖에 없다. 하나님께서 원하시는 것은 하나됨이지, 획일화가 아니다.

흥미롭게도, 바벨탑은 역사상 제도화된 종교들이 만든 뾰족탑을 연상시킨다. 어떻게 보면 하나님을 섬긴다는 사람들이 이런 것을 만들었다는 것은 참으로 아이러니하다. 하지만, 이 땅의 사람들이 보기에는 이 바벨론은 새 예루살렘과 매우 '비슷해' 보이거나 아니면 더 진짜처럼 보인다. 이게 문제다. 제도화된 종교인 바벨론은 겉으로는 하나님을 섬긴다고는 하지만, 실제로는 하나님과 아무런 상관이 없다. 하나님께서는 바벨탑에서부터 인간들의 언어를 '혼잡' 하게 하셨고 그들을 온 땅에 흩어버리셨다.(그래서 오늘날까지도 우리는 외국어를 배운답시고 이렇게 고생하고 있는 것이다.) 바벨이라는 이름은 '혼잡'에서 나왔다.^{창11:9} 여기서 바벨론의 첫 번째 원리가 나온다. 그것은 혼잡이다. 그 안에는 하나님의 거룩한 것과 비슷하게 보이는 것들이 섞여 있기 때문에 진짜 하나님의 것과 매우 '비슷' 하다. 이것이 사람들을 헷갈리게 한다. 아래 성경 구절에서 사도 바울이 혼잡에 대해 얼마나 경계를 했는지 주목하라.

"우리는 수많은 사람들처럼 하나님의 말씀을 혼잡하게 하지 아니하고 곧 순전함으로 하나님께 받은 것 같이 하나님 앞에서와 그리스도 안에서 말하노라" 고후 2:17

왜 사람들이 혼잡해지는가? 그건 사람들이 진리대로 살지 않고 자기 나름대로 옳다고 믿는 바대로 살기 때문이다. 많은 사람이 진리를 찾다가도 나름대로 옳은 것을 만나면 그것에 안주하게 된다. 이런 것이 문제다. 나름대로 진리와 '비슷한' 것들이 결국은 사람들을 헷갈리게 하고 혼잡스럽게 하는 것이다. 사람들이 궁극적인 진리를 찾고 찾아서 그 진리대로 산다면 점점 결론이 하나로 모여지고 서로 통하게 되고 하나가 되게 되어 있지만, 각자가 자기 보기에 옳은 대로 살면 결국은 혼잡해질 뿐이다. 구약의 사사기는 다음과 같은 인상적인 말씀으로 끝을 맺는다.

"그 때에 이스라엘에 왕이 없으므로 사람이 각기 자기의 소견에 옳은 대로 행하였더라" 삿 21:25

사사기에 나오는 '자칭 하나님 백성'이라는 사람들이 보여주는 모습들은 역사상 제도화된 기독교가 보여준 모습들과 매우 흡사하다. 그것은 혼잡 그 자체이다. 이 모든 현상이 생길 수밖에 없는 근본적인 이유는 사람들이 궁극적인 진리를 찾고 거기에 올인하기 보다는 각자가 적당히 '자기 보기에 옳다'고 생각하는 대로 살기 때문이다. 흥미롭게도, 사사기 뒤의 룻기는 사사기와 시간상으로 같은 시대인데도 불구하고, 완전히 다른 모습을 보여준다. 사사기는 하나님 백성이라고 자칭하는 사람들마저도 매우 타락하고 혼잡하고 무질서하고 잔인하고 혼돈된 모습을 보여주는 데 비해, 베들레헴에서는 이방인 여인 룻까지도 하나님을 찾고 하나님을 중심으로 살아가는 모습을 보여준다. 이 룻을 통해 다윗이 나오게 되고, 결국은 이 다윗을 통해서 예수님께서 탄생하시게 되었다. 사사기와 룻기를 보면 전체적인 장면이 마치 여러 유해물질로 오염된 흙탕물이 흐르는 냇가 바로 옆 한편에 아주 맑은 시냇물이 졸졸졸 흐르는 것과 같은 느낌이다. 나는 이 그림이 오늘날도 크게 다르지 않다고 생각한다. 하나님 백성이라고 자칭하는 종교적인 사람들이 바벨론, 즉 제도화된 종교 시스템을 만들어서 매우 타락하고 무질서하고 혼돈된 모습을 보여주는 가운데, 어느 한 쪽에서는 진정으로 하나님을 찾는 매우 소수의 사람이 교회라는 예수님의 몸을 이루면서 사는 것이다.

예수님께서는 결코 제도화된 종교를 창시하거나 종교 시스템을 정착시키려고 오신 것이 아니다. 이스라엘의 종교 지도자들이었던 바리새인과 서기관들에 대해서 말씀하시면서 예수님께서는 성전의 제도에 대해 날카롭게 지적하셨다.

"보라 너희 집이 황폐하여 버려진 바 되리라" 마 23:38

예수님께서는 예루살렘 성전을 '하나님의 집'이라고 하지 않고 '너희 집'이라고 하셨다. 여기서 잠깐 그 당시 성전 안에서 무슨 일이 벌어지고 있는지 생각해보자. 많은 제사장, 종교지도자들이 주관하는 가운데 제사들과 엄숙한 종교의식들이 거행된다. 그들은 모두 거룩하게 보이는 옷을 입고 있으며 모든 의식들이 매우 거룩하게 보이는 상태에서 진행된다. 이런 일들이 모두 다 하나님의 이름을 거론하면서 하나님을 위해 한다고 하는 일들이다. 사람들이 보면 그 위압적이고 경건해 보이는 광경에 감동하면서 '이곳이야말로 하나님이 거하시는 곳이구나' 하고 느낄지 모른다. 하지만, 정작 그곳은 하나님의 집이 아니라 '그들의 집'이었다.

여기서 바벨론, 즉 제도화된 종교의 두 번째 원리가 나온다. 그것은 위선이다. 본질을 꿰뚫어보지 못하는 사람들에게 바벨론은 오히려 더 하나님의 거룩한 곳처럼 보일 수 있다. 요한계시록에는 바벨론이 온갖 것으로 꾸민 모습이 나온다.

"그 여자(바벨론)는 자주 빛과 붉은 빛 옷을 입고 금과 보석과 진주로 꾸미고 손에 이 말씀을 보면 특이한 것은 바벨론도 금으로 꾸미고 있다는 것이다. 금은 하나님의 신성을 나타낸다. 즉, 어느 측면으로 보면 바벨론도 하나님에게서 나온 것처럼 보이기도 한다. 바벨론은 위장의 명수이기 때문이다. 복음서를 잘 보면 예수님께서 특히 종교적인 사람들에게 위선의식에 대해서 여러 번 경고하고 경계하시는 모습을 보게 되는데, 위선이라는 말의 원래 뜻은 '가면을 쓰고 연기하다' 는 뜻이다. 평상시의 자신의 모습을 가린 채, 평소와는 다른 모습을 보여주려고 한다. 여러분이 제도화된 종교에 몸을 담고 있다면, 어느 측면으로는 하나님의 것처럼 보이는 바도 분명히 있을 것이다. 바벨론은 가면을 쓰고 연기하는 데 있어서 타의 추종을 불허하기 때문이다. 바벨론, 즉 제도화된 종교가 어떤 곳인지 생각해보라. 그곳에 사는 사람들은 일주일에 몇 번 특별한 시간을 떼어서 특정한 장소에 간다. 그곳에 갈 때에는 평소와는 달리 마음을 다잡고, 평소와는 달리 말끔한 옷을 입고 평소와는 달리 고운 말을 쓰려고 애쓴다. 그 장소도 엄숙하고 경건하고 거룩해 보이는 장소이다. 이런 장소에서 엄숙한 의식을 진행하는 가운데 있는 사람들의 모습이 진짜 그들의 리얼한 모습인가?

예수 그리스도께서도 제자들과 함께 있을 때 이렇게 사셨을까? 예수님의 제자들이 예수님과 함께 지낼 때 평소와는 달리 마음을 다잡고, 평소와는 달리 말끔한 옷을 입고 평소와는 달리 고운 말을 쓰려고 애쓰는 식으로 살았는가? 그렇지 않다. 오히려 복음서에는 제자들의 적나라한 모습이 그대로 노출되어 있다. 그들이 가졌던 세상적인 야망, 시기심, 두려움, 창피한 일들이 거의 그대로 기록되어 있다. 베드로의 경우만 살펴보더라도, 베드로는 여러 번 자신의 적나라한 모습이 드러난다. 한번은 예수님께서 자신이 십자가에 달려 죽으실 것이라는 것을 아주 구체적이고 분명하게 말씀하시자, 자신의 세상적인 야망과 어긋나게 되는 것을 알고는 베드로가 예수를 바싹 잡아당기고 항의했다가 예수님께 "사탄아, 내 뒤로 물러가라. 너는 하나님의 일을 생각하지 않고, 사람의 일만 생각하는구나!" 막8:32~33, 새번역 라는 호된 꾸지람을 들었다. 그 외에도 "내가 주와 함께 죽을지언정 주를 부인하지 않겠나이다"막14:31 라고 강하게 말했다가 바로 얼마 뒤에는 언제 그랬느냐는 듯이 남자도 아니고 고작 여자 종이 두려워서 주님을 부인한 것 등등 베드로는 예수님과 함께 있으면서 자신이 어떤 사람인지가 매우 적나라하게 드러났다. 성경에는 이들 제자의 적나라한 모습과 이들이 했던 치명적인 실수들이 마치 발가벗겨진 것처럼 노골적으로 드러나 있다. 만약 여러분이 성경이나 다른 역사를 통해서 1세기에 이루어진 일들을 전혀 모른 채 타임머신을 타고 예수님께서 공생애를 사셨던 때로 가서 관찰해봤다면, 아마도 여러분 대부분은 제자들은 매우 천박하고 세상적인 사람이고, 그 당시 바리새인들과 같은 종교인들은 매우 고매하고 존경스러운 사람이라고 생각했을 것이다.

제도화된 종교 시스템은 하나님의 집의 정 반대 자리에 있다. 제도화된 종교 안에는 거룩하게 구별된 사람들성직자들, 거룩한 장소성전, 거룩한 의식들이 있다. 사람들이 으레 종교를 연상한다고 하면 이 셋 중 하나를 연상하게 되는데, 이런 것들이 제도화된 종교를 상징하는 것들이다. 이것에 대해 짚어볼 필요가 있을 것 같다.

먼저, 성직자를 살펴보자. 예수님의 제자들을 보라. 그들 중에 누가 성직자가 있었는가? 이들 중에 그 어느 누가 소위 '신학교'를 졸업하고 '영적인 전문가'가 되어서 믿는 자들의 영적인 일을 대신했는가? 베드로도 믿는 자들이 왕 같은 제사장이라고 하지 않았는가?벧전2:9 제도화된 종교 안의 성직자들의 모습을 보면 특히 거룩한 장소에 모였을 때에는 보통 사람들과는 매우 다르고 특이한 옷을 입고 특이한 분위기에서 특이한 의식을 거행한다. 이런 성직자들은 사람들로 하여금 자신들이 일반 사람들과는 뭔가 다르다고 느끼게 하여야 자신들의 권위가 선다고 생각하는 것 같다.

여러분은 성경에서 예수님께서 제자들을 정기적으로 거룩해 보이는 장소에 모아놓고 제자들과 함께 엄숙하고 거룩한 의식들을 치른 기록들을 찾을 수 있는가? 예수님과 제자들은 평범한 옷을 입었지, 사람들이 보기에 엄숙하고 거룩하게 보이는 것들과는 별 상관 없이 사셨다.

그뿐만 아니라, 예수님께서는 특정한 건물을 짓는 것에도 무관심하셨다. 아니, 그 정도가 아니라, 하나님을 만나려면 특정한 장소에 가야 한다는 고정관념을 깨뜨리려고 무척이나 노력하셨고, 이것 때문에 핍박을 받으셨다. 유대인들이 예수님께 사형 판결을 내린 결정적인 근거 중 하나는 바로 예수님께서 성전을 헐고 사흘 만에 짓는다고 하셨다는 것이었다.^{마26:59~61} 예수님께서 한번은 사마리아 여인과 대화를 하셨는데, 사마리아 여인은 '어디에 가서 예배해야 하는가?'에 대한 혼란이 있었다. 아래가 이것에 대한 예수님의 답변이다.

"예수께서 이르시되 여자여 내 말을 믿으라 이 산에서도 말고 예루살렘에서도 말고 너희가 아버지께 예배할 때가 이르리라 너희는 알지 못하는 것을 예배하고 우리는 아는 것을 예배하노니 이는 구원이 유대인에게서 남이라 아버지께 참되게 예배하는 자들은 영과 진리로 예배할 때가 오나니 곧 이 때라 아버지께서는 자기에게 이렇게 예배하는 자들을 찾으시느니라 하나님은 영이시니 예배하는 자가 영과 진리로 예배할지니라" 요 4:21~24

하나님은 영이시다. 영은 시간과 장소에 제한을 받지 않는다. 하나님을 만나려고 어떤 특정한 건물을 짓고 그 안에 모여야만 한다고 생각하는 것은 하나님이 어떤 분이신지 잘 모른다는 말이나 다름없다. 예수님께서는 사람들이 자주 모여서 얘기할 수 있는 그 당시의 지극히 평범한 장소들을 이용하셔서 제자들을 가르치셨지, 어떤 특정한 장소를 구별하지 않으셨다. 오히려 사람들 보기에 거룩한 장소는 하나님을 아는 데 방해가 될 수도 있다. 집과 같이 사람들이 자연스럽게 사는 장소에서는 사람들이 자연스럽게 자신을 드러낼 수 있다. 하지만, 엄숙하게 보이는 건물은 사람들로 하여금 자신을 숨기고 포장하게 하며, 더 나아가서는 하나님에 대해 오해를 하게 만든다. 마치 하나님은 딱딱하고 엄숙하며 근엄하신 분처럼 느끼게 하는 것이다.

제도화된 종교가 이렇게 화려한 성전 안에서 뭔가 대단해 보이는 일들을 하고 있었지만, 그것은 '그들의 집'이었다. 정작 이 땅에서 보내신 기간에 예수님께서는 집이 없으셨다. 예수님은 이 땅에 계실 때 "인자는 머리 둘 곳이 없도다"눅9:58라고 하셨다. 오늘날은 어떨까? 많은 사람이 하나님을 외치지만 실제로 하나님께서 거하실 집은 거의 없는 것은 아닐까?

하나님을 사랑한다고 외치는 사람들은 아주 많은데, 정작 하나님은 집이 없이 지내신다면, 그 사람들은 과연 하나님을 사랑하는 사람들일까? 요즘 사람들을 보면 너나 할 것 없이 '내 집 장만'에 매우 관심이 많은 것 같다. 하나님을 사랑하고 하나님이 전부라고 생각하는 사람들이 자신의 집을 장만하는 데에는 관심이 많으면서 하나님의 집에는 관심이 없다면 그게 말이 된다고 생각하는가? 물론 성전 건축을 통해 하나님의 집을 마련해 드렸다고 양심을 무마시킬 수는 있지만, 미안하지만 그건 하나님의 집도 아니고 성전도 아니다. 예배당이고 건물이고 모임 장소일 뿐이지 그걸 성전이라고 하면 안 된다. 하나님의 집은 인격체이신 예수 그리스도요 그분의 몸이다. 그러므로 예배당을 성전이라고 부르는 것은 예수님께 대한 모독이다. 그건 마치 내 아내를 63빌딩이라고 부르는 것과 매한가지이다. 하나님께서 그런 건물 안에 사신다는 게 말이나 되는가? 스데반의 날카로운 외침을 들어보라. ^{행7:48}

"그러나 지극히 높으신 이는 손으로 지은 곳에 계시지 아니하시나니" 행 7:48

바벨론 : 하나님의 집의 걸림돌

바벨론이야말로 하나님의 진정한 집의 걸림돌이다. 하나님 백성의 역사를 잘 보면 바벨론과의 끊임없는 전쟁이었음을 알 수 있다. 바벨론의 종교적인 사람들은 끊임없이 하나님의 진짜 백성과 갈등하고 다투면서 하나님 백성에게 어려움을 주게 되어 있다. 이건 거의 성경 전체에 걸쳐서 면면히 흐르고 있다고 봐도 좋을 정도이다. 구약도 그렇고, 예수님도 그렇고, 신약의 사도 바울의 경우를 봐도 그렇다. 바울이 열심히 수고해서 세운 교회들을 결정적으로 위협한 사람들은 하나님을 전혀 모르는 세상적인 사람들이 아니라 제도화된 종교 밑에서 '자기 나름대로' 하나님을 섬기고 있던 사람들이었다. 이건 그 이후의 교회사를 살펴보아도 마찬가지이다. 진정으로 예수님을 따르려는 사람들을 핍박했던 사람들은 전혀 하나님을 모르는 사람들이 아니라 '스스로 하나님을 잘 섬긴다고 믿었던' 사람들이었다. 예수님의 말씀을 기억하라.

"사람들이 너희를 출교할 뿐 아니라 때가 이르면 무릇 너희를 죽이는 자가 생각하

바벨론은 외적으로도 진정한 하나님의 집인 교회에 걸림돌이 되지만, 교회 내부적으로도 매우 큰 걸림돌이 된다. 예수님께서는 “바리새인과 사두개인들의 누룩을 주의하라”마16:6고 하셨는데, 이는 종교적인 사람들의 교훈(가르침)을 경계하라마16:12는 말씀이다. 예수님께서는 시간을 초월해서 사시는 분이기 때문에 나중에 자신의 신부인 교회를 힘들게 할 것들이 무엇인지를 아주 잘 아셨던 것 같다. 아예 세상적이고 거짓임이 분명해 보이는 가르침은 교회를 흔들지 못하지만, 진리와 ‘비슷해 보이는’ 가르침은 마치 누룩과 같아서 하나님 백성 내부에서 서서히 퍼지면서 하나님 백성까지도 혼잡하게 만든다. 이게 바벨론이 위험한 이유이다. 암癌이 치명적으로 위험한 이유는 우리의 정상 세포와 ‘비슷’ 하기 때문이다. 세균이나 바이러스처럼 아예 우리 몸의 세포와 ‘완전히 다른’ 것들에 대해서는 인체의 면역계가 당장에 공격하여 해결하는데, ‘비슷해 보이는’ 것에 대해서는 속을 수 있기 때문이다.

특히, 위선이야말로 진정한 하나님의 집인 교회에 가장 큰 걸림돌 중 하나이다. 복음서를 보면 예수님께서 가장 경계하신 것 중의 하나가 외식, 즉 위선이다. 예수님께서는 마귀에 대해 “거짓말쟁이요 거짓의 아비”요8:44라고 하셨다. 사도 바울도 마귀를 “광명의 천사로 가장한다”고후11:14고 했다. 어떻게 보면 위선이야말로 마귀를 가장 닮은 모습이다. 바울도 아래와 같이 기록했다.

“그런데 게바(베드로)가 안디옥에 왔을 때에 잘못한 일이 있어서, 나는 얼굴을 마주 보고 그를 나무랐습니다. 그것은 게바가, 야고보에게서 몇몇 사람이 오기 전에는 이방 사람들과 함께 음식을 먹다가, 그들이 오니, 할례받은 사람들을 두려워하여 그 자리를 떠나 물러난 일입니다. 나머지 유대 사람들도 그와 함께 위선을 하였고, 마침내는 바나바까지도 그들의 위선에 끌려갔습니다. 나는 그들이 복음의 진리를 따라 똑바로 걷지 않는 것을 보고, 모든 사람 앞에서 게바에게 이렇게 말하였습니다. "당신은 유대 사람인데도 유대 사람처럼 살지 않고 이방 사람처럼 살면서, 어찌하여 이방 사람더러 유대 사람이 되라고 강요합니까?'" 갈 2:11~14, 새번역

사도들의 리더 격인 베드로 게바까지도 침범하는 이 위선의 위력을 보라. 바벨론의 본질을 꿰뚫어보고 분별하지 않는 이상, 이것은 언제든지 하나님의 집인 교회에도 침범할 수 있다.

제도화된 종교의 특성상, 제도화되고 획일화되고 위선적인 종교는 예수님 안에서 가식이 없이 자유롭게 교제하는 사람들을 항상 시기하고 비방하게 되어 있다. 이건 성경 전체를 통해서 한결같이 보이는 모습이다. 예수님 당시의 종교인들은 예수님께서 엄숙함이라고는 조금도 없이 아주 평범한 옷을 입고 다니면서 아무런 가식 없이 여러 사람, 때로는 매우 천박해 보이고 종교인들로부터 천대를 당하는 사람들과도 자유롭게 먹고 마시고 대화하고 교제하고 즐기는 모습을 보고 마음이 매우 불편했던 것 같다. 이런 종교인들이 예수님에 대해 비방한 내용은 "보라! 먹기를 탐하고 포도주를 즐기고 세리와 죄인의 친구로다!"마11:19; 눅7:34였다.

갈라디아 교회들은 예루살렘 교회로부터 온 것으로 보이는 '가만히 들어온' 형제들, 더 정확히는 율법주의자로 추정되는 사람들에 의해 혼돈 상태에 빠지게 되었다. 그들은 '구약의 율법을 너희도 지켜야 하고, 너희도 할례를 받아야 한다' 는 아주 그럴싸한 주장을 들이밀면서 자유 안에서 교제하는 갈라디아의 교회들을 제도화된 유대교 아래로

놓으려고 교회의 형제 자매들을 뒤흔들었다. 사도 바울이 그들에 대해 경계한 아래 말씀들을 잘 읽어보기 바란다.

"이는 가만히 들어온 거짓 형제들 때문이라 그들이 가만히 들어온 것은 그리스도 예수 안에서 우리가 가진 자유를 엿보고 우리를 종으로 삼고자 함이로되 그들에게 우리가 한시도 복종하지 아니하였으니 이는 복음의 진리가 항상 너희 가운데 있게 하려 함이라" 갈 2:4~5

"그리스도께서 우리를 자유롭게 하려고 자유를 주셨으니 그러므로 굳건하게 서서 다시는 종의 멍에를 메지 말라" 갈 5:1

혼잡과 위선이야말로 바벨론의 특징이요, 하나 됨과 자유야말로 예루살렘, 즉 진정한 교회의 특징이다. 이것은 물과 기름 같아서 절대로 섞일 수도 없고, 서로 대적하게 되어 있다. 이게 성경에서 보여주는 한결같은 흐름이다.

바벨론 탈출

바벨론 유수 이후에 바벨론에 살던 이스라엘 백성 중에서 바벨론을 떠나 진정한 하나님의 집을 짓고자 예루살렘으로 돌아가는 사람들도 있었는데, 이런 사람들은 언제나 극소수이다. BC 6세기 때 이스라엘 백성의 수는 수백만 명이었으나, 그중에서 예루살렘으로 돌아온 사람은 5만 명이 채 못되었다. 절대다수가 그곳에 남았다는 말이다. 그렇다면, 돌아오지 않은 사람들은 왜 하나님의 메시지에 반응하지 않았을까? 그 이유는 바벨론의 포로 생활에 익숙해져 있었기 때문이다. 그곳도 이제는 살만했기 때문이다. 하나님은 집이 없어서 불편하신데도 소위 '하나님 백성'이라는 사람들은 이미 그곳에 익숙해져 있었고 살 만했기 때문에 바벨론에 그냥 머물러 있기를 고수했다. 자칭 '하나님 백성'이라고 생각하는 이 사람들의 모습을 보라. 하나님은 집이 없으신데, 하나님 백성이라는 사람들은 저마다 자기 집 일에만 바빴다. 아래가 이런 사람들에 대한 선지자의 경고였다.

> "나 만군의 주가 말한다. 너희는 살아온 지난날을 곰곰이 돌이켜 보아라. 너희는 씨앗을 많이 뿌려도 얼마 거두지 못했으며, 먹어도 배부르지 못하며, 마셔도 만족하지 못하며, 입어도 따뜻하지 못하며, 품 꾼이 품삯을 받아도, 구멍 난 주머니에 돈을 넣음이 되었다. 나 만군의 주가 말한다. 너희는 각자의 소행을 살펴보아라. 너희는 산에 올라가서 나무를 베어다가 성전을 지어라. 그러면 내가 그 성전을 기껍게 여기고, 거기에서 내 영광을 드러내겠다. 나 주가 말한다. 너희가 많이 거두기를 바랐으나 얼마 거두지 못했고, 너희가 집으로 거두어 들였으나 내가 그것을 흩어 버렸다. 그 까닭이 무엇이냐? 나 만군의 주의 말이다. 내 집은 이렇게 무너져 있는데, 너희는 저마다 제집 일에만 바쁘기 때문이다." 학 1:5~9, 새번역

이 말씀을 오늘날 교회당 건축에 적용하려는 사람들이 많은데 이것은 전혀 그것과는 상관없는 말씀이다. 앞에서도 누누이 설명했듯이, 이제 성전은 건물이 아니고 교회 공동체를 말하는 것이기 때문이다.

그리고 종교 지도자들도 문제였다. 그들은 회당, 즉 진짜인 예루살렘 성전과 '비슷한' 것을 지어놔서 하나님 백성의 불편함을 무마시키고 거짓된 안정감을 주어서 그들이 '여기도 나름대로 살만하다'고 느끼게 하는 데 일조했다. 나는 오늘날도 상황은 크게 다르지 않다고 생각한다. 옛적에 선지자 예레미야는 아래와 같이 경고했다.

"…예언자와 제사장까지도 모두 한결같이 백성을 속였다. 백성이 상처를 입어 앓고 있을 때에, '괜찮다! 괜찮다!' 하고 말하지만, 괜찮기는 어디가 괜찮으냐?…"나 주가 말한다. 나는 너희에게 일렀다. 가던 길을 멈추어서 살펴보고, 옛길이 어딘지, 가장 좋은 길이 어딘지 물어보고, 그 길로 가라고 하였다. 그러면 너희의 영혼이 평안히 쉴 곳을 찾을 것이라고 하였다. 그런데도 너희는 여전히 그 길로는 가지 않겠다고 하였다." 렘 6:13~16, 새번역

바벨론에 머무는 하나님 백성에 대한 하나님의 메시지는 신, 구약을 통틀어 언제나 한결같이 같다. 하나님은 바벨론^{갈대아 우르}에 살던 아브라함에게 "거기서 떠나라"고 하셨다. 아래 말씀들도 주의해서 보라.

"바빌론 도성에서 살고 있는 시온 백성아, 어서 빠져 나오너라!" 슥 2:7, 새번역

"…하늘로부터 다른 음성이 나서 이르되 내 백성아, 거기서(바벨론) 나와 그의 죄에 참여하지 말고 그가 받을 재앙들을 받지 말라" 계 18:4

바벨론 생활에 아무리 익숙해졌고 아무리 살만 해도 바벨론에서 사는 것은 결국은 포로 생활이고, 노예 생활이다. 이런 것은 거기서 빠져 나와봐야 알 수 있지, 그 안에 갇혀 있으면 알 수 없다. 마치 영화 '매트릭스'의 주인공이 자기가 살던 세계가 뭔가 이상하다는 느낌을 계속 느껴오다가 어떤 계기가 되어서 결단을 하고 빨간 알약을 먹고 빠져 나와보니 원래 자기가 살던 세계에서의 삶은 기계들이 만든 시스템에 갇혀서 노예 노릇을 하면서 사는 삶이었다는 것을 알게 된 것처럼 말이다.

히브리서는 예수님을 믿게 되고 나서도 다시 유대교로 돌아가려는

유혹을 받았던 당시의 유대적 배경을 가진 교회들을 위해 쓰인 편지인 것으로 보인다. 이 편지의 끝에서 저자는 예수님께서도 자신의 백성을 위해서 성문 밖에서 고난을 받으셨다^{히13:12}고 언급했다. 이 뒤에 교회의 형제 자매들에게 다음과 같이 권한 내용이 매우 인상적이다.

"그런즉 우리도 그의 치욕을 짊어지고 영문(camp) 밖으로 그에게 나아가자"
히 13:13

예수님께서는 당시의 제도화된 종교인 예루살렘의 밖, 곧 성전 밖에서 죽으셨고 능욕당하셨다. 여러분도 하나님의 집으로 세워지려면 여러분이 몸담았던 캠프 밖으로 나가는 결단이 필요하다. 그리고 캠프 밖으로 나가면 기쁘고 축복된 일들이 기다리는 게 아니라, 오히려 능욕이 기다리고 있을지도 모른다. 그러나 그 능욕을 지고 영문 밖으로 가야만 예수님께 다가갈 수 있다. "영문^{camp} 밖으로 그에게 나아가자"라고 하신 말씀을 보라. 예수님은 영문 밖에 계신 분이다. 여러분이 진정으로 예수님을 알고 그에게 나아가고 싶다면 여러분이 익숙한 캠프를 벗어나야 한다. 하나님의 집은 아무런 희생도 대가도 없이 그냥 세워지는 것이 아니다. 하나님의 집이 세워지려면 자신에게 익숙한 환경을 떨쳐버리고 떠나는 용기가 필요하다.

여러분이 제도화된 종교를 벗어나려고 한다면, 예수님과 1세기 교회들, 또는 그 이후에 교회사에서 볼 수 있는 예수님을 진정으로 따르고자 했던 사람들이 당했던 일과 비슷한 능욕을 당할 수도 있다. 가장 가깝고 여러분이 가장 신뢰했던 사람들이나 친구들이 여러분을 버릴 수도 있고, 거짓 소문들과 비방에 시달릴 수도 있을 것이다. 소위 '왕따'가 되는 것이다. 그렇다고 나와서 당장에 뭐가 좋아 보이는 것도 아니고 오히려 외롭고 소외되고 메마르고 자신이 광야에 있는 것처럼 느낄 수도 있다. 무엇보다도 자신이 그동안 매우 익숙 해왔던 상황에서 벗어나는 것에 큰 불안감을 느낄 수도 있다. 언제고 간에 나왔던 곳으로 도로 들어가고 싶다는 유혹이 들 수도 있다. 히브리서를 쓴 사람은 "우리 주님께서도 영문 밖에서 고난을 당하셨으니, 우리도 담대하게 그 고난을 달게 받자."라고 권면하고 있다.

어떻게 보면 하나님의 사람들은 언제나 비슷한 패턴의 일들을 겪는 것 같다. 본토 친척 아비 집을 떠나온 아브라함도 그랬고, 야곱도 그러했다. 이집트 땅을 떠나온 모세도 그랬고, 익숙한 환경에서 쫓겨나서 수십 년간 사울 왕에게 쫓겨 다닌 다윗도 그러했다. 광야의 세례 요한도 그랬고 배와 그물을 버리고 예수님을 따른 제자들도 그러했다. 바리새인의 최고 학자인 가말리엘의 문하생이요, 히브리인 중의 히브리인이었지만 자신의 동족에게 가장 큰 핍박을 받았던 사도 바울도 그랬고, 결정적으로 자기 백성에게 핍박받고 죽으신 예수님께서도 그러했다. 아래가 이런 사람들에 대한 성경의 증언이다.

"그들이 나온 바 본향을 생각하였더라면 돌아갈 기회가 있었으려니와 그들이 이제는 더 나은 본향을 사모하니 곧 하늘에 있는 것이라 이러므로 하나님이 그들의 하나님이라 일컫음 받으심을 부끄러워하지 아니하시고 그들을 위하여 한 성을 예비하셨느니라" 히 11:15~16

이런 사람들, 즉 하늘의 본향을 사모하여 자신들이 나온 곳으로 돌아갈 기회가 있는데도 불구하고 하나님의 집으로 지어지는 것에 대해 마음이 확고부동한 사람들이야말로 하나님께서 부끄러워하지 않으시는 사람들이다. 이 말을 반대로 표현하면, 하나님은 바벨론 안에 사는 것을 고수하는 사람들을 부끄러워하신다는 것이다.

여기까지 읽고 나서 이 책을 읽은 여러분의 마음에 이건 조금 심하다, 또는 과격하다고 느껴질지도 모르겠다. 바벨론이 도대체 뭐가 문제라고 이렇게 격렬하게 비판하는가? 물론 종교적인 사람들에게는 아무런 문제가 없다. 나도 이 책을 읽는 분 중에 제도화된 종교 시스템에 익숙해 있어서 거기가 살만하다고 생각하는 분들께는 한시라도 빨리 이 책을 덮고 평안하게 원래 자신이 살던 대로 살라고 권하고 싶다.

하지만, 하나님으로서는 이것이 결정적으로 문제가 된다. 하나님의 집이 없다는 것은 하나님의 궁극적인 목적이 이루어지지 못한다는 뜻이다. 또한, 하나님의 생명을 받은 하나님 백성에게도 문제가 된다. 생명은 반드시 자신의 원래 거할 거주지에서 살아야 한다. 그렇지 않으면 자신의 생명의 본능대로 살지 못하게 된다. 위에서 살펴본 것처럼 호랑이를 동물원 우리에 가둬서 키우면 생명이긴 하지만 왕성한 생명력을 발휘하면서 살지는 못한다. 살긴 살지만 뭔가 답답하다. 익숙해 있다는 것은 다르게 표현하면 길들어 있다는 것이다. 이건 어떻게 보면 아주 무서운 것이다. 코끼리를 어릴 적부터 말뚝에 연결된 줄에 매어서 키우면 다 큰 이후에 충분히 그 가느다란 줄을 끊고 가버릴 힘이 있는데도 불구하고 그 줄의 범위를 벗어나지 않는다고들 한다. 그 가느다란 줄에 '길들었기' 때문이다. 영화 '매트릭스'에서 사람 대다수는 기계들이 만든 허구의 세계인 매트릭스에 길들어서 그 안에서 아무 문제 없이 살고 있었다. 길든다는 것은 매우 무서운 것이다. 여러분이 바벨론에 사는 한, 여러분은 하나님의 집으로 세워질 수도 없고, 여러분의 생명을 마음껏 발휘하면서 살 수도 없다. 이것은 하나님의 궁극적인 계획에서 너무나도 벗어나 있는 것이다. 이 책을 읽는 분들이 바벨론에 대한 명확한 분별을 가지고 진정한 하나님의 집을 세우는 재료로 쓰이게 되기를 바란다.

　지금까지 우리는 교회가 예수님의 신부요, 예수님의 몸이요, 하나님의 가족이요, 하나님의 집이라는 것을 알아봤다. 우리가 흔히 이런 이야기를 들으면 신랑 신부나 우리의 몸, 가족, 집 등을 비유로 해서 교회와 예수님을 설명하는 줄 알고 있다. 하지만, 사실은 정확히 그 반대이다. 창세 전 하나님의 목적은 오직 예수님이였음을 기억하라. 하나님께서 이 세상을 창조하실 때, 자신이 사랑하는 아들의 모습의 실체를 여기저기에 마치 그림자처럼 담아둔 것이다. 그 아들은 예수님인데 어떻게 표현하면 예수님 안에 교회가, 교회가 예수님 안에 있는 것이고, 어떻게 표현하면 예수님은 머리로 있고 교회는 몸으로 있는 것이고, 어떻게 표현하면 예수님은 신랑이요, 교회는 신부가 되고, 어떻게 표현하면 예수님이 맏아들이고 교회 형제 자매들은 예수님의 형제 자매이고, 어떻게 표현하면 이 모두가 하나님이 거하시는 집이다. 모두 예수님과 교회라는 같은 실체를 다양하게 표현한 것이다. 그러니, 교회야말로 하나님의 궁극적인 계획의 완성이다.

칠. 예수 그리스도 안에서의 하나님 계획의 완성

1) 아담이 생명나무 열매를 따 먹었다면?

이제 다시 한 번 더 하나님의 원래 계획으로 돌아가 보자. 하나님이 원래 가지셨던 계획은 아담이 생명나무 열매를 따 먹고 하나님과 하나가 되어 영생으로 들어가는 것이었다. 여기서 궁금함이 생긴다. 만일, 아담이 생명나무 열매를 따 먹었다면 어떤 삶을 살게 되었을까?

이미 알아본 바와 같이, 생명나무는 물질세계에 있는 것이니 당연히 물질로도 존재하는 것이지만, 그뿐 아니라 영의 세계, 즉 창세 전의 세계와도 통하는 존재이다. 하지만, 처음 아담은 물질세계에만 속한 존재였다. 그러니 아담이 이 생명나무 열매를 먹었더라면, 그래서 이 생명나무와 하나가 되었더라면 그는 소위 두 세계와 통하는 존재가 되었을 것이다. 사망이 없으므로, 당연히 영원히 존재하면서 한편으로는 분명한 육체를 가졌으니 물질로도 존재할 수 있고, 다른 한편으로는 영의 세계와도 교통이 가능했을 것이다. 하나님의 원래 계획 안에는 영의 세계뿐만이 아니라, 육체를 가진 아담과 하와, 에덴동산 같은 물리적인 것도 포함되어 있었던 것이다. 만일 아담이 생명나무 열매를 먹었더라면, 하나님께서도 물리적인 육체라는 몸을 가지고도 아담과 교제를 할 수 있으셨을 것이다.

이 생명나무의 실체가 바로 예수님임을 우리는 배웠다. 부활하신 예수님을 생각해보자. 부활하신 예수님은 제자들에게 형태가 다른 여러 모습으로 나타나실 수 있었고,[막16:12] 제자들이 문을 닫고 있었는데도 제자들 가운데에 나타나셨다.[요20:26] 필요하면 도마에게 손의 못 자국도 보여주셨다.[요20:27] 즉, 언제 어디서고 어떤 모양으로도 나타나실 수 있는 존재셨던 것이다. 그렇다고 부활하신 예수님이 영으로만 존재하신 것도 아니었다. 제자들이 부활하신 예수님을 영으로 생각할 때 예수님께서 다음과 같이 말씀하셨기 때문이다.

이것을 다시 한번 명확히 확증이라도 하시려는 듯 예수님께서는 아예 제자들이 보는 앞에서 구운 생선을 잡수셨다.[눅24:40~43] 부활하신 예수님은 분명히 영의 세계를 볼 수 있고, 그 세계를 사실 수 있는 존재이셨음이 분명하다. 하지만, 또한, 부활한 예수님은 우리가 전혀 감지할 수 없는 영인 존재만이 아니라 분명하고 아주 구체적으로 보이고, 만져지는 육체를 가지고 부활하신 것이다. 바울은 '몸의 부활'을 전한다는 이유로 헬라 철학자들에게 논쟁의 대상이 되었을 정도이다.[행17:18] 영지주의Gnosticism를 주장하는 사람들이 나타난 것만 봐도 알 수 있듯이, 1세기 당시에는 영Spirit만 거룩하고 선한 것으로 생각하고 구체적으로 보이고 만져지는 육체라는 것은 악한 것으로 치부해버리거나 무시하는 분위기가 있었다. 하지만, 부활하신 예수님은 아주 분명하고 구체적인 몸을 가지고 부활하셨다.

그러면, 승천하실 때 예수님께서는 영만 하나님 나라, 즉 창세 전 세계로 가셨을까? 육신의 껍질은 다 벗어버리거나 아니면 육신은 다 사멸해버리신 다음에 영만 하늘나라로 가셨을까? 전혀 아니다! 예수님께서는 제자들이 모두 두 눈을 똑바로 뜨고 모든 것을 다 지켜보는 가운데서, 즉 영과 혼뿐만이 아니라 보이고 만져지는 육체를 가지신 상태로 하늘로 올라가셨다.^{행1:9} 흔히들 기독교인들은 '죽으면 우리 몸은 사멸하고 영혼만 하늘나라로 간다' 는 생각에 익숙해 있는 것 같다. 하지만, 엄밀히 말하면 이것은 성경의 가르침이 아니다. 앞으로 더 자세히 살펴보겠지만, 성경에서 전체적으로 가르치는 바는 이런 것이 아니라 '우리 몸이 변화되어 하늘나라로 간다' 이다. '우리 몸은 사멸하고 영혼만 하늘나라로 간다' 는 식의 가르침은 오히려 플라톤이나 더 심하게 말하면 영지주의자들의 주장에 더 가깝지, 성경의 가르침에 가깝지는 않다. 우리가 나중에 죽게 되면, 그 이후에는 영혼만 하나님과 교제하는 식의 모순이 아니라, 구체적인 몸을 입고서 하나님과 교제하면서 살게 될 것이다.

부활하신 예수님에게서 보이는 이런 모습, 즉 변화된 육체와 영과 영혼을 함께 가지신 모습은 무엇을 보여주시는 것일까? 아담을 생각해보면 모든 것이 쉽게 이해가 된다. 예수님은 잘못된 선택을 한 첫 사람 아담이 아니라 생명나무 열매를 따 먹은, 아니, 생명나무 그 자체인 마지막 아담이다. 아담이 만일 생명나무 열매를 따 먹었더라면 아주 구체적으로 보이는 물리적인 몸이 있었을 것이고 동시에 영적인 세계와도 소통했을 것이다. 부활하신 예수님도 이와 같다. 성경에서 예수님을 '마지막 아담' 이라고 하는 것은 단순한 미사 어구가 아니라 진짜 실체를 말한 것이다. 즉, 아담이 생명나무 열매를 먹고 하나님과 하나

된 세계로 들어갔다면 되었을 모습과 똑같은 모습이 부활하신 예수님
인 것이다. 그러므로 예수님이야말로 하나님 계획의 완성이다. 하나
님의 원래 계획에는 물질세계도 포함되어 있었으므로, 마지막 아담도
물질을 포함한 채로 부활하신 것이다.

2) 예수 그리스도의 부활과 교회의 부활

여기서 질문이 하나 생긴다. 그러면, 예수님 안에 있는 사람들, 즉
교회는 앞으로 어떻게 될까? 보라! 내가 비밀을 말하노니…. 부활하신
예수님에 연합한 사람은 모두 동일하게 부활하신 예수님처럼 변화된
다! 즉, 우리도 아담과 하와가 생명나무 열매를 따 먹었더라면 되었을
모습처럼 변화되어 살게 되는 것이다.

예수님께서 부활하시고 나서 이 세상에 계셨던 기간은 40일이라고
되어 있다.^{행1:3} 가만히 보면 성경에는 이상하리만큼 40이라는 숫자가
많이 등장한다. 이스라엘이 약속의 땅인 가나안으로 들어가기 전에
광야에서 지낸 기간도 40년이요, 가나안 땅에 들어가기 전에 가나안
땅을 탐지한 기간도 40일이요, 노아 때에 옛 세상을 멸하고 새 세상이
열린 것도 40일 동안의 홍수 뒤요, 이스라엘에 진정한 왕인 다윗이 세
워지기 전까지 잘못된 왕 사울이 통치한 기간도 40년이요, 예수님이
공생애로 들어가시기 전에 시험받으신 기간도 40일이다.

이 전체는 같은 맥락에서 이해될 수 있다. 즉, 뭔가 새로운 기간으로
가기 전에 40이라는 숫자가 등장한다는 것이다. 예수님께서 부활하시
고 난 후에 40일이라는 기간을 이 땅에서 보내신 것도 무슨 새로운 세
계의 시작을 알리는 신호탄이 아닐까? 즉, 아담이 잘못 선택한 것을
예수님께서 완전히 바로잡아서 완성하신 것, 즉 믿는 자들이 이제는

생명나무 열매를 따 먹고 영생에 들어가게 된다는, 믿는 자들의 부활 신호탄이 아닐까? 아래 고린도전서에서 바울이 강조한 내용을 읽어보면 바울이 이런 맥락에서 썼다는 것을 알 수 있을 것이다.

바울은 예수님을 '첫 열매'로 표현했다. 첫 열매인 예수님이 먼저 부활하고, 그다음에는 예수님과 연합된 자들이 부활한다. 예수님께서 이 땅에 계신 동안에 보여주신 40일의 기간은 그 이후에 벌어질 일들, 즉 예수님 안에 있는 사람들이 죽은 이후에 어떻게 부활할지를 실제로 보여주신 것이다. 즉, 교회로 사는 사람이 죽으면 부활하신 예수님과 똑같이 변화되는 것이다! 우리도 아담과 하와가 생명나무 열매를 따 먹었을 경우처럼 살게 되는 것이다. 아마도 아담과 하와와 우리 사이에 유일한 다른 점이 있다면 아담과 하와는 둘밖에 없었으므로, 하나님과 똑같은 생명이 번성하려면 생명나무를 따먹고 변화된 이후에도 남자와 여자라는 성별이 있었을 것이라는 점이다. 하지만, 예수님께서도 언급한 바와 같이, 우리 믿는 자들이 부활하게 되면 남자와 여자라는 성별이 없어질 것이다. 눅20:34~36

이제는 아래 말씀이 다르게 보여야 한다.

타나지 아니하였으나 그가 나타나시면 우리가 그와 같을 줄을 아는 것은 그의 참
모습 그대로 볼 것이기 때문이니” 요일 3:2

앞으로 우리는 예수님과 같아지게 된다! 부활에 대한 더 자세한 설
명은 바울이 쓴 아래 글에 그대로 나타나 있다.

“누가 묻기를 죽은 자들이 어떻게 다시 살아나며 어떠한 몸으로 오느냐 하리니 어
리석은 자여 네가 뿌리는 씨가 죽지 않으면 살아나지 못하겠고 또 네가 뿌리는 것
은 장래의 형체를 뿌리는 것이 아니요 다만 밀이나 다른 것의 알맹이 뿐이로되 하
나님이 그 뜻대로 그에게 형체를 주시되 각 종자에게 그 형체를 주시느니라 육체
는 다 같은 육체가 아니니 하나는 사람의 육체요 하나는 짐승의 육체요 하나는 새
의 육체요 하나는 물고기의 육체라 하늘에 속한 형체도 있고 땅에 속한 형체도 있
으나 하늘에 속한 것의 영광이 따로 있고 땅에 속한 것의 영광이 따로 있으니 해
의 영광이 다르고 달의 영광이 다르며 별의 영광도 다른데 별과 별의 영광이 다르
도다 죽은 자의 부활도 그와 같으니 썩을 것으로 심고 썩지 아니할 것으로 다시
살아나며 욕된 것으로 심고 영광스러운 것으로 다시 살아나며 약한 것으로 심고
강한 것으로 다시 살아나며 육의 몸으로 심고 신령한 몸으로 다시 살아나나니 육
의 몸이 있은즉 또 영의 몸도 있느니라 기록된 바 첫 사람 아담은 생령이 되었다
함과 같이 마지막 아담은 살려 주는 영이 되었나니 그러나 먼저는 신령한 사람이
아니요 육의 사람이요 그 다음에 신령한 사람이니라 첫 사람은 땅에서 났으니 흙
에 속한 자이거니와 둘째 사람은 하늘에서 나셨느니라 무릇 흙에 속한 자들은 저
흙에 속한 자와 같고 무릇 하늘에 속한 자들은 저 하늘에 속한 이와 같으니 우리
가 흙에 속한 자의 형상을 입은 것 같이 또한 하늘에 속한 이의 형상을 입으리라 ”
고전 15:35~49

이 글을 내가 알기 쉽게 다시 쓴다면 아래와 같이 될 것이다.

"어떤 사람들은 "죽은 자들이 어떻게 다시 살 수 있겠습니까? 그렇다면, 부활 후에는 어떤 몸을 갖게 되겠습니까?"라고 반문할지도 모르겠습니다. 저는 이렇게 답변하겠습니다. "어리석은 사람이여! 만일 당신이 땅에 씨를 뿌릴 때 그 씨가 땅에 묻혀서 자신의 원래 형체가 죽어버리지 않으면 새로운 생명으로 살아나지 못할 것입니다. 당신이 뿌리는 그 씨는 장차 현재의 모습과는 완전히 다른 모습으로 변할 것이 분명하지만 지금 현재의 모습을 보면 그 씨는 알갱이 정도로밖에 보이지 않습니다. 하지만, 하나님께서는 그 알갱이 같아 보이는 것에 각각 고유의 몸을 주셔서 나중에 자신의 진정한 몸을 갖게 하십니다. 마치 사람과 짐승과 새와 물고기가 각각 독특하고 고유한 몸을 가지고 있듯이, 물질세계에 속한 몸도 있고, 영의 세계에 속한 몸도 있습니다. 우리가 죽은 다음에 부활하는 원리도 이와 마찬가지입니다. 여러분의 눈에 지금 보이는 여러분의 몸은 마치 씨 알갱이와 같은 정도의 것입니다. 여러분의 진정한 몸의 실체는 여러분이 부활해야 드러나게 될 것입니다. 여러분의 지금의 몸은 죽어 없어질 몸, 수치스러운 몸, 약한 몸이지만 여러분이 죽음의 관문을 통과해서 부활하게 되면, 영원히 살게 될 것이며, 영광스러운 몸, 모든 능력을 갖춘 몸을 입게 될 것입니다. 창세기에 '첫 사람 아담이 생령이 되었다'^{창2:7}고 기록되어 있는 것처럼, 마지막 아담이신 예수님은 살려주는 영이 되셨습니다. 이 순서를 잘 보십시오. 먼저 씨가 있고 나서 그다음에야 완전한 식물의 몸이 드러나는 것처럼, 우리가 지금 가지고 있고 보고 있는 불완전한 육체의 몸이 먼저 있어야 그다음에는 영적인 완전한 몸이 있을 수 있는 것입니다. 이건 우리도 그렇지만 아담과 예수님도 이와 똑같은 순서입니다. 첫 사람 아담이 먼저 나왔고, 나중에 예수님이 나셨습니다. 첫 사람 아담은 땅에서 나서 흙, 즉 물질세계에 속했지만, 마지막 아담은 하늘, 즉 창세 전의 세계에서 오신 분입니다. 그러므로 아담에게 속한 사람은 물질세계에 속한 사람이요, 예수님에게 속한 사람들은 하늘에 속한 사람들입니다. 마치 우리가 아담의 형상을 그대로 물려받아서 태어난 것처럼, 장차 우리는 예수님의 형상을 그대로 물려받아서 하늘에 속한 부활한 예수님의 몸과 똑같은 모양의 몸을 입게 될 것입니다." 고전 15:35~49

앞에서 죽음이 비밀이라고 한 말을 기억하라. 믿는 자들에게 있어서 죽음은 분리가 아니라 더 놀라운 생명, 더 놀라운 세계로 나가는 관문이다. 아담이 죽고 나서, 이 죽음의 관문을 통과하고 나서야 하와가 탄생했다. 어머니 뱃속의 태아가 더 넓고 놀라운 바깥 세계로 나가려면 어머니 자궁 안에서의 아늑한 시간과는 작별을 고하고 잠시 잠깐이긴 하지만 고통스러운 출산의 과정을 거쳐야 한다. 한 알의 밀이 땅에 떨어지면 원래의 형체는 없어진다. 즉, 원래의 모습은 죽는다. 하지만, 곧이어 다른 형태의 더 확장된 생명이 되어 자라나고, 더 많은 생명의 열매를 맺는다.

"내가 진실로 진실로 너희에게 이르노니 한 알의 밀이 땅에 떨어져 죽지 아니하면 한 알 그대로 있고 죽으면 많은 열매를 맺느니라 자기의 생명을 사랑하는 자는 잃어버릴 것이요 이 세상에서 자기의 생명을 미워하는 자는 영생하도록 보전하리라" 요 12:24~25

얼마나 놀라운 일인가? 예수님 안에 있는 사람들에게는 죽음이 끝이 아니다. 죽음은 더 큰 생명으로 가는 관문인 것이다. 마치 번데기가 자신의 이전의 껍데기를 벗어 던지고 전과는 전혀 다른 새로운 몸을 입고 나비가 되어서 훨훨 날아다니는 것처럼 그리스도를 믿는 사람들이 죽으면 새로운 몸을 입고 새로운 삶을 살게 된다. 그러므로 예수님께서 하신 아래 말씀은 아주 실제적인 말씀이다. 엄밀히 말하면, 믿는 자들에게는 죽음이라는 것은 없다.

하나님의 궁극적인 목적은 자신의 생명이 넓어지는 것이다. 여기에서 중요한 것을 하나 생각해보겠다. 하나님의 원래 계획에는 물질세계도 포함되어 있었다. 아담이 생명나무 열매를 따 먹었더라면 하나님과 예수님뿐 아니라, 모든 사람들이 하나님과 완전히 하나가 되어서 영의 세계와 물질세계를 모두 경험하는 존재로서 살게 되었을 것이다. 이 말은 하나님도 물질세계를 경험하셨을 것이라는 뜻이다. 하나님의 이 원래 의도가 아담이 선악을 알게 하는 나무의 열매를 먹고 타락하는 바람에 우회하게 되었고, 이제는 마지막 아담이 와서 생명나무 자체가 되셨다. 그 마지막 아담 안에 있는 모든 사람들도 죽음을 통과하고 나면, 즉 타락한 세계를 완전히 벗어버리고 나면 영의 세계와 물질세계를 모두 경험하는 존재로서 살게 된다. 하나님의 입장에서 생각해보면 하나님의 원래 계획에는 아무런 차질이 없다는 것을 알게 된다. 하나님은 시간이 없는 세계에서 사신다는 것을 기억하라. 하나님의 계획은 예수님 안에서 이미 완성이 된 것이다. 이렇게 표현하면 이상하게 보일지 모르지만, 창세 전부터 하나님의 궁극적인 계획은 이미 완성되어 있었다!

그러면, 다시 창세 전 세계로 가보자. 1부에서 우리는 창세 전 세계가 영의 세계라고만 배웠다. 그건 하나님의 계획이 이미 창세 전부터 완성되어 있었음(?)을 잘 몰랐을 때의 이야기이고, 지금은 이야기가 달라진다. 그 세계에서 추가되는 존재와 빠지는 존재가 있다. 1부에서 우리는 창세 전 세계에 하나님과 아들과 성령, 천사들과 마귀가 있었다는 것을 알아봤다. 하지만, 이제는 다르다. 이제는 마귀라는 존재는 실제적으로는 사라진다고 봐야 맞다. 하나님의 눈으로 볼 때, 마귀는 십자가에서 이미 없어진 허상 같은 존재이다. 마귀는 하나님으로부터 쫓겨나서 오직 시간과 공간이 있는 이 물질세계만, 그것도 교회를 제외한 나머지 이 세상만을 통치하고 좌지우지하면서 살아가는 존재이다. 그러니, 차원이 더 높은 시공을 초월한 하나님의 눈으로 볼 때는 없는 것이나 다름없는 존재이다. 1부에서는 없었던 존재가 추가되는데 그게 바로 예수님의 신부인 교회이다. 이 교회야말로 창조의 최종 열매, 즉 최종 결과물이다. 천사들은 영의 세계에만 속하지만, 이 천사들과는 달리, 하나님과 아들과 교회는 영의 세계와 물질세계의 이 두 세계를 함께 살아간다. 그 두 세계에서 아들과 아버지와 교회는 서로 뜨겁게 사랑하면서 살아간다.

창세 전의 영원한 세계가 영의 세계만이 아니라 물질세계까지 포함한다는 것을 안 이상, 그 세계가 어떤 세계인지 다시 궁금해지지 않을 수 없다. 그 세계는 어떤 세계일까? 이건 정말 비밀인 것 같다. 하지만, 창세 전 세계의 그림자인 이 물질세계에서 우리가 유추해 본다면, 지금 우리가 보는 세계와 창세 전 세계의 차이는 마치 아기가 엄마 뱃속에 있다가 나올 때와 같은 변화가 아닐까? 우리는 지금 우리가 보는 것이 다인 줄 알고 또 우리가 뭔가를 아는 것처럼 생각하고 살지만 죽음을 통과해서 창세 전 세계로 가 보면 지금 우리가 보는 이 세계는 마치 엄마 뱃속처럼 아무것도 없고 공허하고 현실감도 별로 없는 세계가 아닐까? 그 세계에 가서 보면 진짜 우리는 이 세상에 대해서 아무것도 몰랐다고밖에 말할 수 없게 되지 않을까? 우리가 지금까지 알았던 것은 진실로 허상 정도에 불과한 것이 아닐까? 창세 전 세계가 휠

씬 더 현실감 있고 훨씬 더 진짜인 세계가 아닐까? 그 세계에서 살면서 지금 이 세계를 생각한다면, 오히려 지금 우리가 보는 이 세계가 마치 허상 같고 그림자 같은 세계가 아닐까?

3) 죽음과 생명

이쯤에서 이 책에서 가장 중요한 주제 중의 하나인 죽음과 생명에 대해서 이야기해 보겠다. 죽음이야말로 아무도 피해갈 수 없는 본질 중의 본질이요 비밀 중의 비밀이다. 이 땅에서 사는 인생이라는 것은 겉모양만 본다면 모든 사람이 태어나면서부터 죽음으로 가는 과정이라고도 볼 수 있다. 이 죽음이라는 본질을 어떻게 대하느냐가 우리의 삶에서 매우 중요한 문제이다. 죽음을 알아가면 알수록 우리는 하나님이 어떤 분이신지, 즉 하나님의 본질에 더 깊이 다가설 수 있을 것이다. 우리는 죽음이라는 것에 대해서도 창세 후의 세계에서, 그것도 타락한 현재의 세계의 모습을 기준으로 생각하게 되는데, 원래 세계에서 죽음이라는 것이 어떤 의미가 있는 것인지 알아보겠다. 이제부터 나오는 설명은 당장 이해하기에는 어려울 수도 있겠지만, 천천히 잘 읽고, 필요하다면 한 번 더 읽어 보고 그래도 이해가 안 되면 반복해서 읽어서 이 내용을 잘 이해하게 되기를 바란다. 여기에서 설명하고자 하는 원리야말로 지금부터 시작해서 2권 마지막까지의 이야기의 기초 중의 기초가 되기 때문이다.

창세 전 세계에서의 죽음의 의미

요한계시록에는 다음과 같은 표현이 나온다.

"…창세 때부터 죽임을 당한 그 어린 양…" 계 13:8, 새번역

"Lamb that was slain from the creation of the world" 계 13:8, NIV

이런 표현이야말로 성경에 간간이 등장하는 보석과 같은 표현이다. 흔히들 '예수님의 죽음' 하면 인간의 타락과 죄의 문제를 해결하시고자 1세기에 이루어진 역사적인 사건으로 생각하고 있다. 하지만, 여기에는 분명히 어린 양, 즉 예수님께서 창세 전에 죽임을 당한 것으로 기록되어 있다. 창세 전 세계는 인류가 타락하고 난 뒤의 죄의 문제가 없는 곳이다. 즉, 여기에 나타난 예수님의 죽음은 죄와는 상관없는 것이다.

게다가, 여기서 말하는 죽음이라는 개념은 우리가 일반적으로 생각하는 죽음과도 완전히 다른 것이다. 우리는 창세 후의 존재, 즉 시간과 공간 안에서 사는 존재이므로 죽음을 어떤 한 번의 사건event으로 생각한다. 예를 들어, 어떤 사람이 언제 죽었다고 하면 그 죽음의 사건이 있은 이후로부터는 이 세상에서는 그 사람과 인격적으로 만날 수가 없게 된다. 하지만, 창세 전의 세계가 시간의 제약을 받지 않는 세계라는 것을 고려하면 창세 전의 세계에서는 죽음이라는 것도 오늘날 우리가 생각하는 것과는 차원이 다른 의미로 쓰이게 된다. 위의 표현에서 우리는 누구나 다 '어린 양' 이 예수님에 대한 비유적인 표현이라는 것을 알고 있다. 창세 전 세계에 어린 양은 커녕 어떤 동물도 존재할 리가 만무하기 때문이다. 그러면, 이 표현에 나온 '죽음' 이라는 단어에 대해서도 단어만 창세 후에 우리가 생각하는 '죽음' 이라는 표현을 빌려 썼다 뿐이지, 창세 전에는 이 개념도 우리가 생각하는 죽음과는 본질적으로 다르지 않을까? 이 더 깊고 본질적인 의미에서의 '죽음' 이라는 것의 본질을 이해하려면 먼저 하나님의 성품을 이해해야 한

다. 그리고 죽음의 본질을 이해하게 되면 하나님이 어떤 분인지도 더 잘 알게 된다.

하나님의 본질적인 성품 중 하나가 바로 '공의' 이다. 하나님은 매우 공의로운 분이시다. 사람들은 흔히들 하나님에 대해서 오해를 많이 한다. 어떤 사람은 하나님은 전지전능하시니까 무슨 요술 나라에 나오는 도깨비 방망이를 가진 주인처럼 무엇이건 간에 자기 마음대로 하실 수 있는 분이라고 생각하기도 하고, 어떤 사람은 하나님이 마치 통제 센터 같은 곳에 계시면서 간단한 어떤 조작 한번으로 온 우주 만물을 좌지우지하는 분인 것처럼 생각하기도 하는데, 이런 것들은 모두 완전한 착각이다. 하나님의 세계에도 기본 원칙ground rule이 있다. 하나님은 완벽하게 공의로운 분이므로, 자신도 자신의 원칙을 철저히 지키신다. '공의' 라는 말은 공정하고 의롭다는 뜻이다. 예를 들어, 우리가 아무런 대가 없이 무엇을 거저 얻었다고 한다면, 그것은 매우 공의롭지 못한 일이다. 하나님으로서도 뭘 하려고 하면 당연히 대가를 치러야 하는 것이 매우 당연한 원칙이다. 그것도 대충 치르는 것이 아닌, 그것과 똑같은 대가를 지불해야 얻을 수 있다.

마태복음 4장과 누가복음 4장에는 마귀가 예수님을 시험하는 장면이 나온다. 마귀가 예수님을 시험하는 내용의 핵심 중의 하나는 '대가 없이 얻어라' 이다. 예를 들어, 당장 배가 고프니, 돌들을 떡 덩어리로 만든다든지, 순식간에 온 천하 만국을 보여주면서 '내게 절하기만 하면 다 주겠다' 라든지 하는 내용이다. 유혹이라는 것의 핵심은 대가 없이 뭔가를 쉽게 얻으려고 하는 것이다. 예를 들어, 어떤 물건을 훔치려는 유혹이 든다면, 그것은 그 물건을 사는 데 필요한 내 편에서의 노력과 희생을 내지 않고 그 물건을 얻으려는 것을 말하는 것이다. 실제로 마귀가 이런 존재이다. 즉, 대가 없이 무엇을 얻으려고 하는 존재이다.

마귀는 하와를 간단히 유혹하는 것만으로 이 세상을 자기 것으로 삼았다. 우리 세상에서 쓰는 말로 하면 '정당한 값을 치르고 뭔가를 산 것'이 아니라 '사기'를 친 것이다. 어떻게 보면 마귀를 닮은 가장 큰 특징은 정당한 대가 없이 무엇을 얻으려고 하는 것, 쉽게 지름길로 가려고 하는 것에 있지 않을까 하는 생각도 든다. 우리는 마귀의 시험을 단호하게 물리친 이 예수님의 성품에서 하나님이 어떤 분이신지 잘 알 수 있다. 하나님은 무엇에나 그에 상응하는 정당한 값을 모두 다 치르는, 아주 공의로운 분이다. 아래 말씀들의 표현들을 주의 깊게 보기 바란다.

"너희 몸은 너희가 하나님께로부터 받은 바 너희 가운데 계신 성령의 전인 줄을 알지 못하느냐 너희는 너희 자신의 것이 아니라 값으로 산 것이 되었으니 그런즉 너희 몸으로 하나님께 영광을 돌리라" 고전 6:19~20

"너희가 알거니와 너희 조상이 물려 준 헛된 행실에서 대속함을 받은 것은 은이나 금 같이 없어질 것으로 된 것이 아니요 오직 흠 없고 점 없는 어린 양 같은 그리스도의 보배로운 피로 된 것이니라" 벧전 1:18~19

하나님의 공의로운 성품과 죽음의 의미 사이에는 아주 직접적인 상관관계가 있다. 창세 전 세계에서는 시간의 제약을 받지 않는다. 그러므로 창세 전 세계에서 '죽음'이라는 표현을 쓸 때에는 우리처럼 시간과 공간이 있는 세계에서와는 다른 내용일 것이 뻔하다. 하나님으로서는 공짜라는 것은 없다. 하나님께는 대가 없이 얻어지는 것은 하나도 없다. 하나님은 철두철미하게 그것에 상응하는 값을 다 치르시는 것이다. 창세 전 하나님의 세계에서 '죽음'의 뜻은 얻고자 하는 것과 똑같은 값, 대가 또는 희생을 치르는 것을 말하는 것이다. 앞서 내가 '죽음과 생명은 하나이다.' 라고 설명한 이유는 더 풀어서 말하면 '내가 치르는 대가와 그 대가로 말미암아서 얻는 것이 같다' 는 뜻이다.

이 하나님의 공의가 그대로 창세 전 세계의 아버지와 아들의 관계에서도, 물질세계의 창조에서도, 아담에게도, 아담에게 주어진 '선악을 알게 하는 나무냐? 생명나무냐?' 의 선택에서도, 영의 세계의 창조에서도, 예수님의 죽음에서도, 현재의 우리에게 있어서도 그대로 적용된다. 이제 각각에 대해 알아보겠다.

창세 전 아버지와 아들의 교제 안에서의 죽음

위에서 아버지와 아들이 하나가 되었다는 것을 알아봤는데, 이렇게 아버지와 아들이 하나가 되고 서로 영광을 얻으려면 '죽음' 이라는 전제가 필수적이다. 앞에서 하나가 되었다는 말은 자기 안에 자신은 점점 죽고 없어지고, 상대방이 남았다는 뜻이라는 것을 알아보았는데, 이 '하나 됨' 이야말로 창세 전 세계의 핵심 중의 핵심이다. 자기 부인과 자신에 대한 포기, 즉 자신에 대한 자발적인 죽음이 없으면 하나 됨이라는 것은 도저히 있을 수 없다. 그러니, 아버지와 아들이 사랑 가운데서 하나가 되어 살아가는 것은 서로 자신을 부인하고 자신을 죽이려는 마음이 없으면 불가능한 일이다. 결혼 생활을 해본 사람들은 이 말이 무슨 뜻인지 매우 잘 이해할 것이다. 이것은 강제가 아니라 아주 자발적이며, 완전한 하나 됨이다.

신약 성경, 특히 요한복음에서는 '아버지께서 내 안에, 내가 아버지 안에 있는 것 같이' 라는 표현이 가득한데, 이 표현을 잘 생각해보자. 어떻게 아버지가 아들 안에 있고, 아들이 아버지 안에 있을 수 있는가? 그건 바로 서로 죽으려고 하기 때문이다. 여러분은 앞에서 예수님을 먹는다는 뜻이 예수님과 하나가 된다는 뜻이라는 것을 배웠다. 어떻게 예수님께서 나와 하나가 될 수 있는가? 그건 바로 예수님께서 기꺼이 죽음을 감내하시는 분이시기 때문이다. 예를 들어, 여러분이 어떤 것을 먹는다고 치자. 우리가 먹어서 생명 활동의 에너지원으로 삼을 수 있는 것은 동물이나 식물 등 원래 생명체인 것들이나 그것들이 이차적으로 가공된 것들이지, 돌이나 금속처럼 생명이 없는 것이 아니다. 왜냐하면, 하나님께서 생명이 있는 것들을 사람들의 양식, 즉 에너지원으로 주셨기 때문이다.^{창1:30, 9:3} 하나님께서 이렇게 정하신 것에는 깊은 의미가 있다. 우리가 어떤 것을 먹을 때는 그 먹히는 대상이 되는 생명체는 이미 죽음을 당했거나 아니면 먹는 순간에 죽는다. 그 음식이 우리 몸에 들어온 순간부터 그 음식은 소화되고 흡수되어 우리 몸과 하나가 된다. 어느 한 쪽은 죽어야 하나가 되는 것이다. 우리가 생명을 유지해간다는 것은 그 자체가 죽음이 없이는 성립될 수 없다.

그러면, 아버지와 아들은 어떻게 하나가 되었겠는가? 그건 서로 죽으려고 하기 때문이다. 서로가 서로를 위해서 자신은 없어지고 상대방만 남으려고 하기 때문이다. 이것이야말로 진정한 하나 됨이다. 2권에서는 예수님과 함께 죽는다는 것이 무엇인지를 자세히 알아볼 것인데, 그 이전에 여러분이 이런 부분을 깊이 이해해야 한다.

창세 전의 예수 그리스도의 죽음

하나님의 영원한 목적이 자신과 하나 된 생명이 넓어지는 것임은 앞서도 누누이 강조했다. 그래서 창조라는 것이 이루어진 것이다. 이 시점에서 중요한 것을 하나 언급하고 싶다. 창조라는 것은 최종의 열매인 교회를 만들어내는 데 필요한 과정이다. 신약 성경을 잘 읽어보면 하나님께서는 열매에 매우 관심이 많다는 것을 알 수 있다. 창세 전 세계의 하나님께서 열매를 얻어서 그 열매를 가지고 음식으로 드실 것도 아니므로, 열매는 무엇을 지칭하는 말로 쓰이는 것이다. 즉, '열매'라는 것은 어떤 목적을 가지고 무엇을 계획하고 그에 상응하는 수고를 해서 얻게 되는 최종의 결과물을 지칭하는 말이다. 농부가 밭에 씨를 뿌리고 밭을 갈고 물을 주고 가꾸는 이유는 결국은 열매를 바라기 때문이다. 그러면, 하나님께서 이 세상을 창조하시면서 바라신 최종의 열매가 무엇이겠는가? 그건 바로 교회이다. 교회가 생겨나게 하려고 이 세상을 창조하신 것이다. 교회야말로 하나님의 궁극적인 목적이다. 인간이 만들어낸 모든 역사, 과학 기술, 문명 등은 결국은 최종의 열매인 교회를 만들어내기 위한 과정, 또는 더 심하게 말하면 재료에 불과한 것이다. 이렇게 말한다고 충격을 받지 말기 바란다. 창조의 최고봉은 교회이다. 아담이 창조되고, 아담으로부터 많은 자손이 태어나고, 인류가 오랜 시간을 보내면서 많은 역사가 이루어지고, 사람들의 숫자가 증가하게 되고, 사람들이 자연 세계와 인간의 내면의 세계, 인간과 우주의 본질에 대한 인류의 본질에 대해 이해理解하는 정도가 높아진 것은 결국은 사람들이 하나님의 창조 세계를 점점 인지하게 되어 그 오묘하고 신비한 것들을 모두 창조하신 하나님, 자신의 근원이신 하나님, 'I AM WHO I AM' 이신 하나님을 찾게 되고, 그 하나님을 알게 되고, 하나님과 하나가 되어서 사는 존재가 되는 것, 즉 궁극적으로는 교회가 되도록 하시기 위한 것이다. 최종의 열매인 예수님의 신부가 태어나게 하려고 창조와 인류 역사의 모든 과정이 이루어진 것이다.

하나님 세계의 기본 원칙에 비추어서 생각한다면, 하나님의 생명이 증가하려면, 즉 예수님의 신부인 교회가 생겨나려면 교회와 똑같은 생명의 대가를 치러야 한다. 그러니, 창세 전에 예수님께서 죽음을 당하신 것이다. 예수님께서 죽으셔야 예수님과 같은 생명을 가진 교회가 나올 수 있다. 이걸 다른 말로 표현하면, 하나님께서는 예수님이라는 값을 내셔서 '또 다른 예수님'를 얻으신 것이다. 이걸 또 다른 말로 표현하면, 마지막 아담^{인류}의 죽음으로 새로운 아담^{인류}을 얻으신 것이다.

'또 다른 예수님', 이게 바로 교회의 진정한 정체성이요 교회의 진정한 본질이다. 이 책을 읽는 분 중 어떤 사람은 '교회는 여러 사람인데, 예수님 한 분이 죽으신 것이 어떻게 같은 값일 수가 있겠는가?'라고 생각할지 모르겠는데, 하나님의 눈으로 볼 때, 교회는 한 사람이다. 마치 예수님이 한 사람이고 아담도 한 사람이듯이, 교회도 한 사람이다. 타락한 사람들은 아담 안에서 한 사람이고, 예수님과 연합된 사람들은 예수님 안에서 교회로 한 사람이다. 그러기에 교회를 '집합적인 한 몸'이라고 하는 것이다. 하나님께서 필요하셔서 창조를 시작하시고, 창조의 결과로서 만들어진 최고의 걸작품, 이것이 바로 교회이다.

이제 계 13:8 말씀을 다시 보자.

"…창세 때부터 죽임을 당한 그 어린 양…" 계 13:8, 새번역

"Lamb that was slain from the creation of the world" 계 13:8, NIV

이 말씀에서 예수님께서 죽으신 시점이 우리가 흔히 아는 1세기가 아닌 창세 전이라고 표현하셨다는 것을 잘 봐두기 바란다. 창세 전은 죄와 타락의 문제가 없는 곳이다. 그러니 만일 아담이 선악을 알게 하는 나무의 열매를 따 먹고 타락하지 않았더라도, 예수님께서는 동일하게 기꺼이 창세 전에 죽으셨을 것이다. 왜냐하면 이건 죄와 상관없

이 '또 다른 그리스도'를 얻기 위한 대가로서의 죽음이기 때문이다. 창세 전 세계에는 시간의 제약이 없다는 것을 염두에 두면서 위의 말씀을 생각해보면, 하나님께서 어느 정점에서 자신과 같은 생명이 증가하길 원하셨고, 그래서 창조를 계획하셨을 때부터 하나님께서는 이미 죽음이라는 값을 기꺼이 지불하신 것이라는 것을 알 수 있다. 하나님은 정말로 철저하게 공의로운 분이다.

아담과 하와에서의 죽음

하나님께서는 자신의 죽으심으로 창조를 시작하셨다. 이제 시간과 공간을 가진 창조 세계 안으로 들어가 보겠다. 창조의 중심은 사람이다. 앞에서도 살펴봤듯이, 하나님을 닮은 첫 사람 아담도 자신과 같은 생명을 가진 존재가 늘어나길 아주 강렬히 원했다. 그러면, 아담과 똑같은 존재가 이 세상에 생겨나려면 어떤 값을 지불해야 하는가? 당연히 똑같은 사람이어야 한다. 그러니, 당연히 아담이 죽고 나서야 하와가 탄생한다. 더 쉽게 말하면, 아담은 자신의 죽음으로 '또 다른 아담'을 얻은 것이다. 이게 하나님의 원칙이다.

선악을 알게 하는 나무와 생명나무에서의 죽음

이제 선악을 알게 하는 나무와 생명나무를 살펴보자. 위에서 살펴봤듯이, 선악을 알게 하는 나무의 열매를 먹는다는 것은 하나님과 독립하여 스스로 독립적인 세계를 추구하면서 살기로 했다는 뜻이고, 반대로, 생명나무 열매를 먹는다는 것은 하나님과 하나가 되는 삶을 살기로 했다는 뜻이다. 선악을 알게 하는 나무와 생명나무가 만들어진 대전제는 바로 자유 의지이다. 하나님은 자유의지를 갖춘 인격이시다. '하나님의 생명이 넓어졌다'는 말은 자유의지를 갖춘 인격적인 존

재가 증가했다는 뜻이지, 로봇과 같은 존재가 증가했다는 말이 아니
다.

그러니, 자유의지를 갖춘 인격체가 하나님과 하나가 되는 삶을 살고
자 한다면 당연히 자신만의 세계를 구축하는 삶을 포기해야 한다. 그
것도 강압이 아닌 자신의 결정에 따라서 그렇게 해야만 하나님과 완
전히 하나가 된 존재로 살 수 있게 된다. 그러니, 하나님의 계획에 선
악을 알게 하는 나무와 생명나무가 있어야 함은 너무나도 당연하다.
자유의지를 갖추고 사랑의 관계성 안으로 들어가는 것의 가장 대표적
인 비유가 있다면 그건 바로 결혼일 것이다. 예를 들어, 어떤 사람이
결혼의 관계성 안으로 들어갔다는 것은 그 사람이 이제는 독신으로
살기를 포기했다는 뜻이다. 독신으로 살기를 포기하지 못하면 결혼의
관계성 안으로 들어갈 수는 없다. 더 쉽게 말하면, 자발적인 사랑의 관
계성의 삶 안으로 들어온다는 것은 '상대방과 무관하게 자기 나름대
로 사는 삶'을 희생해야 얻을 수 있다. 이게 바로 선악을 알게 하는 나
무와 생명나무의 의미이다.

앞에서도 살펴봤듯이, 선악을 알게 하는 나무가 아담과 하와에게 매
우 큰 유혹이 된 것이 분명하다. 아담은 자유의지를 갖춘 인격체였기
때문이다. 성경에 자세히 설명이 되어 있지는 않지만, 동산 중앙에 선
악을 알게 하는 나무와 생명나무가 있었던 것을 생각해보면, 아담과
하와도 이 두 나무가 무슨 의미인지는 어렴풋이나마 알고 고민했었을
것은 뻔한 일이다. 아담은 하나님을 알았으므로, 하나님의 삶의 방식
이 철저히 자신을 죽이고 부인하고 서로 높이고 서로 영광을 주고받
는 삶인 것도 어느 정도는 알아차렸을 것이다. 즉, 하나님과 하나가 되
어 사는 삶이라는 것은 자기 자신에 대한 철저하고 자발적인 죽음이
없이는 살 수 없는 삶이라는 것을 알았을 것이다. 그에 비해, 선악을

알게 하는 나무는 너무나 쉽게 자신만의 세계, 자신만의 생명을 만들 수 있는 지름길로 보였을 것이 뻔하다.

선악을 알게 하는 나무, 즉 자기 스스로 자신만의 세계를 추구하면서 스스로 하나님 노릇 하면서 사는 삶이 아담에게 유혹되었는데도 불구하고 아담이 생명나무 열매를 따 먹었다고 가정하면, 그것은 아담으로서는 '선악을 알게 하는 나무'로 대표되는 자기만의 세계를 추구하는 삶에 대해 포기를 한 것이다. 즉, '자기만의 세계를 추구하는 삶'이라는 대가를 내서 '하나님과 하나가 되는 삶'을 선택한 것이다. 이걸 다르게 표현하면 아담이 선악을 알게 하는 나무에 대해서 죽는 것이다. 경제 용어로 표현하면 '하나님과 하나 된 삶'을 살려면 '스스로 하나님 노릇 하는 삶'이라는 기회비용을 지급해야 하는 것이다. 선악을 알게 하는 나무에 대해 완전히 죽어야 생명나무 열매를 먹고 하나님과 하나가 되어서 사는 삶이 열리게 된다. 앞서도 알아봤다시피, 하나님과 하나가 된 삶은 그 자체가 자기 자신에 대해서 죽고 상대방에 대해서 사는 삶이다. 그러니, 생명나무 열매를 따 먹었더라면 아담은 죽음과 생명을 동시에 경험하는 삶을 살게 되었을 것이다.

타락한 아담에 있어서의 죽음

불행히도, 아담은 생명 나무 열매를 따먹지 않고 선악을 알게 하는 나무의 열매를 따 먹었다. 선악을 알게 하는 나무의 열매를 따 먹은 아담이라는 존재는 하나님의 절대불변 원리인 '대가 없는 얻음은 없다.'라는 측면에서 보면 전혀 원리에 맞지 않는 존재이다. 즉, 아무런 대가 없이, 다시 말하면 죽음이 없이 하나님 노릇 할 수 있는 독자적인 생명을 가진 존재가 생긴 것이다. 이때부터 죽음이 살아난 것이다. 더 정확히 말하면 죽음의 값이 지급되지 않았기 때문에 죽음의 값을 빚진 상태가 되어버린 것이다. 앞서 '죽음과 생명은 하나이다.'를 풀어서 말하면 '내가 치르는 대가와 그 대가로 말미암아서 얻는 것'이 동시에 이루어진다는 뜻인데, '죽음이 독자적으로 살아났다.'라는 뜻은 '치러야 할 죽음의 대가가 아직 치러지지 않아서 죽음이라는 값을 빚진 상태가 되었다.'라는 뜻이다. 앞에서 살펴본 내용, 즉 죽음이 원래는 생명과 하나였다가, 아담이 선악을 알게 하는 나무의 열매를 따 먹고 나서 살아났다는 뜻은 바로 이것을 말하는 것이다. 그래서 이제는 모든 사람이 죽음의 빚을 지게 되었고, 이때부터 사망이 왕 노릇하게 된 것이다.

"그러므로 한 사람으로 말미암아 죄가 세상에 들어오고 죄로 말미암아 사망이 들어왔나니 이와 같이 모든 사람이 죄를 지었으므로 사망이 모든 사람에게 이르렀느니라" 롬 5:12

여러분이 이 말을 어떻게 받아들일지는 모르겠지만, 이 책을 읽은 여러분이 현재 가지고 있고 영위하고 있는 생명은 죽음이라는 빚이 해결되지 않은 상태에서 받은 생명이다. 죽음의 빚이 해결되지 않고 그대로 가면 영원한 죽음으로 끝이 나게 되어 있는 생명이다. 즉, 완전한 생명이 아니다.

영의 세계의 창조에서의 죽음

이제는 잠시 시간을 거꾸로 돌려서 창세 전 세계, 즉 영의 세계에서의 창조에 대해 알아보자. 1장에서 우리는 창세 전 세계에는 아버지와 아들 외에도 천사들과 마귀가 있다는 것을 알아봤다. 우리가 천사들과 마귀의 기원에 대해서 정확히 알 수는 없겠지만, 하나님의 세계에서의 절대불변의 원리를 이해하고 있으면 창세 전 세계에서 어떤 일이 있었겠구나 하는 것은 충분히 이해할 수 있다.

천사들과 마귀는 영의 생명을 가진 존재일 뿐 아니라, 자유의지를 갖춘 존재이다. 그러니, 영의 생명, 영원한 생명을 가진 존재가 어떤 존재는 천사들이 되고 어떤 존재는 마귀가 되었는데, 그 차이가 무엇이겠는가? 그건 '하나님을 따르기로 선택했는가?' 아니면 '하나님을 따르지 않고 자신만의 세계를 추구하는 길을 선택했는가?'의 차이이다. 마귀는 하나님을 따르지 않고 자신만의 독자적인 생명을 취하기로 선택을 해서 하나님으로부터 영원히 쫓겨났다.

어떤 사람들은 "하나님이 사랑이시라면, 마귀도 구원하셔야 하는 게 아닌가?"라는 질문을 하는 때도 있는데, 여기서 이 질문에 대한 답이 나온다. 마귀를 구원하고자 하면 문제가 생겨버린다. 마귀는 자유의지가 있을 뿐만 아니라, 영원한 존재이다. 그런 존재가 하나님을 떠나 자신만의 영역으로 쫓겨났다. 하나님의 원칙상, 이런 존재를 구원하려면 당연히 똑같은 값을 치러야 한다. 즉, 자유의지가 있을 뿐 아니라 영원한 존재가 영원히 하나님으로부터 쫓겨나야 마귀가 영원히 하나님께로 돌아올 수 있다. 그러니, 마귀를 구원하려고 하면 영원한 존재인 하나님의 아들이 마귀를 대신해서 영원히 쫓겨나야 한다. 이렇게 하는 것이 과연 합당하다고 생각하는가? 창조주가 피조물을 위해 영원히 없어진다니 말이다. 그러면 남은 피조물들은 무슨 의미가 있을 것인가? 피조물은 창조주 안에서만 의미가 있는 존재이니 말이다. 그러니, 마귀는 영원히 구원을 받을 수가 없다.

여기까지 와서 한번 생각해볼 것이 '하나님께서 왜 물질세계를 창조하셨겠는가?' 이다. 만일 우리가 하나님의 입장에서 생각해 본다면 시간과 공간이 있는 물질세계를 창조하시게 된 것은 어떻게 보면 너무나도 당연한 귀결일 수도 있다. 위에서 천사에 대해서 이야기할 때는 항상 '천사들'이라고 썼지만, 사람은 항상 '한 사람'이다. 하나님께서 천사들을 창조하셨을 때에 천사라는 존재는 물질세계, 즉 시간과 공간 안에서 창조하신 것이 아니므로 영원성을 가지는 존재이다. 그러니, 만일 하나님께서 천사의 무리를 만들지 않고 한 명의 천사를 만드셨다면, 그 한 명의 천사가 타락해서 하나님으로부터 쫓겨나면 천사는 그걸로 끝이 된다. 천사는 시간과 공간을 초월한 세계에서 사는 존재이기 때문이다. 시간과 공간을 초월한다는 뜻은 두 번째 기회가 없다, 즉 한 번의 결정으로 끝이 된다는 뜻이다. 하지만, 물질세계, 즉 시간과 공간 안에서 자유의지를 갖추고 사는 사람이라는 존재는 혹시 마귀처럼 하나님을 거부했다 하더라도, 하나님으로서는 두 번째 기회가 있을 수 있다. 시간과 공간 안에서 사람과 똑같은 값을 치를 수 있기 때문이다. 즉, 하나님 편에서 전혀 죄를 짓지 않은 존재가 시간과 공간이 있는 물질세계로 가서 사람이 되어서, 즉 사람과 똑같은 존재가 되어서 죽음의 값을 치르면 되기 때문이다. 이런 이유 때문에 예수님께서는 사람으로 오실 수밖에 없으셨던 것이다.

창세 후의 예수 그리스도의 죽음

아담이 마귀의 시험에서 실패하고 선악을 알게 하는 나무의 열매를 따 먹고 타락했다. 그리고 타락함으로 인해 사람은 살아 있으나 죽음의 빚을 지고 살게 되었다. 이것에 대한 똑같은 값을 예수님께서 치르신 것이다. 예수님은 창세 전의 존재일 뿐 아니라, 죄가 없으신 분이다. 그런 분이 아담과 똑같이 사람이 되어 이 세상에 오셔서 마귀의 시험을 이기고 난 후에 아담의 죽음을 자신이 경험했다. 그러므로 예수님의 죽음으로 말미암아, 사람들에게 지워진 죽음의 빚이 지급된 것이다. 그러므로 예수님의 죽음은 창세 전의 의미도 있지만, 창세 후의 사람들의 죽음의 빚의 문제도 해결했다. 십자가야말로 사람들의 죽음의 빚과 죽음의 대가를 동시에 해결하는 하나님의 최고의 카드이다. 이런 맥락에서 예수님께서 하신 아래 말씀은 참으로 의미심장하다.

"…아버지께서 나를 사랑하시느니라 이를 내게서 빼앗는 자가 있는 것이 아니라 내가 스스로 버리노라 나는 버릴 권세도 있고 다시 얻을 권세도 있으니 이 계명은 내 아버지에게서 받았노라" 요 10:17~18

'다시 목숨을 얻기 위하여 목숨을 버린다'는 것이 어떻게 보면 이해가 안 갈 수도 있을 것이다. '뭐, 그렇게 하나 이렇게 하나 결론은 똑같은 것 아닌가? 쉽게 가지 왜 그래?' 하는 식으로 말이다. 하지만, 목숨을 얻으려고 똑같은 값, 즉 목숨을 버리는 것이 하나님의 성품이다. 완전하게 공의로운 분이다. 그리고 그 아버지와 완전히 하나 된 아들도 아버지와 똑같이 공의로운 분이시다.

현재 세상의 사람들에게 있어서의 죽음

앞서, 아담이 선악을 알게 하는 나무의 열매를 따 먹었기 때문에 죽음이 살아났고, 그 결과로 아담 안에 있는 사람들, 즉 현재의 세계를 사는 모든 사람이 죽음이라는 빚을 지고 살고 있으며, 그래서 죽음이 왕 노릇하게 되었다는 것을 알아봤다. 그러면, 현재의 세상을 사는 사람들은 어떻게 해서 이 죽음의 문제를 해결할 것인가? 그것은 예수님의 죽음으로 말미암아 해결되는 것이다. 즉, 죽음의 값을 치러서 죽음의 문제를 해결하는 것이다. 즉, 우리도 죽음의 값을 치러야 한다. 그 값을 예수님께서 대신 치르셨다.

우리 인간은 반드시 이 세상에 살아있는 동안에 죽음의 문제를 해결해야 한다. 어떤 사람은 '사람이 죽고 나서도 기회가 주어지지 않을까?' 라는 질문을 하는 사람이 있는데, 여러분이 이 책을 여기까지 제대로 읽었다면, 이 질문에 대한 답도 금방 나온다. 죽고 난 이후, 즉 물질세계를 벗어난 이후에는 시간이라는 제약이 없어서, 두 번째 기회가 없어지게 된다. 이 말은 여러분이 이 세상에 있는 동안에 이 문제를 해결해야 한다는 뜻이다.

여기서부터 잘 읽고 이해하기 바란다. 예수님께서 모든 사람을 '위해서' 죽으셨기 때문에 모든 사람에게는 누구에게나 죽음의 문제를 해결할 기회가 주어져 있다. 하지만, 죽음의 문제는 예수님께서 나를 위해 죽으신 것을 알고 나서 그것에 대해서 감사하는 정도로 해결되는 것이 아니라, 내가 실제로 예수님과 함께 죽어야 해결되는 것이다. 물론, 이건 우리의 육체가 죽는 것을 말하는 것이 아니라 철저히 영적인 의미에서 한 말이다. 이것을 '예수님의 죽음에 연합되었다' 라고 한다. 예수님의 죽음에 연합된다는 것이 어떤 것인지는 2권에서 아주 구체적이고 실제적으로 살펴보겠다.

현재 이 세상에 살아있다는 것은 우리에게 시간과 공간이 주어져 있다는 뜻이다. 우리가 이 세상이 있다는 것을 다른 말로 하면 우리에게 기회를 주신 것이라고 볼 수 있다. 이 세상에 살아있는 동안에 예수님과 함께 죽는 경험을 한다면 그 사람은 이미 죽음의 값을 치렀기 때문에, 이후의 세상에서 죽지 않는 것이고, 이 세상에 살아있는 동안에 예수님과 함께 죽음을 경험하지 않으면 이후의 세상에서 영원히 죽는 것이다. 이런 관점에서 예수님이 하신 아래 말씀은 참으로 의미심장하지 않을 수 없다.

"예수께서 이르시되 나는 부활이요 생명이니 나를 믿는 자는 죽어도 살겠고 무릇 살아서 나를 믿는 자는 영원히 죽지 아니하리니…" 요 11:25~26

예수님께서는 아래와 같은 말씀을 자주 하셨다.

"누구든지 제 목숨을 구원하고자 하면 잃을 것이요 누구든지 나를 위하여 제 목숨을 잃으면 구원하리라" 눅 9:24

이 말씀을 다시 쓴다면, '먼저 살려고 하는 자는 나중에 죽을 것이요, 먼저 죽으려고 하는 자는 나중에 살 것이다'이다. 즉, '선생명先生命 후사망後死亡, 선사망先死亡 후생명後生命'인 것이다. 이것을 더 풀어쓴다면, '이 세상에서 죽음의 값을 치르지 않으려고 하는 자는 영원히 죽을 것이요, 이 세상에 있을 동안에 먼저 죽음의 값을 치르고자 하는 자는 영원히 살 것이다'이다. 이것이 하나님의 공의이다. 자유의지를 갖춘 인간이 살아있을 동안에 자신에게 주어진 기회를 사용해서 어떤 결정을 내리든지, 하나님의 공의에는 매우 합당한 것이다.

앞서 아담과 하와가 예수님과 교회의 그림자라는 것을 알아봤는데, 이렇게 보면 아담과 하와 앞에 놓여있는 선악을 알게 하는 나무와 생명나무는 지금 현재의 인류 모든 사람 앞에 놓여있는 선택의 그림자이다. 하나님은 매우 공의로운 분이시기 때문에 이 세상에 있을 동안에 자신에게 있는 죽음의 값과 정확히 똑같은 값을 치르지 않는 사람에게는 죽음이 기다리고 있을 뿐이다.

어떻게 보면 이제까지 내가 정리한 이야기는 매우 상식적인 이야기이고 아주 철저하게 이치에 합당한 이야기들이다. 이런 이치를 알았다면 이 세상에 살 동안 사람들은 죽음에 대해서 진지하게 생각해보고 죽음의 문제를 해결하려고 해야 한다. 예수님께서 이 세상에 계실 때에 매우 합당한 원리에 대해 못 알아듣고, 게다가 진지하게 생각하지도 않는 사람들에 대해 답답하셨을 것 같다. 아래 말씀을 잘 읽어보라.

호리라도, 우리 말로 쉽게 얘기하면 '마지막 십 원 한 장까지' 다 갚지 않으면 나오지 못한다. 이게 하나님의 공의이다.

믿는 자들의 삶에 있어서의 죽음

예수님께서는 유독 아래와 같은 말씀들을 자주 하셨다.

예수님을 믿는 자들, 즉 예수님과 함께 십자가에서 죽은 사람들은 새로운 생명 가운데 살게 된다. 죽음의 값을 치렀기 때문에 이제는 생명으로 살 수 있게 된 것이다. 그러나 예수님께서 하신 말씀은 '날마다 십자가를 지라'이다. 즉, '날마다 죽으라'는 뜻이다. 사도 바울이 "…나는 날마다 죽노라"고전15:31라고 고백했는데, 이 구절의 전후 전체 문맥의 의미는 이것과는 다르지만, 나는 사도 바울도 영적으로 날마다 기꺼이 자신을 죽이는 태도를 가지고 살았다고 확신한다. 십자가에서 죽은 이후에도 죽음은 계속 있어야 한다. 죽음이 있어야 생명이 있기 때문이다.

흥미로운 것은 이 세상의 생명 현상들을 봐도 생명이라는 것이 유지되려면, 또 더 다른 차원으로 성장하고 변화되려면 죽음이 필수적이라는 것을 알 수 있다. 우리의 몸을 봐도 우리의 몸은 날마다 새로워진다. 날마다 새로워지려고 많은 부분이 매일 깎여나가고, 매일 죽는다. 그래서 새로운 부분들이 생겨나고 살아나는 것이다. 죽음이 없이 생명만 있다면, 즉 죽는 것은 하나도 없고 그냥 새로 생겨나는 것만 있다면, 그건 암癌 덩어리일 뿐이다. 세포를 우리 몸에서 분리해서 떼어내어서 독자적으로 배양을 시키면 적절한 조건만 제공되면, 즉 영양분과 물과 산소가 적절히 제공된다면 그 세포는 자기 마음대로 무한 증식한다. 하지만, 일단 우리 몸 안에 있는 이상, 정상적인 세포라면 자신의 마음대로 무한 증식하지 않고, 아주 질서 있고 균형 있게 전체의 몸을 위해서 산다. 심지어 어떤 특정한 경우에는 전체 몸을 위해 필요하다면 세포가 스스로 사멸apoptosis하기도 한다. 이와는 대조적으로, 암세포의 특징은 몸 전체의 유기적인 통제를 받지 않고 독자적으로 증식하기만 한다는 것이다. 암세포는 죽으려고는 하지 않고 살려고만 한다. 죽음이 없이 생명만 있는 존재는 암과 같은 괴물 덩어리이지, 하나님이 원하신 진정한 아름답고 조화롭고 질서 있고 균형 잡힌 생명

체가 아니다. 그러니, 하나님의 생명도 항상 죽음과 생명이 함께 존재
해야 함은 당연하다. 죽음도 날마다 있어야 한다. 그래야, 새로운 생명
을 경험할 수 있다.

그러므로 죽음이 뭔지, 그 본질을 알게 된다면 당연히 죽음을 기꺼
이 맞아들여야 한다. 그게 육신의 죽음이건 영적인 죽음이건 간에, 내
가 죽으면 죽을수록 새로운 생명으로 가기 때문이다. 어떻게 보면 죽
음을 두려워한다는 것은 심판의 그림자이다. 믿는 자들, 즉 교회가 이
렇게 죽음을 두려워하지 않고 기꺼이 죽음을 맞아들여야 할 궁극적인
이유는 믿는 자들, 즉 교회는 이 세상의 존재가 아니라 예수님 안, 즉
창세 전 세계, 즉 아버지와 아들과 함께 하나가 된 존재이기 때문이다.
아버지와 아들은 날마다 자신에 대해 죽고 상대방에 대해서 사신다.
즉, 내 안에 나는 점점 없어지고 상대방만 남도록 사신 것이다. 항상
자기를 낮추고 희생하고 상대방을 높이고 살리는 삶을 사셨다. 죽음
을 두려워하는 것은 어떻게 보면 창세 후, 타락 이후부터 있는 일이다.
창세 전의 세계에서는 죽음이 너무나도 기쁘고 새로운 생명을 경험하
는 일이다. 그러니, 교회도 이런 삶을 살아야 하며, 결국 이렇게 살게
되는 것이다. 이런 구체적인 부분에 대해서는 2권에서 자세히 알아보
겠다.

공의와 은혜

이미 자세히 살펴본 바와 같이, 하나님께서는 무엇이든 간에 정당한
값을 내시는 분이시다. 하나님 앞에는 공짜라는 것은 없다. 그렇다면,
하나님의 생명을 그대로 물려받은 교회도 역시 그러해야 한다.

불행히도, 오늘날의 제도화된 기독교에는 공짜를 좋아하고 자신이
한 것은 별로 없이 거저 받기를 좋아하는 사람들이 많은 것 같다. 아

니, 더 노골적으로 표현하면 일반적인 다른 곳보다 이런 성향의 사람들이 유독 더 많이 모이는 것 같기도 하다. 이런 사람들이 자주 언급하는 말이 '하나님의 은혜'이다. 내가 한 이야기에 대해 오해가 없기를 바란다. 나도 '하나님의 은혜'에 대해 묵상하고 그런 은혜를 주신 것에 대해 매우 기뻐하고 감탄하고 감격하는 사람 중의 하나이다. 물론 하나님의 은혜는 거저 주어지는 것이다. 즉, 공짜다.엡2:8~9 하지만, 그것이 진짜 은혜라는 것을 실감하고 감격하고 감탄하는 것은 공짜를 바라는 습성의 사람들이 아니라 열심히 노력하고 열심히 그것을 추구해왔던 사람들이다.

정말 간절히 찾고 찾던 사람에게는 그것이 은혜이지만, 찾지도 않던 사람에게는 거저 온 것은 은혜로 느껴지지 않는다. 나는 지금까지 살면서 그렇지 않은 것을 한 번도 보지 못했다. 하다못해, 책 한 권이라도 공짜를 좋아하는 사람에게 거저 주면 그런 사람이 그 책을 제대로 읽고 그 책의 가치를 제대로 누리는 것을 거의 보지 못했다. 배부른 사람에게는 빵 한 덩어리가 그렇게 귀하지 않지만, 정말 배고프고 찾고 찾던 사람에게는 빵 한 덩어리가 금 덩어리 이상으로 감격스런 것이다. 이 책에서 계속해서 이야기한 하나님의 궁극적인 진리라는 것도 인생에 대해 진지하고 인생을 어떻게 살아야 할까에 대해 고민하고 간절히 찾고 찾던 사람이라야 하나님의 진리를 들었을 때 너무나도 기쁘고 다디단 것이지, 종교적인 습성에 찌들어서 안주하고 있던 사람에게는 그냥 무미건조한 내용일 뿐이다. 예수님께서 나를 위해 죽으셨다는 사실에 대해서도 자신이 사형에 해당하는 죄인, 죽어 마땅한 죄인이라는 것이 철저히 인정되고 자신은 마땅히 죽음의 값을 치러야 한다는 것을 당연하게 받아들이고 마땅히 죽고자 하는 사람이라야 그 은혜, 즉 예수님의 죽음이 너무나도 감격이 되고 감탄이 되고 은혜가 되는 것이지, 공짜를 좋아해서 아무런 대가도, 고민도 없이 '나도 이제 예수님 믿고 천국에나 한번 가볼까?' 라는 마음으로 대하는 사람은 절대로 그것이 은혜라는 것을 알 수 없다. 이런 사람들은 진짜 믿는 것이라고 볼 수도 없다. 이런 부분에 대해서는 2권에서 십자가에 대해서 알아볼 때 더 자세히 설명할 것이다.

우리는 앞서 밭에 감추인 보화나 극히 값진 진주 하나를 만난 사람이 기뻐하면서 자신의 모든 소유를 다 팔아서 그 진주를 산 비유를 살펴보았다. 천국은 이런 것이다. 그것의 진정한 가치를 아는 사람은 올인하게 되어 있다. 역설적이지만, 올인하지 않으려는 사람은 그 가치도 모른다. 열심히 추구하지 않는 사람은 그것의 진정한 가치도 알 수 없다. 이런 사람들이라야 그것이 은혜라는 것을 알게 되면 찬양이 나오고 감격이 나오는 것이지, 원래부터 공짜를 바랐던 사람에게는 찬양과 감격은 나오지 않는다.

이전에 어떤 사람이 하나님의 은혜가 뭔지 알고 싶어서 하나님의 은혜에 대해서 오랜 시간을 알아가고 묵상했는데도 불구하고 은혜가 뭔지 잘 모르겠다고 하는 것을 들은 적이 있었는데, 당연하다. 공의가 없는 곳에는 은혜도 은혜가 아니다. 이 둘은 마치 동전의 양면과 같은 것이다. 은혜를 잘 깨닫고 은혜를 더 알고 싶다면 더 큰 은혜를 받아야 하는 것이 아니라 하나님의 공의에 대해서 알고 저도 공의로운 삶, 즉 정당한 대가를 내는 삶을 살아야 한다. 은혜만 너무 강조하면 역설적으로 은혜가 뭔지도 모르게 된다.

어떻게 보면 현대인에게는 무엇을 하든 정당한 대가를 지불하지 않고 쉽게 지름길로 가려는 분위기가 너무 많다. 정보도 옛날에는 애쓰고 여기저기 다니면서 물어물어 알 수밖에 없었는데, 이제는 인터넷으로 빠르고 쉽고 정확하게 얻을 수 있다. 게다가 여기저기서 우리는 너무나도 많은 편리한 기구들, 땀 흘려 일하지 않아도 되게 하여주는 많은 문명의 이기들을 접하고 있다. 쉽게 뭘 하는 것에 대한 유혹이 매우 많고, '공짜', '무료'라는 표현도 난무한다. 이게 기독교까지도 번졌다. 모두 다 표현은 '은혜, 은혜' 하지만 진정으로 은혜를 누리는 사람은 별로 많지 않아 보인다. 마치 물질적으로 부유했던 라오디게아 교회가 뜨겁지도 않고 차갑지도 않고 미지근했던 것처럼, 오늘날도 이렇게 은혜만 넘치다 보니 하나님의 은혜에 대해서도 무감각하고 미지근해진 사람들이 많아진 게 아닌가 싶기도 하다. 사도 바울은 고린도전서에서 아래와 같은 표현을 했다.

"나는 심었고 아볼로는 물을 주었으되 오직 하나님께서 자라나게 하셨나니 그런즉 심는 이나 물 주는 이는 아무 것도 아니로되 오직 자라게 하시는 이는 하나님뿐이니라…내게 주신 하나님의 은혜를 따라 내가 지혜로운 건축자와 같이 터를 닦아 두매 다른 이가 그 위에 세우나 그러나 각각 어떻게 그 위에 세울까를 조심할지니라" 고전 3:6,7,10

식물은 하나님의 은혜로 자라난다. 이건 분명하다. 하지만, 식물이 자라려면 심는 노력도 필요하고, 물을 주는 노력도 필요하다. 심지도 않고, 물도 안 준 사람이 열매를 얻을 수는 없다. 갈라디아서에는 다음과 같은 말씀이 나온다.

"자기를 속이지 마십시오. 하나님은 조롱을 받으실 분이 아니십니다. 사람은 무엇을 심든지, 심은 대로 거둘 것입니다. 자기 육체에다 심는 사람은 육체에서 썩을 것을 거두고, 성령에다 심는 사람은 성령에게서 영생을 거둘 것입니다." 갈 6:7~8, 새번역

하나님을 조롱하는 것이 어떤 것이겠는가? 그건 심지도 않고 거두기를 바라는 것이다. 즉, 공짜를 바라는 것이다. 만일 어떤 사람이 밭에 나가서 밭을 갈거나, 씨를 뿌리거나, 김을 매는 수고를 하나도 하지 않고 가을에 열매가 없는 것을 한탄하면서 하나님을 원망한다면 그런 것이야말로 하나님을 조롱하는 것이다. 영적으로도 마찬가지이다. 자신이 영원한 세계, 하나님의 세계에 대해 관심도 없고, 하나님이 어떤 분인지 알고 싶지도 않고 하나님을 알려고 노력한 적도 없으면서도 죽으면 지옥 가기는 싫으니 하늘나라에는 가고 싶다고 하면, 이런 것이야말로 하나님을 조롱하는 것이다. 심은 것도 없이 무엇을 바란다는 것인가?

요한복음에서 우리는 기적을 바라고 예수님을 따르는 사람들이 매우 많았다는 것을 볼 수 있다. 기적을 바란다는 것은 잘 생각해보면 자신이 대가를 지불하지 않고 공짜로 얻으려는 것이다. 예수님께서는 이렇게 공짜를 좋아하는 사람들을 전혀 기뻐하지 않으셨다. 어떻게 보면 이렇게 공짜를 좋아하는 것, 즉 대가 없이 무엇을 취하려고 하는 것은 마귀를 닮은 습성이다. 마귀는 정당한 대가 없이 이 세상을 얻었다. 하지만, 예수님께서는 자신의 신부를 구하시려고 몸소 이 세상에 오셨고, 자신의 목숨을 바쳐서라도 정당한 대가를 모두 다 지급하시고 나서 신부를 취하셨다. 그런 예수님을 알아가고, 예수님과 하나가 된 교회가 공짜를 바라는 존재가 될 수 있을까? 이게 말이 된다고 생각하는가?

나는 여러분이 하나님의 절대불변의 원칙, 즉 공의의 하나님을 깊이 이해하고 묵상하게 되기를 바란다. 공의의 하나님, 자신이 하나님이시면서도 자신도 자신의 원칙을 추호도 어길 수 없으신 하나님 안에서 이제까지의 모든 이야기들, 그리고 앞으로 2권에서도 계속 될 이야기들을 이해해야 한다.

4) 영원에서 영원으로

사랑의 하나님은 왜 우리를 이 세상에 남겨 두셨는가?

1권의 마지막이 다가오는 이 시점에서 이전에 내가 신앙을 갖게 되면서 오랫동안 가졌던 질문을 하나 던져 보겠다. 그것은 '왜 사랑의 하나님께서 이 고통스럽고 죄가 많은 세상에서 나를 빨리 하늘나라로 데려가시지 않고 그냥 이 세상에 남겨 두셨을까? 예수님을 믿고 나서 바로 하늘나라로 데려가시면 그게 가장 좋은 게 아닐까?' 였다. 그 당시 내가 이런 질문을 할 수밖에 없었던 이유는 그 당시, 즉 내가 교회라는 비밀을 알기 전에 생각한 그리스도인의 삶이란 것은 마치 존 번연이 쓴 '천로역정'에 나오는 주인공의 삶과 같이 '이 땅에서의 삶은 매우 외롭고 고달프고 힘들지만, 저기 저 멀리 보이는 천국을 바라보면서 참고 인내해야 하는 삶', 또는 '머나먼 천국을 기다리고 마냥 앉아있어야 하는 대기 장소' 정도였기 때문이다. 이 질문과 연관하여 생각나는 말씀이 있다. 바로 예수님께서 요한복음 17장에서 제자들, 즉 미래의 교회를 위해서 기도하신 내용이다.

"내가 비옵는 것은 그들을 세상에서 데려가시기를 위함이 아니요 다만 악에 빠지지 않게 보전하시기를 위함이니이다 내가 세상에 속하지 아니함 같이 그들도 세상에 속하지 아니하였사옵나이다" 요 17:15~16

위의 기도에서 예수님께서는 우리의 소속이 이 세상이 아니라고 분명히 말씀하셨지만, 우리를 위해서 기도하신 내용은 '우리를 이 세상에서 데려가 주시는' 게 아니라, '이 세상에서 악에 빠지지 않고 승리하는 삶을 살게 되는 것'이었다. 교회라는 존재는 어떻게 보면 이 세상에 속하지 않았지만, 어떻게 보면 분명히 이 세상 안에서 살아가는 존재이다. 어떤 학자가 언급한 것처럼 우리는 '이미already'와 '아직not yet' 사이에 사는 것이다. 우리는 '이미' 세상에 속하지 않은 존재이지만, '아직'은 세상에 사는 존재이다. 나는 예수님께서 우리를 이 세상에 두신 것은 매우 중요한 의미가 있다고 생각한다.

이 세상을 잘 보라. 이 세상에는 마귀도 있고 세상적인 많은 유혹도 있고 시험도 있고, 어려움도 있고, 위험한 일도 있다. 우리는 이런 어려운 세상을 사는 것이지 무슨 아무런 위험도, 유혹도 없는 낙원과 같은 곳에서 사는 것이 아니다. 많은 경우 사람들은 이런 것을 보고 '우리는 타락해서 잘못된 세상에서 살고 있다.'라고만 생각하는데, 나는 그렇게 생각하지 않는다. 나는 오히려 어려움도 많고 위험도 많은 이 세상이 하나님께서 지금의 우리를 위해 주신 최고의 세상이라고 생각한다. 예수님께서는 하나님에 대해서 "너희가 악한 자라도 좋은 것으로 자식에게 줄 줄 알거든 하물며 하늘에 계신 너희 아버지께서 구하는 자에게 좋은 것으로 주시지 않겠느냐"마7:11라고 하셨다. 하나님은 시간을 초월하시는 분이다. 창조를 시작하시기 전에 이미 이 세상이 이렇게 될 것도 아셨다. '그럼에도' 우리를 이 세상에서 살게 하신 것이다. 나는 하나님께서 '가장 좋은 것을 주지 못해서 매우 안타깝고 매우 미안하지만, 아담이 타락하는 바람에 어쩔 수 없이' 뭔가 잘못된 세상을 우리에게 주신 게 아니라, 이미 창세 전부터 우리를 위해 가장 좋은 세상을 준비하신 것이라고 생각한다. 기독교인들은 흔히 '이 세상에서의 삶은 힘들지만, 죽은 뒤에 저 너머 나라에 가면 행복한 세상이 열린다'는 식으로 생각하는데, 아무리 봐도 예수님께서는 현재 여기서 일어나고 있는 구체적인 일들은 전혀 무시한 채, '죽은 뒤에 저 너머에 가면 행복할 것이다'는 식으로만 가르치지 않으셨다. 오히려 예수님께서는 현재 이 세상에서 사는 구체적이고 현실적인 삶을 매우 중요하게 생각하셨다. 현재 이 세상에서의 구체적인 삶이 바로 영원한 삶과 직결되기 때문이다.

자식들을 위해 가장 좋은 것을 주시는 하나님이 주신 세상을 잘 보면 낙원 같은 곳이 아니라 어려움도 있고, 위험도 있고, 유혹도 있고, 시험이 있는 세상이다. 왜 그럴까? 어려움도 있고, 위험도 있고, 유혹도 있고, 시험이 있는데도 '불구하고' 무엇을 해야 그것이 정말 영광이 된다. 그렇지도 않고 아무런 대가도, 어려움도, 고통도 없이 뭘 얻고자 한다는 것은 아무것도 얻고 싶지 않다는 말과 같은 말이다. 하나님은 공의의 하나님이다. 하나님께는 대가가 없는 것은 없다. '고통이 없으면 얻는 것도 없다' No pain, No gain는 격언이 있다. 나는 이 말이 너무나 맞는 말이라고 생각한다. 생각해보라. 나를 괴롭게 하는 존재들도 있고 힘든 갈등도 있고 어려움도 있고, 역경도 있어야 자신의 내면을 깊이 돌아보게 되고 자신과 하나님을 아는 것이 더욱더 깊어지고 통찰력이 있게 되는 것이지, 악역도 없고, 어려움도 없고, 갈등도 없으면 그건 어린아이 상태에 머물러 있는 것이나 다름없다. 생각해보면 예수님께서도 이런 삶을 사셨다. 하나님께서 예수님을 이 세상에 보내실 때에도 역시 유혹도 있고 시험도 있고, 어려움도 있고, 위험한 일도 있는 곳으로 보내셨지 아무런 어려움이 없는 낙원과 같은 곳에 보내신 것이 아니다. 예수님은 세상에서 가장 어려운 시험이란 시험은 다 받으셨다. 마지막으로 십자가의 죽음까지도 감당하셨다. 하나님은 이런 분이다. 하나님께는 공짜가 없다. 그리고 하나님께서 예수님을 이 세상에 보내신 것 같이, 예수님께서도 우리를 이 세상에 보내셨다.

예수님과 교회는 하나이기 때문에 똑같은 삶을 살게 되는 것이다. 그러니, 이 세상에서 우리가 살게 된 것에 아주 분명한 목적과 이유가 있는 것이다.

하늘나라는 어떤 곳인가?

여기서 한 번 더 창세 전 세계, 즉 하늘나라가 어떤 곳일까에 대해 생각해보겠다. 그 세계는 어떤 세계일까? 우리가 죽어서 그 세계로 간다면, 그 세계에서 우리는 무엇을 하면서 지내게 될까? 우리는 과연 앞으로 어떤 삶을 살게 될까? 나는 이 책을 읽은 분들이 이런 부분에 대해 관심을 두고 이 세상을 초월한 창세 전 세계를 더 이해하게 되기를 바란다. 우리는 이 세상에 살지만, 우리의 궁극적인 목적지는 우리가 잠시 잠깐 거쳐 가는 이 세상이 아니라 바로 하나님의 나라이기 때문이다. '이 땅에서 우리는 어떻게 살아야 하는가?' '교회로 사는 것이 어떤 것인가?' 등의 질문은 궁극적으로 아버지와 아들이 계시는 그곳이 어떤 곳인가를 잘 이해해야 결정될 수 있다. 또한, 교회로 사는 이유 자체도 이 세상을 넘어서 창세 전의 세계, 아버지와 아들이 사셨던 삶을 이 땅에서 구현하는 것, 즉 우리가 이 땅에서 창세 전 차원의 삶을 살아가려는 것이다.

나는 지금까지 제도권 기독교에서 '하늘나라' 하면 매우 수동적인 곳으로 생각하는 경향을 자주 봐왔다. 어떤 사람은 하늘나라 하면 이 세상에서 받은 모든 고생과 어려움에 대한 위로를 받는 '위안소'인 것처럼 생각하기도 하고, 어떤 사람은 하늘나라 하면 아무것도 안 하고 아무런 걱정도 근심도 없이 편히 쉬는 곳, 마치 '휴양지'와도 같은 모습을 연상하기도 하고, 어떤 사람은 자신이 한 것은 아무것도 없이 가만히 있어도 무한한 기쁨과 환희를 느낄 수 있는 '낙원'과 같은 곳이라고 생각하기도 한다. 나도 처음에는 그런 줄 알았고 하늘나라 하면 으레 그런 곳을 연상했었다. 그러나 지금은 하늘나라가 전혀 그런 곳이 아니라고 단언할 수 있다. 이런 하늘나라는 인간들이 만들어놓은 매우 인간 중심적이고 이기적인 하늘나라이지, 진짜 하늘나라가 아니다.

나는 이전에 아무 근심 걱정도 없고, 생계나 기타 세상살이 등에 아무런 염려도 없이, 아무에게도 아무런 간섭도 받지 않고 마음 편히 몇 개월의 휴가를 보낸 적이 있었다. 그 휴가가 오기 전에 나는 그 시간에 대해 매우 많은 기대를 했었다. 소위 '개인 영성'을 높일 기회라고 생각해서 말이다. 그 당시는 교회가 뭔지도 전혀 알지 못했으니, 그 당시 내가 아는 최고의 방법이라고는 개인 영성을 높이는 것이었다. 즉, 아침에는 잔잔한 호숫가 옆 벤치에서 Quiet Time도 하고, 나무 그늘에 누워서 성경도 많이 읽고, 좋은 기독교 서적도 많이 읽고, 기도도 많이 하면서 하나님을 묵상하고 살면 그것 자체가 하늘나라 같은 삶이 될 것이라고 말이다. 그리고 실제로도 그렇게 했다. 그런데 그렇게 해봐도 그런 삶은 전혀 하늘나라 같지가 않았다. 그 몇 개월은 정말 인생에서 아무 기억도 안 나는 몇 개월이었다. 그 기간에는 성경을 읽어도 밋밋하기만 했고 재미도 없고 따분하기만 했고 기도도 매우 추상적이고 뜬구름 잡는 내용이 되었고 성격만 게을러졌다. 그 기간에는 하나님을 알게 된 것도 별로 없었다.

이와는 정 반대로, 그 이후의 삶에서는 그 몇 개월의 휴가와는 정반대로 여러 가지 어려움과 우여곡절을 겪을 때가 꽤 있었는데, 물론 그 당시에는 약간 고통스러운 적도 있었고, 갈등도 되고 깊이 고민도 되었지만, 그런 때야말로 진정 하나님이 어떤 분이신지 더 알게 되는 시간이었다. 물론 그런 때는 성경을 읽어도 매우 재미있고 아주 실제적으로 이해가 되었고 하나님도 아주 구체적으로 알게 되었다. 지나고 나서 보면 그 당시의 일들은 매우 흥미진진하고 재미있는 모험과 같은 일들이었다. 그리고 지금도 교회 생활을 하면서 흥미진진한 삶이 계속 이어지고 있다. 그때 내가 알게 된 하나님은 매우 역동적이고 매우 재미있는 분이었다. 그런 분과 함께 사는 세계가 무슨 위안소 또는 휴양지 같다는 것은 지금의 나에게는 아예 생각조차도 할 수 없는 일이다.

만일, 대가도 희생도 없이, 하나님의 공의의 원칙을 따르지 않고도 살 수 있는 삶이 있다면, 그건 어떤 삶일까? 예를 들어, 어떤 사람에게 요술 방망이가 있다고 생각해보자. 언제든지 그 방망이만 뚝딱! 하기만 하면 아무런 대가도 지불하지 않고, 아무런 희생을 하지 않고도 먹고 싶은 최고의 요리가 나오고, 입고 싶은 최고의 옷이 나오고, 사귀고 싶은 최고의 연인이 나오고, 이 지상에서 최고의 휴양지로 가게 된다면? 만일 여러분이 이런 삶을 살게 된다면 어떻게 될까? 이런 삶을 사는 사람에게는 물론 의식주에 대한 걱정이란 것은 아예 없을 것이다. 물론 스트레스도 잠시는 없을지 모른다. 하지만, 이런 삶에 절대로 없는 것이 하나가 있다. 그것은 위험을 감내하고 대가를 감수하면서 뛰어드는 모험적인 삶이다. 요술 방망이를 가지고 사는 삶은 절대로 하나님께서 우리를 위해 마련한 최선의 삶이 아니다. 오히려 그 반대로 그건 최고로 저주스러운 삶이다.

성경을 잘 보면, 하나님은 사랑하는 자신의 백성에게 절대로 낙원과 같은 삶을 주시지 않는다. 예를 들어, 다윗의 경우만 보더라도, 하나님께서 매우 특별하게 사랑하신 사람이었는데도, 그의 인생 전체는 고난과 위험한 일들과 모험의 연속이었다. 다윗은 그런 가운데서 자신의 내면이 깊이 깨어지고 진정으로 하나님을 깊이 알게 된 것이지, 무슨 낙원 같은 삶을 살아서 하나님을 알게 된 것이 아니다. 이와는 대조적으로, 다윗의 아들인 솔로몬은 아버지에게서 이미 안정된 나라를 물려받았다. 솔로몬은 다윗과는 비교할 수도 없이 평탄한 일생을 보냈으며 외적으로 보면 무엇 하나 부족한 것이 없는 삶을 살았다. 전도서를 보면(아마도 전도서의 저자가 솔로몬일 것으로 추정되므로) 솔로몬은 이 세상의 많은 사람이 추구하는 것들인 쾌락, 부동산, 돈, 학문, 명예 등의 것들에 있어서 타의 추종을 불허했다. 하지만, 이토록 영화를 누린 솔로몬은 "…헛되고 헛되며 헛되고 헛되니 모든 것이 헛되도다"^{전1:2}, "…내 손으로 한 모든 일과 내가 수고한 모든 것이 다 헛되어 바람을 잡는 것이며 해 아래에서 무익한 것이로다"^{전2:11} 라는 한탄스러운 고백을 남겼다. 이와는 대조적으로, 인생 전체가 고난과 모험의 연속이었던 다윗은 "여호와는 나의 목자시니 내게 부족함이 없으리로다…주께서 내 원수의 목전에서 내게 상을 차려 주시고 기름을 내 머리에 부으셨으니 내 잔이 넘치나이다"^{시23:1,5} 라는 찬양의 시를 남겼다.

어디서 듣자 하니, 우울증depression은 개발도상국에서는 별로 많지 않은 질환이라고 한다. 물론, 생계 문제가 매우 심각한 경우에는 우울증이 올 수도 있지만, 그건 대체로 주변에 부자들이 많은 환경에서 그와는 대조적으로 생계가 어려운 상황에서 사는 사람들이 자신의 처지를 주변 사람들과 비교를 하다 보니 그런 경우가 많고, 오히려 아예 국민 전체가 가난한 나라에서는 우울증이 별로 많지 않다고 한다. 먹고 사는 것, 즉 생존을 위해서라도 이것, 저것 열심히 자신이 해보지 않은 일들도 접하고, 어쩔 수 없이 모험을 해야 하는 사람들에게는 우울증이라는 것이 없지만, 오히려 먹고사는 것이 안정되고, 더는 모험을 할 필요가 없어질 때 우울증이 많아진다고 한다. 잠언에 보면 아굴이라는 사람이 기도한 내용이 나오는데, 그것은 '너무 가난하면 도적질을 할까 두려우니, 가난하게도 마옵시고, 그렇다고 부자가 되어 배가 부르면 하나님을 모른다 할까 하니 부자도 되지 말게 해달라' 잠30:7~9였다. 이것도 매우 일리가 있다. 그러니, 요술 방망이를 가지고 사는 식의 삶을 사는 사람은 절대로 흥미진진한 삶을 살 수도 없고 자신을 뛰어넘어 무언가를 배우고 자아가 확장되는 경험도 할 수 없고, 결국은 하나님도 알 수 없다. 실상, 이런 삶은 사는 것 같지도 않은 삶이다. 헬렌 켈러는 이런 말을 했다. '인생은 대담무쌍한 모험이든지, 아니면 아무것도 아니든지 둘 중의 하나이다(Life is either a daring adventure or nothing).' 모험이 없이는 배우는 것도 없고 자신을 뛰어넘어서 새로운 경지를 경험할 수도 없다. 앞에서 하나님은 자신의 생명을 바칠 정도의 모험을 하시고 나서야 새로운 생명을 얻으셨다는 것을 알아봤는데, 하나님이 사신 삶은 이런 삶이다.

하늘나라는 어떤 곳일까? 물론 하늘나라, 즉 창세 전 세계로 가면 어떤 삶을 살게 될지에 대해 우리가 정확히 알 수는 없다. 우리가 지금 차원이 낮은 세계에 살면서 차원이 높은 세계를 이해한다는 것은 엄청난 무리이다. 하지만, 하나님의 성품과 속성을 생각한다면, 그곳이 어떤 곳인지 어느 정도는 충분히 예상할 수 있는 일이다. 이 1권에서 이제까지 풀어간 내용을 가지고 하나님이 어떤 분이신지 생각해보자. 하나님은 그 마음 중심이 매우 뜨겁고 열정적인 분이시다. 이건 하나님의 아들을 보면 아주 잘 알 수 있다. 예수님의 제자들은 성전에서 예수님께서 벌이신 일과 예수님의 표정에서 예수님의 내면을 볼 수 있었다. 그리고 성경 말씀에서 '주의 전을 사모하는 열심이 나를 삼키리라' 한 말씀이 어떤 것인지를 아주 생생하게 알 수 있었다(요 2:17). 하나님은 매우 열정적인 분이시다. 그럴 뿐 아니라 매우 공의로운 분이시다. 원칙을 철저히 지키시는 분이다.

원칙을 지키는 프로의 세계

스포츠 경기를 한번 생각해보자. 스포츠야말로 원칙을 철저히 지키는 세계이다. 축구 경기를 보는데 원칙이 없어서 아무 방향으로 차도 골인으로 인정한다든지, 선 밖으로 나가도 아무런 제재도 가하지 않고 인정해준다면, 그런 경기 역시 아무도 보려고 하지 않을 것이다. 선수들의 플레이를 보고 관중이 열광하는 이유는 원칙을 지킨 범위 안에서 열정을 다하고 온 힘을 다해서 결과를 얻어내려고 하기 때문이다. 이건 하나님도 마찬가지이다. 열정이 많으신 분이 정당한 원칙을 지키면서 사신다면 이것의 당연한 귀결은 바로 뭔가를 얻으시려면 자신의 생명을 건 흥미진진한 모험을 하실 수밖에 없다는 것이다.

나는 여기저기서 가끔 원칙을 지키면서 온 힘을 다해 열정적으로 살아가는 사람들을 만나는데, 나는 오히려 이런 사람들의 일면에서 하나님이 저런 분이시겠구나 하는 것을 자주 느끼고 생각하게 된다. 세상에서 이런 사람들을 흔히 '프로'라고 부르는데, 나는 종교적이거나 미지근한 사람들에게서는 전혀 찾아볼 수도 없고 기대도 할 수 없는 하나님의 내면을 이런 사람들에게서 느끼게 된 적이 많았다. 오해가 없기를 바란다. '프로'라는 표현 자체는 세상적인 표현일지는 모르겠지만, 나는 좌우지간 '프로'라는 표현을 빌려서 세상에서도 원칙을 지키면서 아주 탁월하게 살아가는 사람들을 말하는 것이다.

직업의 종류나 사회적 지위와는 전혀 상관없이, 프로들에게는 특징이 있다. 적당한 프로가 아니고 완전히 프로로 살아가는 사람들은 나름대로 원칙이 있고 그 원칙에 아주 철저하다. 완전한 프로들은 원칙과 연관해서는 철저히 자신을 부인한다. 그럴 수밖에 없다. 진짜 프로는 절대 공짜로 뭘 얻는 법이 없다. 프로가 뭘 해서 잘했다 하면 그건 절대 우연히 얻어진 게 아니라 엄청난 수고와 노력의 대가이다. 진짜 프로는 상황이 어떻든 간에 온갖 노력을 해서 살아가지 적당히 살아가지 않는다. 주변에서 구경하는 사람들은 이런 결과를 보면 대단하게 생각하거나 그 사람은 타고난 재능이 있다고 생각하는데, 정작 프로 자신은 자신이 만든 결과가 자신이 타고난 재능이 있어서가 아니라 온 힘을 다해서 살아온 삶의 결과라는 것을 잘 알고 있다. 진짜 프로는 요행이나 우연으로 결과가 잘 나온 것을 싫어한다. 결과가 좋은 것을 싫어한다기보다는 그런 것이 자신의 원칙에 안 맞기 때문이다. 좋은 결과 이전에 자신이 온 힘을 다해 몰입하고 그 결과를 볼 때의 즐거움이 뭔지를 알기 때문이다.

프로가 뭘 할 때는 아주 탁월하게 한다. 프로는 결과가 좋지 않게 나온 것은 상관없지만, 뭘 하든 적당하고 미지근한 태도로 하는 것은 매우 싫어한다. 그리고 항상 배우고 깨닫고 항상 새로운 경지를 경험하면서 산다. 뭔가를 할 때에는 자신을 잊고 완전히 몰입한다. 그리고 그 결과를 보면 자신도 감탄하고 감격해 할 정도이다. 이런 것은 자기 자랑이 아니다. 이런 기쁨과 감동이야말로 매우 정당하고 합당한 것이다. 진짜 프로는 새로운 상황과 모험과 도전을 즐긴다. 주변에서 구경하는 사람들이 보기에는 프로가 스트레스를 받는 것처럼 보일지 모르겠지만, 진짜 프로는 자신이 받은 스트레스나 곤혹스러웠던 것들이 기억나기보다는 매우 흥미롭고 재미있었던 기억, 배움의 기억만이 남는다. 프로들은 주변에서 구경하는 사람은 절대로 알 수 없는 깊은 '무언가'를 알고 있다.

진짜 프로는 최소한 자기 분야와 연관하여서는 매우 겸손해서 자신보다 더 나은 사람을 만나면 열심히 배우려고 하며, 주변 상황에 대해서도 항상 배우는 태도를 가지고 있다. 진짜 프로 주변에는 프로를 전적으로 배우고 따르려는 사람들과 프로를 시기하고 비방하는 사람들로 극명하게 나뉜다. 적당히 사는 사람들에게는 이런 일은 절대 있을수 없다. 프로를 시기하고 비방하는 사람들은 절대로 프로가 아니라는 일관된 특징이 있다. 진짜 프로는 또 다른 프로를 만나면 열심히 배우려고 하지, 그 사람을 시기하려고 하지 않는다. 이렇게 시기하고 비방하는 사람들은 사실은 남이 아니라 자기 자신을 비방하는 것이다.

하나님도 원칙대로 아주 탁월하게 사시는 분이시다. 세상을 창조하시면서 하나님께서 자주 하신 말씀은 "보시기에 좋았더라"였다.^{창 1:4,10,12,18,21,25,31} 우리가 이 세상을 보면 알면 알수록 감탄과 탄성이 나오도록 아주 탁월하고 놀랍게 만들어져 있다. 하나님께서도 창조라는 것을 진행하시면서 자신의 마음속에 깊숙이 갖고 계셨던 것이 구체화하여서 나타난 것을 보시고 자신도 너무 놀라고 기쁘고 감탄하고 감동하신 게 아닐까? 우리가 이 세상에 살면서도 가끔은 정말로 소중한 무엇을 위해서 나의 모든 것을 다 바쳐서 공을 들이고 애써서 결국 그것을 이루고 나면 스스로 너무나도 놀랍고 기쁘고 감동이 되는 경험들을 한다. 마치 이런 것이 아니었을까?

하나님께서도 적당하고 미지근한 태도를 싫어하고 답답해하신다. 덥지 않으려면 아예 찬 게 더 낫지, 미지근한 것은 토해서 내쳐버리신다.^{계3:14~15} 배운다는 측면에서도 마찬가지이다. 하나님께서도 창조라는 것을 계획하고 진행하시면서 배우신 것이 아닐까? 하나님의 궁극적인 목적은 자신의 생명이 점점 넓어지는 것이다. 생명이 넓어졌다는 의미는 자신과 같은 생명으로 살아가는 존재들이 증가했다, 즉 넓어졌다는 의미도 있지만, 깊어졌다는 의미도 있다. 깊어졌다는 것은 뭔가를 깊이 경험하고 배우고 발전했다는 뜻이다. 이런 표현을 하면 이상하게 생각할지 모르겠지만, 하나님도 항상 배우신다. 항상 배우고 발전하고 깊어지고 넓어지시는 분이다. 이게 하나님의 본성 중 하나이다. 마치 번데기가 어느 정도 자라났다가도, 자신의 껍질을 다 벗고 또 새로운 몸을 입듯이, 생명은 점점 더 새로운 차원의 것을 경험하게 되어 있다. 생명의 실체이신 하나님도 당연히 그러하시다. 나는 예수님께서 이 땅에 오셨을 때 물리적인 옷을 입고 하나님의 창조세계 안으로 오셔서 하나님의 창조 세계를 그 안에서 직접 경험하면서 많은 것을 배우고 더 하나님을 잘 이해하고 하나님을 더 사랑하게 되셨을 것이라고 확신한다. 우리는 복음서에서 예수님께서 주변에서 흔히 보는 자연 만물을 자주 비유로 드신 것을 볼 수 있다. 나는 예수님께서도 육신을 가진 인간으로 사시면서 이런 자연 안에서 하나님을 더 깊이 이해하셨고 많은 것을 보면서 감탄하고 하나님에 대해서도 많은 것을 배우셨으리라 생각한다. 히브리서를 쓴 사람도 예수님께서 "받으신 고난으로 순종함을 배워서 온전하게 되셨다"히5:8~9라고 기록했다.

마치 프로에게 전적으로 따르려는 사람과 시기하고 비방하는 사람이 있듯이, 예수님께서 이 세상에 계셨을 때도 사람들은 전적으로 따르든지, 시기하고 비방하든지 둘 중 하나였다. 예수님의 몸인 교회도 그랬다. 예수님을 비방하고 핍박한 사람들은 대부분 미지근한 소위 '종교인들' 이었다.

흥미진진하고 적극적인 세계

이 세상의 창조와 교회의 이야기는 어떻게 보면 공의로운 하나님이 자신의 원칙을 지키시면서 자신의 생명을 넓히고자 벌인, 하나님 자신의 생명을 건 게임이자 절체절명의 모험이다. 나는 하나님을 알아가면 알아갈수록 하나님은 정말 재미있는 분이라는 생각이 든다. 자연을 보라. 끊임없이 연구하고 또 연구해도 그 이후에는 너무나도 재미있는 세계가 또 열린다. 창세 전 세계의 그림자 정도가 이렇다면, 원판은 더욱더 그럴 것임이 분명하다. 이 책에서 지금까지 풀어간 내용을 보라. 창세 전 세계, 영의 차원에 있던 하나님의 아들이 육신을 입고 이 땅에 오셔서 창세 전 세계와 전혀 다른 차원을 경험하셨다. 그리고 자신의 신부를 위해 아주 기꺼이 죽으셨다. 그리고 예수님이 죽고 나서 또 다른 차원의 예수님의 몸이 탄생했다. 목숨을 건 희생 뒤에 완전히 다른 차원의 세계가 온다. 창세 전 세계는 아버지와 아들이 완전히 하나가 된 세계이다. 이제 교회도 아버지와 아들과 완전히 하나가 된 존재로써 그 세계에 끼게 된 것이다. 창세 전 세계는 아주 모험적인 세계이다. 하늘나라, 즉 창세 전 세계는 이렇게 매우 적극적이고 아주 흥미진진한 곳임이 분명하다.

진정으로 교회를 알기 이전에 내가 느낀 예수님은 고난의 이미지가 매우 강했다. 하지만, 진짜 교회 생활을 하고 나서 성경을 대하면서부터 나는 예수님에게서 패배감이나 비애감이라는 것은 전혀 느낄 수 없었고 오히려 승리감으로 충만하신 모습을 볼 수 있었다. 예를 들어, 예수님께서 고난을 당하신 것도 어쩔 수 없이 수동적으로 당하신 것이 아니라 자신의 신부를 위해서 매우 적극적이고 자발적으로 가신 것이다.^{요10:18} 그리고 아주 정정당당하게 자신의 정당한 희생의 열매인 자신의 신부를 취하셨다. 예수님의 신부인 교회도 당연히 이렇게 정정당당하고 매우 적극적인 모습이다. 이런 의미에서 예수님께서 하신 아래의 말씀은 매우 인상적이다.

> "세례(침례)요한의 때부터 지금까지 천국은 침노를 당하나니 침노하는 자는 빼앗느니라" 마 11:12

> "세례(침례)자 요한 때로부터 지금까지, 하늘나라는 힘을 떨치고(폭행을 당하고) 있다. 그리고 힘을 쓰는(폭력을 행사하는) 사람들이 그것을 차지한다."
> 마 11:12, 새번역

하늘나라는 침노하는 사람이 차지하는 곳이다. 이 말의 뜻이 하늘나라에 무슨 '소유'의 개념이 있다거나, 아니면 하늘나라의 영역이 제한되어 있어서 마치 땅 따먹기 게임식으로 그 땅을 먼저 차지하는 사람들만이 하늘나라를 차지할 수 있다는 말씀이 아니라는 것은 누가 봐도 분명할 것이다. 이 말씀의 핵심은 하늘나라는 수동적인 곳이 아니라 매우 적극적인 곳이라는 것이다. 노골적으로 표현하면 하늘나라는 '열심히 치고받고 싸우고 힘을 쓰는' 사람이 진정으로 알아가고 경험할 수 있는 세계라는 것이다.

디모데후서는 사도 바울이 죽기 전에 영적으로 자신의 아들과도 같은 디모데에게 쓴 편지이다. 이 시점에서 사도 바울은 인간적으로 볼 때에는 매우 불쌍한 사람이었다. 그는 늙었고 죽음을 앞두고 있었다. 딤후4:6 실제로 그는 얼마 뒤에 네로에 의해 사형당하게 된다. 하지만, 사도 바울이 자기 아들처럼 생각한 디모데에게 쓴 내용에는 비애감이라고는 찾아보기 어렵고 오히려 아주 적극적으로 산 자신의 삶을 돌아보면서 승리에 찬 고백을 한다. 그가 한 고백을 보라.

"나는 선한 싸움을 싸우고 나의 달려갈 길을 마치고 믿음을 지켰으니 이제 후로는 나를 위하여 의의 면류관이 예비되었으므로 주 곧 의로우신 재판장이 그 날에 내게 주실 것이며 내게만 아니라 주의 나타나심을 사모하는 모든 자에게도니라"

딤후 4:7~8

이건 정말 최고조의 승리의 외침이다. 사도 바울은 자신의 일생을 돌아보면서 자신이 '선한 싸움을 싸우고 달려갈 길을 마치고 믿음을 지켰다.'라고 했다. 아주 적극적이고 진취적으로 산 것이다. 바울은 디모데에게도 "믿음의 선한 싸움을 싸우라 영생을 취하라…"딤전6:12라고 권면 했다. 그리고 죽음을 앞두고 당당히 승리의 선언을 했다. 예수님께서도 십자가에서 죽으실 때 "다 이루었다"요19:30고 외치셨다. 이때 예수님께서도 이런 마음이 아니셨을까? 나는 이런 외침이야말로 보통 사람들이 죽을 때 하는 괴로움과 후회와 한탄이 섞인 외침이 아닌, 최고조의 승리의 외침이라고 생각한다. 한번은 예수님께서 아래와 같은 말씀을 하셨다.

"…내가 이 반석 위에 내 교회를 세우리니 음부의 권세(죽음의 문들, 지옥의 권세)가 이기지 못하리라" 마 16:18

죽음의 문들gates이 교회를 결코 이기지 못한다고 하셨다. 우리는 흔히 기독교의 여러 설교나 책들에서 자주 믿는 사람들은 어쩔 수 없이 '주여, 주여' 하면서 당하는 입장이고, 사탄이 우는 사자같이 우리를 공격하는 식의 모습벧전5:8, 즉 사탄은 적극적이고 믿는 사람들은 매우 수동적으로 당하는 장면을 연상시키는 내용을 접하게 되는데, 이런 것은 아마도 개인 신앙으로 살아가는 사람들에 대해서 적용되는 내용일 것이다. 우리 각각의 개인은 약하지만, 교회는 강력하다. 사실상 이 말씀을 보면 마치 사탄의 세력들이 성 안에 몰려 들어가서 수세에 몰려서 꼼짝없이 당하고 있고 교회가 아주 강력하게 그 사탄의 성의 문들을 부수면서 나아가는 장면이 연상되지, 믿는 자들이 사탄에게 몰려서 수세에 빠져있는 모습이 연상되지는 않는다. 교회라는 것은 하나님의 가장 강력한 무기, 견고한 모든 요새를 다 무너뜨리는 강력한 무기이다. 고후10:4

나는 이 책을 읽는 여러분이 이런 이야기를 잘 받아들이기를 바란다. 하나님의 나라는 '침노하고', '싸우고', '달려가고', '취하고', '승리하고', '사탄이 도저히 이길 수 없는' 곳이다. 이건 마치 모험과도 같이 아주 적극적이고 진취적이고 흥미진진한 곳이고 승리가 넘치는 곳이지, 이 세상에서 받은 어려움과 상처와 고난에 대한 위로를 받으면서 편히 쉬는 무슨 휴양지나 위안소 같은 곳이 아니다. 사도 바울은 고린도후서에서 '위로의 하나님'에 대해 언급했는데, 고후1:3~7 이것은 예수님과 교회를 위하여 적극적으로 고난을 감내하면서 살아가는 사람에게 주시는 하나님의 적극적인 위로와 격려이지, 내가 나의 부족함 또는 정당한 대가를 지불하지 않으므로 인해서 이 세상에서 받은 어려움과 상처에 대한 위로가 아니다. 오늘날의 기독교 안에는 상담이니, 치유니 하는 용어들이 은근히 많이 사용되는데, 이런 말들은 그 사람이 뭔가 문제가 있다는 전제를 가지고 출발하는 것이다. 물론 문제가 있는 사람에게는 치유가 필요할 것이다. 하지만, 교회는 치유하는 곳만이 아니다. 우리는 결코 문제가 있는 정도의 수준에 머물러서는 안 된다. 하나님께서 사신 삶은 패배하고 실패하는 삶이 아닌 매우 적극적으로 승리하신 삶이기 때문이다. 하나님께서 이러하셨다면, 교회도 이러해야 하지 않을까? 아래 말씀을 보라.

나는 바울과 같이 예수님과 교회를 위해 매우 적극적으로 살아가는 사람들이야말로 더 친밀하고 더 깊이 하나님을 알고 경험하게 되는 사람들이라고 생각한다. 교회는 바로 이런 삶을 사는 것이다. 사도행전을 보면 바울은 많은 죽을 고비를 넘긴다. 한번은 유대인의 공회에서 죽을 뻔하다가 가까스로 살아나는데, 그날 밤에 주님께서 '바울 곁에 서서' 격려해주셨다.행23:11 또한, 나중에 죄인으로 로마로 호송되는 배 안에서도 바울은 풍랑을 만나 죽음의 위험에 처하는데, 그때도 낙심하고 근심하는 사람들에게 "내가 속한 바 곧 내가 섬기는 하나님의 사자가 어제 밤에 내 곁에 서서 말하되"행27:23고 했다. 바울이 마지막으로 죽기 전에 쓴 디모데후서에서도 "주께서 내 곁에 서서 나를 강건케 하셨다"딤후4:17라고 썼다.

'내 곁에 서서'라는 표현이 나오는 것을 주목하라. 성경에서 부활하시고 승천하신 이후의 예수님은 대개 '앉으신 분'으로 묘사된다.막 16:19; 히1:3, 8:1, 10:12, 12:2 물론, 창세 전 세계는 보이는 세계가 아니니, 앉으셨다는 것도 상징적인 표현이다. '예수님께서 앉으셨다'는 것은 예수님께서 모든 일을 다 마치시고, 다 이루시고, 다 끝내시고 다 완성하셨다는 뜻이다. 히브리서에서는 예수님을 하나님의 계획을 단 한 번에 완성하시고 앉아계신 모습으로 표현하고 있고, 이와는 대조적으로 제사장들은 하나님의 계획을 완성하지 못하는 존재이기 때문에 "매일 서서 섬기며 자주 같은 제사를 드리는"히10:11 모습으로 표현하고 있다. 하지만, 위의 말씀들에서 바울은 분명히 '내 곁에 서서 계신 주님'이라고 표현했다. 이 표현을 보면 나는 이런 생각이 든다. 교회가 하늘나라를 위해서 적극적으로 모험과도 같은 삶을 살면 하나님께서도 그것을 보시고 도저히 앉아계실 수가 없으신 것이 아닐까? 너무도 흥분이 되고 기쁘고 함께 하고 싶고 그 곁에까지 가고 싶으신 것이 아닐까? 예수님과 교회를 위해서 적극적으로 모험과도 같은 삶을 사는 것이야 말로 하나님 곁에서, 하나님과 가장 가까이서 하나님을 가장 잘 알 수 있는 삶이 아닐까?

하지만, 불행히도 오늘날의 제도권 기독교를 보면 나로서는 이 세상에서 패배한 사람들이 위로를 받는 곳 또는 기댈 곳을 찾는 듯한 느낌을 지울 수 없다. '세상에서 패배한다.' 라는 말에 대해서 오해하지 말기 바란다. 나는 지금 세상적인 가치관을 가지고 세상에서 패배하지 말고 성공해야 한다고 말하는 것이 아니다. 오히려 정반대이다. 잘 생각해보면 이 세상에서 패배감을 느끼면서 사는 사람들이야말로 가치관이 세상에 있는 사람들이다. 가치관이 세상에 있기 때문에 이 세상 사람들과 비교하고, 힘들어하고, 열등감을 느끼면서 사는 것이다. 위에 예를 든 사도 바울은 인간적으로 볼 때는 불쌍할 수도 있어 보이지만, 그의 내면에는 승리감으로 충만한 것을 볼 수 있다.

어떻게 보면 오늘날의 제도화된 기독교는 패배주의 일색인 것 같기도 하다. 심한 말인 것 같지만, 내 눈에 비친 기독교라는 종교는 그렇지 않다고 보기가 매우 어렵다. 물론 그렇지 않은 사람들도 매우 많지만, 전반적으로 이렇다는 것이다. 내가 지금까지 알았던 제도화된 기독교 안에 있는 사람들에 대해 내가 받은 느낌은 기독교인들이 오히려 더 외곬이고, 더 편협하고, 피해 의식도 더 많고, 삶의 여유도 더 없고, 질질 짜는 듯한 불평 조의 얘기도 더 많고, 한탄이 섞인 타령 같은 얘기도 더 많고, 뒷얘기도 더 많고, 시기심도 더 많고, 삶의 재미도 더 없고, 호기심도 더 없고, 뭘 깊이 아는 면도 더 없고, 삶의 깊이도 별로 없고, 풍성한 삶과도 더 거리가 먼 삶을 사는 것으로 보였다. 이런 면에서는 평균적으로 봤을 때는 오히려 세상 사람들이 더 낫다는 생각도 들 정도였으니 말이다. 하나님께서 과연 이런 삶을 살라고 우리를 부르셨을까? 전혀 아니지 않은가? 그러면 왜 기독교의 분위기가 이렇게 되었을까? 앞으로 2권 앞부분인 '예수님과 함께 죽고 부활함' 장에서는 소위 '기독교인'이라고 불리는 사람들이 왜 이런 식으로 살게 되는지를 구체적으로 다룰 것이다.

점입가경

4자 성어 중에 점입가경漸入佳境이란 표현이 있다. 이 뜻은 가면 갈수록 경치가 점점 더 절경이 된다는 뜻이다. 여러분이 등산을 한다 치자. 산 입구는 너무나 멋있는데, 들어가면 갈수록 풍경도 단조롭고, 볼 것도 없어진다면, 그런 산은 아무도 가려 하지 않을 것이다. 반면에, 어떤 산이 들어가면 갈수록 더욱더 절경이 된다면, 그런 산이야말로 가고 싶은 산일 것이다. 세상에서 인간들이 만드는 즐거움을 잘 생각해 보면 그건 대부분 점입가경과는 정 반대라는 것을 알 수 있다. 그건 들어갈 때는 매우 화려하고 좋아 보이지만, 결국에는 점점 지루해지고 점점 더 강한 자극을 요구하게 된다. 점점 시간이 갈수록 즐거움이란 것은 없어지고 중독 증상만 남긴다. 설상가상으로, 일단 중독이 된 이후에는 그것을 끊기도 무척 어려워지게 된다. 이런 것을 쾌락이라고 한다. 점입가경이 아니라 첩첩산중疊疊山中이어서 빠져나가기도 어려워지는 것이다. 진지하게 내가 어떻게 살아야 할 것인가를 깊이 알아가려고 하지 않고 자신의 욕구를 충족하는 데에만 관심이 있는 사람이 이렇게 쾌락에 빠지기 쉽다. 하나님께서 과연 이런 삶을 살게 하셨을까? 만일 하나님께서 보시기에 이런 쾌락을 누리는 것이 인간에게 좋고 합당하다면 아마도 사람이 무한하게 쾌락만 느끼면서 사는 존재로 만드셨을 것이다. 하지만, 실상은 그렇지 않다. 누군가 '악한 행위가 금지되었기 때문에 해로운 것이 아니라, 해로워서 금지된 것이다.' 라고 했는데 정말 맞는 말이다. 쾌락이라는 것은 이렇게 처음에는 좋아 보일지 모르지만, 그 길로 가면 갈수록 오리무중五里霧中이자 첩첩산중이 되어서 빠져나오기도 어려워진다. 하지만, 하나님의 세계는 그렇지 않다. 하나님의 세계는 점입가경이다. 본질이 뭔지를 깊이 추구하는 사람들에게도 이런 현상은 비슷하다. 자연을 깊이 연구하거나, 인간을 깊이 연구하는 사람들도 어느 정도 알아가면 그게 다인 줄 알았는데, 더 알아가다 보면 그 정도게 아니라, 거기서 또 더 놀라운 세계가 열린다. 어떤 사람은 이런 자연들 자체가 뭐가 대단한 줄 아는데, 우리는 그것을 토대로 그것을 지으신 하나님을 찾을 줄 알아야 한다.

앞서 하나님께서 목숨을 건 모험을 하시고 나서야 새로운 생명을 취하신다는 것을 봤는데, 잘 보면, 생명의 속성 자체가 이런 것이다. 생명은 끊임없이 죽고 살아난다. 생명도 그 속에서 끊임없이 모험을 하는 것이다. 생명은 아주 왕성하게 살아가면서 그러다가 새로운 경지를 경험한다. 사람의 몸의 세포들도 계속해서 끊임없이 죽고 또 새로 태어난다. 인간도 태아에서부터 시작하여 아기, 어린 아이 상태를 거쳐서 완전한 성인에 이르기까지 성장해야 한다. 다만, 육체적으로만이 아니라 정신적으로도 그렇다. 그리고 성장이란 것은 반드시 그 이후의 새로운 차원을 경험하게 되어 있다. 나는 여자는 아니지만, 아내가 첫 아이를 낳으면서 너무나도 신기해하는 것을 봤다. '내 몸에서 이렇게 귀여운 아기가 나오다니!' 하고 말이다. 옆에서 지켜보던 나도 새로 태어난 아기를 보면서 너무나도 신기하고 감탄할 수밖에 없었다.

생명이란 이런 것이다. 어느 정도 성장하면 새로운 차원의 세계가 열린다. 식물들도 내부에서 끊임없이 죽고 살아나는 과정을 통해 새로워진다. 겨울이 되면 거의 죽은 것처럼 메말라 보이는 그 나무들에서 어느 순간이 되면 파릇파릇한 새싹이 돋아나고 거기서 꽃들이 피어나는 것을 보면 감탄을 하지 않을 수 없다. 번데기도 끊임없이 세포들이 죽고 살아나는 과정을 거쳐서 어느 순간이 되면 자신의 껍질을 벗고 더 새로운 차원으로 성장한다. 성장은 필연적으로 고통을 수반한다. '성장통growing pain' 이란 말도 있다. 고통 없는 성장도 없고, 죽음 없는 생명도 없다. 이건 만고불변의 진리이다. 그래서 생명이란 것이 아름다운 것이고 그래서 감탄과 경탄이 나오는 것이다. 이 세상의 모든 피조물은 창세 전 차원의 세계를 비춰주는 비유요, 그림자이다. 이 세상만 봐도 너무나도 신비롭다. 비유요, 그림자가 이 정도라면, 창세 전 하나님의 세계는 어떻겠는가? 창세 전 세계로 간다면, 우리에게 펼쳐질 삶은 이런 삶이 아닐까? 너무나도 흥미진진하고 재미있는 삶이 아닐까?

비록 영화뿐이긴 하지만, 나는 영화 '매트릭스' 시리즈를 보면서 이런 것과 비슷한 느낌을 받았다. 거기 나오는 주인공 세 사람은 서로를 위해서 자신의 목숨까지도 다 바칠 정도로 깊이 사랑하고 서로에게 헌신 되어 있으며, 뜨거운 열정을 가진 사람들이다. 이런 사람들에게 어떤 이야기가 전개되는가? 마치 위안소나 휴양지에서 사는 것 같은 이야기가 전개되는가? 비통한 마음으로 한탄과 타령만 늘어놓고 있다가 결국 패배하고 나서는 울면서 스스로 '괜찮아, 괜찮아' 하고 자위하는 이야기가 전개되는가? 결단코 아니다. 만일 그런 이야기만 전개된다면 사람들이 이 영화를 보지도 않았을 것이다. 그런 이야기는 전혀 흥미진진하지 않기 때문이다.

이들 앞에는 절체절명의 선택과 목숨을 건 흥미진진한 모험들이 끊임없이 전개된다. 모피어스는 자신의 평생을 걸고 네오를 찾아다니다가 결국 네오를 찾았다. 모피어스를 만난 네오는 파란 약이냐, 빨간 약이냐의 선택을 해야 했다. 마치 아담이 선악을 알게 하는 나무냐, 생명 나무냐의 선택 앞에 선 것 같이, 네오도 어느 한 쪽을 선택하면 다른 쪽은 완전히 포기할 수밖에 없는 절체절명의 선택 앞에 서게 된다. 이 선택에서 네오는 주저 없이 빨간 약을 선택하고 매트릭스를 빠져나온다. 그러나 한번 절체절명의 결단을 하고 빠져나왔다고 그걸로 다 되고 이야기가 끝이 난 것이 아니다. 그다음에는 모피어스가 네오를 보호하고자 스스로 뛰어들어서 요원^{agent}들에게 붙잡혀서 죽을 지경에 처한다. 죽게 된 모피어스를 위해서 네오는 자신의 목숨을 걸고 다시 매트릭스로 뛰어든다. 그리고 실제로도 죽는다. 그러나 네오는 죽음을 이기고 살아난다. 그리고 그 후에는 엄청난 새로운 차원의 경지를 경험하면서 악당 요원들을 아주 쉽게 제압하게 된다. 그러나 그걸로 끝이 아니다. 2편에 가면 이번에는 트리니티가 죽게 된 것을 네오가 살린다. 그 후에 네오는 가상 세계가 아닌 현실 세계에서도 능력을 갖추게 되어, 또다시 새로운 차원의 경지를 경험하게 된다, 그런데 그걸로 끝이 아니다. 3편에 가면 네오는 '기차역'이라는 이상한 곳에 갇히게 되고, 이제는 모피어스와 트리니티가 네오를 구하려고 목숨을 걸고 뛰어든다. 맨 마지막에는 네오와 스미스의 온 천하의 운명을 건 절체절명의 결투로 마무리된다.

이 영화는 처음부터 끝까지 이런 식으로 구성된다. 목숨을 건 모험적인 희생과 죽음, 그 이후에 펼쳐지는 새로운 경지…. 이게 한두 번이 아니라 영화 끝까지 계속된다. 만일 네오가 처음부터 능력이 완전히 완성되어서 아무 우여곡절 없이 문제를 단 한 번에 해결해버릴 수 있었다거나, 아니면 단 한 번의 결단이나 한 번의 모험으로 모든 것이 다 완성이 되어서 그다음부터는 매우 순조롭게 진행이 된다든지 한다면 그런 영화는 아무도 보려고 하지 않을 것이다. 점점 더 놀라워지는 맛이 없기 때문이다.

로마서 5장을 읽다 보면 '이뿐 아니라' 롬5:3,11, '더욱' 롬5:10,17 등의 표현이 반복된다. 나는 로마서 5장을 읽으면 이런 생각이 든다. 하나님의 세계란 이런 것이 아닐까 하는 생각 말이다. 그 세계는 어느 정도 알다 보면 '와! 놀랍다!' 싶었는데 더 가 보니까 그 정도가 아니라 더 놀라운 차원을 알고 경험하게 되고, 그 정도에서 다인 줄 알았더니 거기서 '더, 더, 더' 놀라운 차원을 경험하게 되는 세계가 아닐까? 내가 왜 이렇게 생각하는가 하면 창세 전 세계에서 하나님께서 자신의 영역을 더 넓히고 더 놀라운 세계를 경험하도록 이루어진 일이 창조이기 때문이다. 그러면, 우리가 이 시간과 공간이 있는 창조 후의 세계를 벗어나서 창세 전 세계로 간다면, 그곳에서 사는 삶이라는 것은 당연히 더 놀랍고 더 새로운 경험들을 영원히 하게 되는 삶이 아닐까?

예수님께서 하신 아래 말씀을 보자.

"···내가 온 것은 양으로 생명을 얻게 하고 더 풍성히 얻게 하려는 것이라" 요 10:10

이전에 나는 이 말씀을 보면 이게 단순히 '풍성한 삶'이라고만 생각했었고 또 그렇게 가르쳤었다. 하지만, 진짜 교회 생활을 조금씩 경험하고 나서는 그것만이 아니라는 생각이 들었다. 이 말씀을 잘 보면 '풍성한 삶'을 말씀하신 게 아니라 생명을 얻고, 거기에서 그치는 것이 아니라 더 풍성하게 얻게 되는 것을 말씀하신 것이다. 진정한 영원한 생명, 즉 영생의 실체는 여기에 있다. 즉, 생명을 얻고, 그것으로 그치는 것이 아니라, 생명의 속성상, 끊임없이 더 성장하고 더 누리고,

더 충만해지는 것이다. 생명을 얻어서 새로운 차원을 경험하고 나서 너무나 감탄하고 감격하고 있는데, 그게 다가 아니라 그 뒤에 또 더 높은 차원이 있다. 이런 삶이 영원토록 계속된다면, 그 삶은 도대체 얼마나 흥미진진하고 얼마나 충만한 삶일까?

창세 전 세계로 간다면, 우리에게 펼쳐지는 삶은 아마도 이런 것이 아닐까? 하나님의 계획을 전체적으로 다시 생각해보자. 아버지와 아들이 사랑으로 완전히 하나가 된 상태에서 서로에 대한 사랑이 넘쳐나다 보니 자신의 영역을 넘어서 자신들과 완전히 하나가 된 존재를 만들고자 서로 죽음도 마다하지 않고 뛰어드셨다. 그러다 보니 완전히 새로운 차원의 세계를 경험하셨다. 하나님은 대가를 다 치르고 창조를 하시고 나서 스스로 보기에도 매우 좋으셨고 너무 감탄하셨다. 예수님은 이 세상에 오셔서 자신의 신부를 위해 죽으시고 나서 부활이라는 것을 경험하셨다. 예수님 자신도 감탄할 만한 경지를 경험하신 것이다. 하나님의 생명이 넓어진다는 것은 이런 의미가 아닐까? 그냥 단순히 하나님과 똑같은 생명이 단지 추가가 된다는 정도가 아니라, 서로가 서로를 위해서 완전히 희생하고 완전히 죽고 완전히 살아나서 항상 새로운 경지를 경험하면서 사는 삶이 아닐까? 그러다 보니, 하나님의 이야기가 너무나도 흥미로운 이야기가 된 것이다.

하나님께서 창조하시면서 스스로 감탄하셨다고 했는데, 하나님께서는 과연 무엇을 보고 그렇게 흥분하셨을까? 그건 바로 창조의 궁극적인 열매인 교회였다. 즉, '또 다른 예수님'이었다. 자신이 너무나도 끔찍하게 사랑하는 아들이 아버지와 완전히 한마음이 되어서 자신의 목숨을 버리면서까지 희생하면서 나온 것이 바로 또 다른 예수님, 곧 교회이다. 교회야말로 하나님의 궁극적인 계획의 핵심 중의 핵심이요, 비밀 중의 비밀이요, 신비 중의 신비요, 하나님의 궁극적인 계획의 완성이다.

그러니, 당연히 예수님뿐 아니라, 예수님의 몸인 교회도 역시 매우 흥미진진한 삶을 살아갔다. 나는 사도행전을 읽으면 마치 영화 이상으로 흥미진진하고 극적이라고 느껴진다. 시작할 당시에는 그 누구도 전혀 생각지도, 예상치도 못했던 일들이 끊임없이 벌어지고, 반전에 반전을 거듭하면서 교회가 계속해서 또 다른 차원을 경험하는 것을 볼 수 있다. 외적으로만 모험적인 삶을 살아간 것이 아니라, 예수님을 알아가는 면에서도 교회는 점점 더 높은 차원으로 알아갔다. 앞에서도 설명했듯이, 사도행전 1장에서 예수님의 제자들이 깨달은 유대적인 메시아와 사도행전 마지막에 바울이 깨달은 메시아는 차원이 다르다. 이 이야기는 1장에서 사도들이 안 메시아가 잘못되었다는 것이 아니다. 그게 아니라 예수님은 알아가면 알아갈수록 무궁무진한 분이라서, 우리가 점점 알아가면 알아갈수록 더 놀라운 차원을 알 수 있게 될 것이라는 점이다. 사도행전에 나오는 이런 극적인 이야기들이 사도들이 각본을 짜고 그렇게 하기로 하자고 의도해서 그렇게 된 것일까? 전혀 아니다. 그게 아니라, 예수님과 하나 된 생명으로 분명하게 살다 보니까 그들이 의도하지도 않았는데 그들 앞에 많은 일이 있게 되고, 점점 더 놀라운 일들을 경험하게 되고, 그러다 보니까 예수님을 더 깊이 알게 된 것이다.

내가 진짜 교회 생활을 하면서 교회가 그동안 어떻게 살아왔는지 그 역사를 이야기로 들어보면 마치 한 편의 드라마와도 같이 매우 극적이고 매우 재미있다. 그렇게 의도한 것이 아닌데도 불구하고 매우 흥미롭고 매우 재미있고 극적이다. 마치 운동하는 사람들을 옆에서 구경하는 사람들의 눈에는 그 사람들이 운동하는 것이 힘들어 보이지만, 정작 운동하는 당사자들은 매우 재미있고 흥미진진한 것처럼, 교회로 살지 않고 주변에서 구경하는 사람의 눈에는 교회가 힘들고 괴롭게 보일지 모르겠지만, 정작 교회의 몸으로 살아가는 형제 자매들은 그런 괴로운 기억은 거의 없고 매우 흥미진진하고 재미있는 이야기와 교훈과 감사함만 기억이 난다.

예수 그리스도의 몸이 자라감

누가복음에는 육신의 예수님에 대해 아래와 같은 기록이 있다.

"예수는 지혜와 키가 자라가며 하나님과 사람에게 더욱 사랑스러워 가시더라"
눅 2:52

육신의 예수님은 점점 육신적으로뿐만 아니라 하나님과의 관계와 다른 사람들과의 관계성에서 자라가셨다. 육신의 예수님도 이러했을진대, 예수님의 진정한 몸인 교회도 역시 그러하다. 교회도 가면 갈수록 더 자라나고 더 자라나야 한다. 이 책을 여기까지 읽고 나서 아직도 '교회가 자라간다'는 뜻을 교회의 몸을 이루는 형제 자매들의 숫자가 늘어나야 한다는 의미로만 받아들이는 분들이 있다면 나로서는 매우 답답한 일이 될 것이다. 이건 교회가 가면 갈수록 하나님을 아는 것이 점점 자라나고, 하나님의 깊은 것을 깨달아 알게 되고, 하나님과의 교제도 매우 구체적이고도 분명하게 되어 나간다는 뜻이다. 이게 한두 해가 아니라 영원히 그렇게 될 것이다.

우리는 앞에서 부활하신 예수님의 모습이 바로 아담과 하와가 만약에 생명 나무 열매를 따먹었더라면 변화되었을 바로 그 모습이라는 것을 알아봤다. 이건 교회도 마찬가지이다. 교회 생활이라는 것은 만약에 아담과 하와가 생명 나무 열매를 따먹었더라면 그들 앞에 열려

졌을 바로 그 세계로 들어가서 그 삶을 사는 것이다. 그러면, 아담과 하와가 생명 나무 열매를 따먹고 새로운 세계로 들어갔다면 어떤 삶을 살게 되었을까? 그건 구체적으로는 어떤 삶일까? 우리는 이런 질문에 대한 답을 잘 생각해봐야 한다. 그래야 우리가 이 세상에서 사는 삶이 어때야 하는지를 잘 이해할수 있기 때문이다.

이 질문에 대해서 답하기 위해서 먼저 생각할 것은 하나님께서 아담과 하와에게 가지셨던 목적이 무엇인가? 하는 것이다. 하나님께서 아담과 하와에게 바라신 것은 시종일관 자신과 동일한 생명을 가지고 하나님을 깊이 알고 이해하고 하나님과 사랑의 교제를 나누는 것이었다. 그러면, 하나님께서는 과연 이렇게 사람이 자신과 사랑의 교제를 나누도록 하기 위해 어떤 삶을 펼쳐주셨을까? 창세기를 잘 읽어보면 하나님께서 아담을 창조하시고 나서 아담에게 뭘 보여주고 싶어하셨는지를 짐작할 수 있다.

"여호와 하나님이 흙으로 각종 들짐승과 공중의 각종 새를 지으시고 아담이 무엇이라고 부르나 보시려고 그것들을 그에게로 이끌어 가시니 아담이 각 생물을 부르는 것이 곧 그 이름이 되었더라" 창 2:19

하나님께서는 각종 동물들을 아담에게 이끌어 오셨다. 아담은 눈을 동그랗게 뜨고 각 동물들을 지켜보았을 것이고 그들의 특징을 관찰했을 것이다. 아담이 그 동물들을 부르는 것을 가지고 하나님께서는 그 동물들의 이름으로 삼으셨다. 하나님께서 아담이 이런 것들을 경험하게 하신 이유는 무엇일까? 이 부분에 대해서 나는 아이들을 키우면서 느낀 바가 있었다. 아이들도 처음에 무언가를 배울 때 동물들에 대해서 흥미를 갖고 관찰하고 알아가고 분류하기 시작한다. 귀가 큰 건 토

끼, 코가 긴 것은 코끼리, 목이 긴 것은 기린…. 이런 식으로 말이다. 이러면서 차츰 아이들의 내면에 많은 부분들이 형성이 되고 구체화되기 시작하며, 외부의 사물들을 인식하면서 자신에 대해서도 인식하게 된다. 그리고 난 뒤에 차츰 이런 동물들보다 훨씬 더 놀라운 수많은 영역들에 대해 관심을 확대해나가게 되고 그러면서 점점 이 자연만물과 우주의 원리와 본질, 더 나아가서는 인간과 인간의 내면, 더 나아가서는 이 온 우주를 지으신 궁극적인 창조주에 대해 관심을 갖게 되고 알려고 하게 되고 이해를 하게 된다. 만일 우리 주변에 이런 동물, 사물들, 또한 우리 주변에서 벌어지는 일들과 같은 구체적인 사물이나 사건들이 없다면, 당연히 우리는 하나님을 알기가 매우 힘들 것이다.

　하나님께서 아담에게 동물들을 보고 관찰할 수 있는 기회를 주신 것은 아마도 이런 이유가 아니었을까? 나는 이것이 비단 아담뿐 아니라, 오늘날 이 땅에 살고 있는 우리에게 있어서도 동일하다고 생각한다. 인생 전반에 걸쳐서 우리 주변에는 많은 일들이 벌어진다. 신비하고 다채롭고 기묘한 자연 현상부터 시작해서 인간 관계에서 벌어지는 다양하고 복잡 미묘한 현상들까지 말이다. 이렇게 벌어지는 많은 일들을 겪으면서 우리의 내면도 다양해지고 매우 구체화되며, 그런 과정을 통해서 우리의 내면도 형성이 되면서 점점 하나님의 깊은 것을 헤아려 알 수 있는 성숙함을 갖추게 되는 것이다. 이 땅에서의 모든 삶은 궁극적으로 하나님을 잘 알라고 주신 기회이다. 우리에게 우리가 보고 경험하는 것들을 깊이 관찰하고, 알아가면서 그 모든 것들의 본질을 꿰뚫어보는 눈이 있다면, 우리는 하나님의 마음에 뭐가 있는지도 더 깊이 헤아려 알 수 있을 것이다. 우리에게 주어진 모든 상황과 모든 일은 다 하나님께서 주신 것이다. 바울은 "무슨 일을 하든지 마음을 다하여 주께 하듯 하고 사람에게 하듯 하지 말라 이는 유업의 상을 주

께 받을 줄 앎이니 너희는 주 그리스도를 섬기느니라"골3:23~24라고 썼
는데, 비록 이 말의 직접적인 대상은 교회의 형제들 중에 종의 신분으
로 있는 사람들이지만, 이 말씀은 누구에게나 적용이 가능할 것이다.
모든 것을, 모든 사람을 대할 때, 주님께 하듯 하면 그것이 결국 하나
님을 알게 되는 아주 보배로운 길이 되는 것이다.
　바울은 고린도 교회에 쓴 편지에서 아래와 같이 기록했다.

"우리가 지금은 거울로 보는 것 같이 희미하나 그 때에는 얼굴과 얼굴을 대하여
볼 것이요 지금은 내가 부분적으로 아나 그 때에는 주께서 나를 아신 것 같이 내
가 온전히 알리라" 고전 13:12

　나는 예전에는 이 구절에서 바울이 말한 "그때에는 주께서 나를 아
신 것 같이 내가 온전히 알리라"의 '그때'가 '죽은 뒤에 하늘나라에
갔을 때' 또는 '예수님이 다시 오실 때'라고만 생각했다. 물론 이 말도
틀린 말은 아닐 것이다. 하지만, 나는 교회 생활을 하면서 이게 그런
뜻만이 아니라는 것을 알게 되었다. 우리는 성경을 한 구절만 뚝 떼어
서 읽는 것에 너무나도 익숙해 있어서 그런데, 이 구절을 바로 앞의 구
절과 함께 읽어보라.

"내가 어렸을 때에는 말하는 것이 어린 아이와 같고 깨닫는 것이 어린 아이와 같
고 생각하는 것이 어린 아이와 같다가 장성한 사람이 되어서는 어린 아이의 일을
버렸노라 우리가 지금은 거울로 보는 것 같이 희미하나 그 때에는 얼굴과 얼굴을
대하여 볼 것이요 지금은 내가 부분적으로 아나 그 때에는 주께서 나를 아신 것
같이 내가 온전히 알리라" 고전 13:11~12

바울은 '내가 어린 아이일 때는 어린 아이의 수준에서 말하고 깨닫고 생각하지만, 장성한 사람이 되어서는 어린 아이의 일을 버렸다.' 라고 얘기하면서 그 바로 뒤에 '우리가 지금은 희미하게, 부분적으로 알지만, 그때에는 온전히 알게 될 것이다.' 라고 썼다. 나는 지금은 아무리 읽어봐도 바울이 얘기한 '그때' 는 '장성한 뒤' 라고 생각이 되지, '죽고 난 뒤' 라고는 전혀 생각되지 않는다. 바울이 편지를 쓴 대상은 미성숙하고 문제가 많았던 고린도 교회였다. 바울이 이 교회에 말하고자 한 것은 '교회가 어린 아이 같을 때에는 깨닫는 것도 그 수준이 어린 아이처럼 낮고, 희미하고, 하나님도 부분적으로 알지만, 교회가 예수님의 장성한 분량이 충만한 데까지 이르게 되면엡4:13 참고 하나님을 온전히 알게 된다.' 가 아니었을까? 바울이 고린도 교회에게 주고자 한 메시지는 '너희도 어린아이 수준을 벗어나서 하나님을 깊이 알고 하나님과 교제할 수 있는 장성한 수준으로 성장해라.' 라는 도전과 자극을 주려는 것이 아니었을까? 만일, 문제가 많은 고린도 교회에 바울이 주려고 한 메시지가 '우리가 지금은 하나님을 아는 것이 매우 제한적이지만, 죽고 나면 온전히 하나님을 알게 된다.' 였다면, 이 말이 이 당시의 고린도 교회에 무슨 유익이 될 것인가? 빨리 죽으라는 얘기인가? 죽을 날만 기다리라는 얘기인가?

아이가 태어나면 처음에는 부모와의 교제와 의사소통이 매우 제한적이다. 어린 아이까지 성장했을지라도, 이때에는 깨닫고 생각하고 말하는 것의 수준이 낮다. 부모는 아이의 생각을 잘 아는 경우가 많지만, 아이는 부모의 생각과 의도를 이해하기가 매우 어렵다. 어리고 철이 없기 때문이다. 그러다가 점점 자라서 어른이 되면 점점 철이 들고 이 세상과 인간의 내면과 인간관계에 대해서 깨닫고 이해하는 범위가 커지고 넓어지고 깊어지고 분명해진다. 그러다가 점점 더 자라면서 부모의 마음을 더 많이 이해하게 되고, 부모에게 흐뭇함을 주게 된다. 그러다가 완전히 자라서 성인이 되면 부모와 인생의 아주 깊은 이야기를 나눌 수 있을 정도로 부모와 교제할 수 있는 성숙함과 실력을 갖추게 된다.

마치 이처럼, 교회도 처음에는 하나님을 아는 것이 매우 희미하고 부분적이고, 하나님과의 교제의 수준도 매우 낮지만, 교회가 점점 성장하면 할수록 점점 더 선명하고, 점점 더 온전해질 것이다. 점점 더 자라면 자랄수록 하나님의 마음을 더 깊이 이해하게 되고, 하나님의 깊은 것을 깨닫고 감탄하게 되고, 하나님과 아주 깊은 이야기를 나눌 수 있을 정도로 하나님과의 교제가 깊어지게 된다. 교회가 성장해야 할 이유가 여기에 있다. 교회는 이런 방향으로 점점 성장해가야 한다.

나는 그동안 제도권 기독교에 있으면서 많은 사람이 하나님에 대해서 감격을 하는 것을 봐 왔다. 우리나라 사람들이 감정적인 성향이 더 많아서 그런지는 모르겠지만, 우리나라 사람들은 특히 더 이런 면이 강한 것 같다. 어떤 사람은 예수님의 '예' 자만 들어도 흥분되고 감격한다는 사람도 있었고, 기도만 시작하면 거의 항상 감격해서 눈물을 흘리는 사람도 봤다. 내가 뭘 잘 몰랐을 때에는 이런 분들을 보면 '저분은 정말 하나님을 잘 아는 분들이구나' 라고 생각했다. 하지만, 정작 내가 교회 생활을 해 나가면서 알게 되는 것 중의 하나는 하나님을 알면 알수록 '감격' 보다는 '감탄' 이 더 많이 나온다는 것이었다. 이건 별것도 아닌 미묘한 표현의 차이일 수도 있지만 잘 생각해보면 중요한 것이다. 위에서 우리는 교회와 하나님과의 관계도 점점 어린 아이의 수준에서 어른의 수준으로 성장해야 한다는 것을 알아봤다. 만일 여러분의 자녀가 여러분과 교제를 하면서 여러분에 대해 감격하면서 '어머니, 아버지의 은혜에 너무나도 감사하고 너무나도 사랑합니다.'

라고 만날 눈물을 줄줄 흘리고 울면서 고백한다면, 물론 여러분이야 기쁠 것이다. 하지만, 만일 여러분이 어느 날 여러분의 자녀와 교제를 하다 보니, 자녀가 철도 들고 성숙해서 생각도 깊어져서 이제는 여러 분의 깊은 속마음을 읽고 이해하고 있다고 치자. 아니, 여기에서 더 나 아가서 여러분이 그동안 자녀를 위해 해준 아주 속 깊은 일들, 특히 자 녀의 입장에서 봤을 때에는 오해될 수도 있었던 일들에 대해서 여러 분의 자녀가 그것이 부모님이 자신을 위해 특별히 해 주신 너무나도 타당하고 너무나도 생각 깊은 배려였다는 것을 이제야 깨닫고 그것에 대해서 감탄을 하고 있다면, 여러분은 어느 때 더 기쁘고 흐뭇하겠는 가? 여러분은 어느 자녀와 더 교제가 잘되고 어느 자녀와 더 얘기가 잘 통하겠는가? 여러분은 어느 자녀와 교제를 하고 싶은가? 누가 여 러분을 잘 아는 자녀인가? 누가 여러분 마음의 깊은 것을 헤아릴 줄 아는 자녀인가? 제대로 된 부모라면 후자라고 생각하지 않을까?

오늘날의 제도화된 기독교에서 아주 많이 듣고 보게 되는 것이 바로 '찬양praise' 이다. 대개들 제도화된 기독교에서 '찬양' 이라고 말하는 것을 보면 음향 효과들과 악기들을 잘 사용해서 사람들을 어떤 특정 한 감정으로 도취시키려는 분위기가 많은 것 같다. 이런 일들을 잘 하 는 사람들이 매우 큰 인기를 얻기도 하는 것 같다. 하지만, 조금만 생 각을 해본다면, 진정한 찬양이라는 것은 이런 것이 아니라는 것을 알 수 있다. 찬양은 바로 하나님을 깊이 알아가고 감탄하게 되면서 자연 스럽게 마음 속에서 우러나오는 진심어린 고백이지, 하나님을 알아가 면서 놀라고 또 놀라고 감탄한 것은 하나도 없으면서 자기 스스로 어 떤 특정한 감정에 도취되는 것이 아니다. 성경 어디에도 이런 모습은 나타나있지 않다. 찬양의 시가 많은 시편도 잘 살펴보면 시편을 쓴 사 람들이 하나님의 깊은 것을 깨닫고 감탄을 하는 고백들이 매우 많다는 것을 알 수 있다. 대표적인 것을 보면 아래와 같다.

"주, 나의 하나님, 주님께서는 놀라운 일을 많이 하시며, 우리 위한 계획을 많이도 세우셨으니, 아무도 주님 앞에 이것들을 열거할 수 없습니다. 내가 널리 알리고 전파하려 해도 이루 헤아릴 수도 없이 많습니다." 시 40:5, 새번역

시편뿐 아니라, 바울을 잘 봐도, 바울은 하나님의 깊은 것을 알면 알수록 감정적으로 흥분을 하고 감격을 했다기보다는 하나님의 깊은 지혜와 너무나도 깊은 사랑에 놀라고 감탄이 나왔던 것 같다. 특히, 하나님의 어마어마한 비밀을 알면 알수록 그 하나님의 깊은 지혜에 감탄해마지 않은 모습이 역력하다. 아래 말씀들을 보기 바란다.

"깊도다 하나님의 지혜와 지식의 풍성함이여, 그의 판단은 헤아리지 못할 것이며 그의 길은 찾지 못할 것이로다 누가 주의 마음을 알았느냐 누가 그의 모사가 되었느냐 누가 주께 먼저 드려서 갚으심을 받겠느냐 이는 만물이 주에게서 나오고 주로 말미암고 주에게로 돌아감이라 그에게 영광이 세세에 있을지어다 아멘" 롬 11:33~36

"나의 복음과 예수 그리스도를 전파함은 영세 전부터 감추어졌다가 이제는 나타내신 바 되었으며 영원하신 하나님의 명을 따라 선지자들의 글로 말미암아 모든 민족이 믿어 순종하게 하시려고 알게 하신 바 그 신비의 계시를 따라 된 것이니 이

복음으로 너희를 능히 견고하게 하실 지혜로우신 하나님께 예수 그리스도로 말미암아 영광이 세세무궁하도록 있을지어다 아멘" 롬 16:25~27

"이 비밀이 크도다 나는 그리스도와 교회에 대하여 말하노라" 엡 5:32

한번 이 온 우주 만물을 보라. 보면 볼수록, 알면 알수록 감탄이 나오지 않을 수 없다. 이 유한한 물질세계도 이럴진대, 하물며 하나님을 알아가는 것은 얼마나 감탄할 것이 무궁무진하겠는가? 하나님의 비밀 중의 비밀인 교회와 예수님은 또한 어떻겠는가? 우리에게는 영원토록 알아가고 영원토록 감탄할 것이 얼마나 많겠는가? 나는 오늘날의 교회들도 1세기 교회들이 경험한 것보다 더 놀라운 경험을 할 수 있다고 확신한다. 이건 교만에서 나온 말이 아니라, 하나님의 원리이자 생명의 특성이다. 하나님께서는 영원부터 영원까지 자신을 드러내어 보여주시려고 하시는 분이시다. 하나님께서 자신을 드러내시는 흐름을 보면 분명하다. 하나님은 우리가 구체적으로 볼 수 있거나 만날 수 있는 분은 아니다. 그러나 2,000년 전에 이 땅에 오신 예수 그리스도는 잠깐이나마 우리가 볼 수 있고 만날 수 있는 형태로 오셨다. 그리고 이제 예수님의 확장된 몸인 교회는 누구나 다 아주 구체적으로 볼 수 있고 만날 수 있는 존재이다. 하나님은 자신을 드러내어 보여주고 싶으신 것이고 온 우주에 자신을 충만하게 드러내고 싶으신 분이다. 예수님께서는 아래와 같은 말씀을 하셨다.

"내가 아직도 너희에게 이를 것이 많으나 지금은 너희가 감당치 못하리라 그러하나 진리의 성령이 오시면 그가 너희를 모든 진리 가운데로 인도하시리니 그가 자의로 말하지 않고 오직 듣는 것을 말하시며 장래 일을 너희에게 알리시리라"

예수님께서 하신 이 말씀을 보면 아무리 봐도 예수님께서 육신으로 제자들과 함께 하실 때보다도 그 이후에 다른 몸, 즉, 교회라는 몸을 입고 제자들과 함께 하실 때가 훨씬 더 놀라운 것을 알려주실 것이라는 것이 명백하다. 이 흐름에서 볼 때, 이게 1세기에만 놀랍게 경험이 되고 그 이후에는 경험이 안 되게 하셨을까? 과연 이게 말이 될까? 여러분이 하나님이라면 이렇게 되게 해놓았겠는가? 그러니, 상식적으로 생각해도 1세기 교회들의 경험들보다 더 놀라운 경험과 더 놀라운 이해를 오늘날도 할 수 있어야 하지 않을까? 단지 모르거나 그렇게 하고 싶지 않아서 안 하는 것이 문제이지, 하나님의 궁극적인 목적은 언제나 같다. 나는 하나님께서 우리에게 성경을 허락하신 것은 그 성경의 메시지들을 가지고 우리가 점점 더 놀라운 것들을 알아가고 또 알아가기를 원하셨기 때문이라고 생각한다. 성경이 가르치는 그 진리는 바로 예수님이다. 그리고 예수님이 구체적으로 표현되어 나타나진 몸인 바로 교회이다. 나는 우리가 그 진리 안으로 들어가면 더욱 더 어마어마한 것들을 경험하고 알 수 있다고 믿고, 또 실제로도 경험하고 있다.

2권에서 더 알아보겠지만, 교회 생활은 어떻게 보면 유한한 이 세계에서 창세 전 세계의 그 무한한 차원을 경험하면서 살아가는 것이다. 그러니, 당연히 교회 생활도 끊임없이 자신이 죽고 그 이후에는 새로운 생명, 새로운 차원의 뭔가를 경험하게 되어 있다. 교회는 하나님 생명의 최고 정점이다. 교회도 마치 생명체와 같이 변화무쌍한 차원들을 경험하게 되어 있다. 마치 꽃과 같아서 어느 순간에는 메마르고 죽어 있는 것처럼 보이다가 어느 순간에는 꽃이 피고, 어느 순간에는 너무도 무성하다가 어느 순간에는 또 풍성한 열매가 나온다. 매우 변화무쌍한 것이다.

　이에 비하면 제도화된 종교, 즉 앞서 살펴본 바벨론은 인공적으로 만들어진 조화와 같다. 어떤 때에는 조화가 진짜 꽃보다도 더 멋있고 더 대단해 보인다. 심지어 어떤 때는 진짜 꽃보다도 더 싱싱해 보이기까지 한다. 하지만, 조화는 금방 싫증 난다. 언제고 봐도 천편일률적으로 똑같이 변화가 없다. ‘변함없다’ 는 말과 ‘변화가 없다’ 는 말은 완전히 다른 말이다. ‘변함이 없다’ 는 말은 이 책의 표현으로 하면, 일관된 목적, 분명한 목적을 가지고 한결같이 초지일관 되게 살아간다는 뜻이고, ‘변화가 없다’ 는 말은 생명이 없이 죽어있다는 말이다. 조화는 죽어있는 것이니, 당연히 변화가 없다. 아니, 변화가 없이 똑같으면 그나마 다행이고 가면 갈수록 먼지가 끼고 색깔도 바래서 시간이 가면 갈수록 이상해질 수밖에 없다. 이게 조직화하고 제도화된 기독교와 진짜 하나님의 생명인 교회의 차이점이다. 제도화된 기독교는 그 특성상, 점점 지루하고 판에 박힌 듯이 변화가 없이 진행될 수밖에 없다. 하지만, 진짜 교회 생활은 그렇지 않다. 이건 너무나도 흥미롭고 재미있는 삶이고 ‘아, 하나님께서 원래 계획하신 삶이란 것은 이런 것이구나’ 하는 감탄이 나오고 갈수록 살 맛이 나는 삶이다. 교회는 갈수록 점입가경이 되는 것이다. 이렇지 않으면 교회 생활이 아니라고 단언할 수 있을 정도이다. 2권에서는 실제적인 교회 생활에 대해서 알아보겠다.

　이 책을 읽는 여러분이여! 이 오묘하고 놀라운 세계를 보라! 영원에서 영원으로! 이 말이 실감 나지 않는가?

부록. 그림으로 알아보는 하나님의 궁극적인 계획

이제까지는 그림이 가끔 등장했지만, 이제는 이제까지의 내용을 그림으로 한번 총정리를 해볼까 한다. 매우 복잡미묘한 사람이라는 존재를 매우 간단한 그림으로 표현한다는 것이 사실은 불합리하지만, 어느 부분은 이 책을 읽는 여러분의 이해를 도울 수 있을 것이다.

① 아담이 처음 창조되었을 당시의 상태

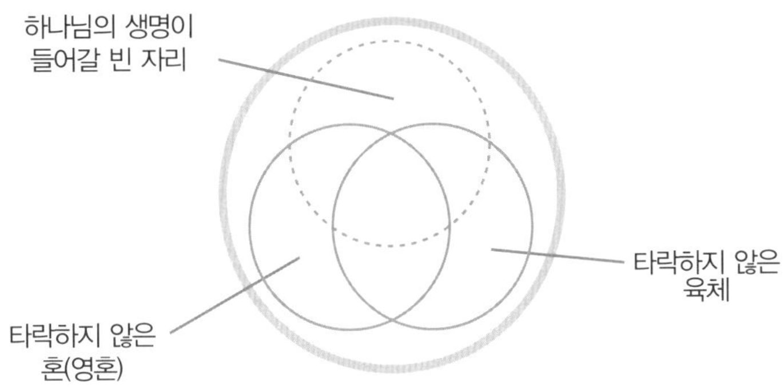

아담이 처음 창조되었을 당시의 상태를 보자. 아담의 전 존재는 영혼과 육체로 이루어져 있다. 단, 오늘날의 우리와 다른 것은 아담이 이

때까지는 죄를 경험하지 않은, 쉽게 말하면 타락하지 않은 영혼과 육체라는 것이다. 그리고 하나님의 생명이 들어가서 담길 자리가 있었다.(내가 그림으로 표현하기가 어려워서 이런 그림으로 표현했지만, 사실 인간의 영과 영혼과 육체를 분리한다는 것은 불가능하다. 그러니, 혼과 육체가 함께 어우러져 섞여 있는 그림을 그리는 것이 맞지만, 그런 개념을 그리는 것은 매우 어려우니, 양해하기 바란다.)

② 생명나무 열매를 따 먹었다면 변화되었을 아담

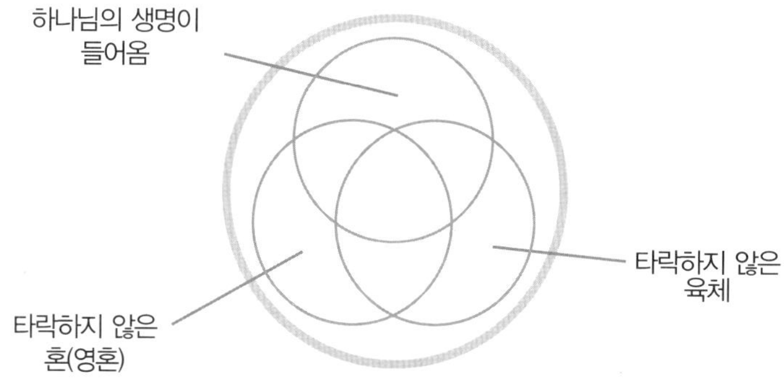

만일 아담이 생명나무 열매를 따 먹었다면, 하나님의 생명이 들어왔을 것이다. 즉, 물질세계와 영적인 세계를 다 경험할 수 있는 상태가 되었을 것이며 그러면 하나님의 계획은 이 단계에서 완성되었을 것이다.

③ 선악을 알게 하는 나무의 열매를 따 먹은 이후의 아담

타락한 이후, 하나님의 생명이 들어갈 자리에 죄가 들어왔다(검은색). 그럼으로써 영혼과 육체도 함께 타락했다. 인간의 혼은 죄를 경험

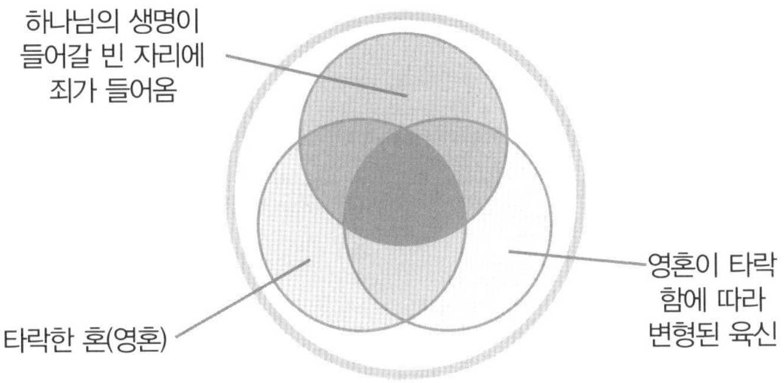

했으며, 혼이 타락함에 따라 육체도 죽을 육신^{flesh}으로 변형되었다. 이게 현재의 인류의 상태이다.

④ 부활하기 전의 예수님

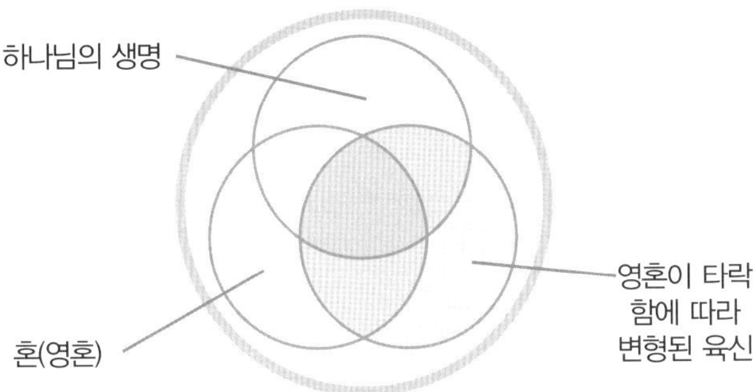

부활하기 전의 예수님은 완전한 하나님의 영이 있으셨고 타락하지 않은 영혼을 가지고 계셨음이 분명하다. 하지만, 육체는 다른 사람들과 마찬가지로 타락 이후로 변형된 육체를 갖고 계셨다. 물론 예수님이 타락한 죄인의 상태라는 것이 아니다. 우리와는 달리 "죄는 없으시니라"^{히4:15} 라는 말씀처럼 예수님은 죄가 없으셨지만, "자기를 비워 종의 형체를 가지사 사람들과 같이"^{빌2:7~8} 되셔서 우리처럼 제한된 육체를 갖고 사셨다는 말이다. 또 예수님은 하나님의 독생자로서 창세 전에 아버지와 함께 계셨던 기억을 고스란히 갖고 사신 게 하나님의 생명을 받고 사는 우리와 다른 점이다.

⑤ 부활하신 예수님

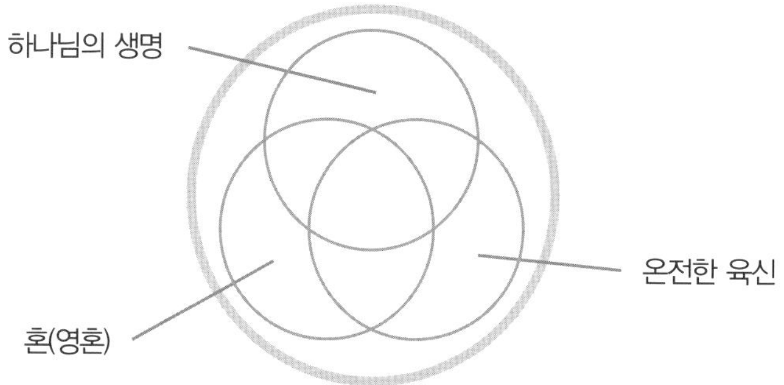

부활하신 예수님께서는 완전한 하나님의 생명과 타락하지 않은 영혼, 온전한 육신을 지니셨다. 즉, 물질세계와 영적인 세계를 다 경험할 수 있는 상태이셨다.

⑥ 부활하기 전의 믿는 자들

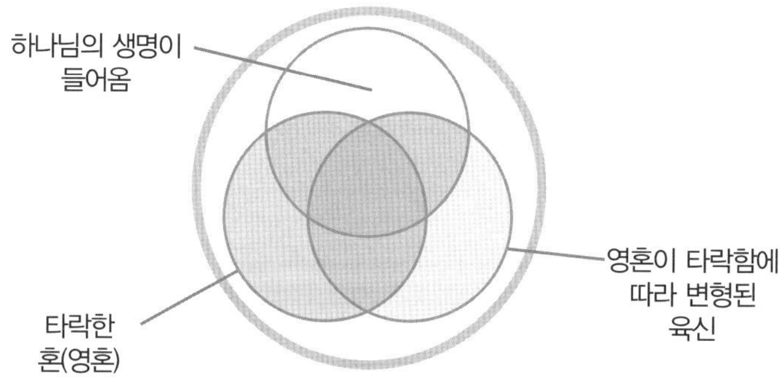

믿는 자들이 부활하기 전, 즉 이 땅에 있는 동안은 위 그림과 같을

것이다. 분명히 하나님의 생명이 들어오겠으나, 이 땅에 있는 동안은 타락한, 즉 죄를 경험한 영혼과 타락함에 따라 변형된 육체를 가지고 있다.

⑦ 부활한 믿는 자들

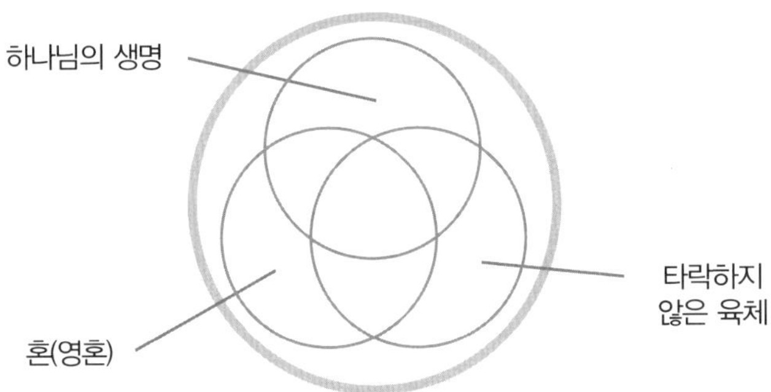

믿는 자들이 부활한 이후에는 완전한 하나님의 생명과 타락하지 않은 영혼, 타락하지 않은 육체를 지니게 된다. 즉, 물질세계와 영적인 세계를 다 경험할 수 있는 상태이다.

위 그림을 잘 보면, 놀랍게도 생명나무 열매를 따 먹었을 경우의 아담(②번), 즉 하나님의 원래 계획과 부활하신 예수님(⑤번)과 부활한 믿는 자들(⑦번), 즉 부활한 교회가 똑같다는 것을 알 수 있다. 당연한 것이 교회는 곧 예수님이기 때문이다. 그러므로 교회는 하나님의 궁극적인 계획의 완성이다.

여기에서 하나 눈여겨볼 것은 예수님을 믿는 사람들이 이 땅에서 사는 동안의 상태이다. 하나님의 눈으로는 예수님을 믿는 사람들은 이미 ⑦번의 상태이다. 하지만, 이 땅에서 사는 동안에는 아직은 ⑥번으로 살아야 한다. 즉, 이 땅에 사는 동안은 죄를 경험한 기억도 있고, 또 죄를 지을 수 있는 타락한 혼과 타락한 육체를 가지고 살아야 한다. 우리는 '이미'와 '아직' 사이에 살고 있다. 분명히 하늘 차원에서는 '이미' 다 된 일이지만 우리가 이 땅에 있는 한 '아직'은 다 완성된 것이 아니다. 예수님을 믿는 사람들은 '이미' 구원받았지만 '아직' 다 완성된 것은 아니다. '이미' 우리의 죄는 흔적도 없이 사라졌지만, '아직'은 죄 가운데 산다. 그러기에 이 땅을 사는 동안 우리에게는 '교회 생활'이라는 것이 필요한 것이다. 위에서 자주 알아봤던 에베소서 말씀을 보면 아래와 같이 되어 있다.

"너희도 성령 안에서 하나님이 거하실 처소가 되기 위하여 그리스도 예수 안에서 함께 지어져 가느니라" 엡 2:22

앞에서는 '이미 우리는 하나님의 거하실 처소이다.'로 배웠지만, 이 말씀은 우리에게 이 땅에 사는 동안의 우리는 '하나님의 거하실 처소가 되기 위하여 함께 지어져 가는' 상태라고 말씀하신다. 솔로몬의 성전을 건축할 때의 기록을 보면 채석장에서 있을 때에 돌을 뜨고 나서 치석했기 때문에, 즉 그 돌들을 잘 다듬었기 때문에 성전을 지을 때에는 성전에서는 망치나 도끼나 연장 소리가 들리지 않았다고 되어 있다.왕상6:7 이와 마찬가지로, 우리는 하나님의 눈으로 볼 때에는 이미 완성되어 하나도 다듬을 필요도 없고 흠도 없고 점도 없는 존재이지만, 이 땅에 있을 때에는 하나님의 거하실 처소가 되고자 깨어지고 부서지고 다듬어지고 서로 지어질 필요가 있다. 즉. 우리의 타락한 본성이 죽어지고 예수님의 형상으로 다듬어질 필요가 있다. 앞으로 제2권에서는 이렇게 우리에게 남아 있는 과정인 '교회 생활'에 대해 구체적으로 알아볼 것이다.

'영원에서 영원으로' 제1권을 마치며

이 책은 교회 생활을 하면서 형제 자매들과 함께 듣고 묻고 함께 배우고 함께 경험한 것을 정리한 것에 불과하다. 특히 교회가 세워지는 데 있어서 밑거름되어 주신 분들의 삶과 가르침이 절대적이었다. 필자는 오랫동안 궁금하던 것들이 너무나도 많았는데 이 분들의 가르침과 이후의 교회 생활을 통해서 필자가 궁금하던 질문들이 거의 다 풀렸다. 다시 한번 강조하거니와 이 책을 정리한 필자는 이렇게 오랫동안 궁금해하다가 이제는 풀려버린 내용을 그냥 정리만 했을 뿐이다.

제2권에서는 '영원에서 영원으로' 의 하나님의 궁극적인 계획을 깨달은 사람들이 어떻게 살아야 할 것인지에 대해 매우 실제적인 이야기들이 다루어질 것이다. 예수님 안에서의 삶이란 무엇인지에 대한 답, 즉 추상적이지 않은 구체적인 교회 생활에 관한 내용이다.

제2권의 내용은 매우 구체적이고 매우 실제적이다. 2권을 이해하려면 물론 지금까지 제1권에서 다룬 내용을 철저하게 숙지해야 한다. 건성으로 읽었다면, 다시 처음으로 돌아가서 정독하기를 권하는 바이다.

2권에서는 아래와 같은 내용을 알아볼 것이다.

영원에서 영원으로
'영원에서 영원으로' 의 제1, 2권을 마치며